XING SHI ZHENG CE YUAN LI

刑事政策原理

魏 东 著

中国社会科学出版社

图书在版编目（CIP）数据

刑事政策原理 / 魏东著 . —北京：中国社会科学出版社，2015.9
ISBN 978-7-5161-6388-7

Ⅰ.①刑… Ⅱ.①魏… Ⅲ.①刑事政策—研究—中国 Ⅳ.①D924.04

中国版本图书馆 CIP 数据核字（2015）第 146989 号

出 版 人	赵剑英
责任编辑	孔继萍
责任校对	邓雨婷
责任印制	何 艳

出　　版	中国社会科学出版社
社　　址	北京鼓楼西大街甲 158 号
邮　　编	100720
网　　址	http://www.csspw.cn
发 行 部	010-84083685
门 市 部	010-84029450
经　　销	新华书店及其他书店
印刷装订	北京市兴怀印刷厂
版　　次	2015 年 9 月第 1 版
印　　次	2015 年 9 月第 1 次印刷

开　本	710×1000　1/16
印　张	15
插　页	2
字　数	250 千字
定　价	58.00 元

凡购买中国社会科学出版社图书，如有质量问题请与本社营销中心联系调换
电话：010-84083683
版权所有　侵权必究

献 礼

父亲八十大寿　母亲七十大寿

祝 愿

父母双亲寿比南山幸福安康

献　礼

恩师赵秉志教授六十华诞

目 录

前言 …………………………………………………………… (1)

第一章　刑事政策学：范畴与方法 …………………………… (1)
　一　公共政策学的范畴体系 ……………………………… (2)
　二　刑事政策学的价值范畴系统 ………………………… (6)
　三　刑事政策学的实体范畴系统 ………………………… (10)
　四　刑事政策学的范畴体系 ……………………………… (11)
　五　刑事政策学研究的基本方法 ………………………… (11)

第二章　刑事政策观：狭义与广义 …………………………… (23)
　一　刑事政策的概念界定 ………………………………… (23)
　二　刑事政策的关系属性 ………………………………… (30)
　三　刑事政策的特点与分类 ……………………………… (48)
　四　刑事政策的功能 ……………………………………… (61)

第三章　刑事政策史：古代与现代 …………………………… (63)
　一　古代刑事政策思想 …………………………………… (63)
　二　近现代刑事政策形成 ………………………………… (64)
　三　现代刑事政策发展趋向 ……………………………… (67)

第四章　刑事政策价值：权衡与目标 ………………………… (80)
　一　秩序（犯罪防控） …………………………………… (80)
　二　自由（人权保障） …………………………………… (81)

三　效率(社会发展) ……………………………………… (83)
　　四　公正(相对公正) ……………………………………… (85)
　　五　刑事政策的价值权衡与目标选择 …………………… (91)

第五章　刑事政策原则:体系与贯彻 ……………………… (96)
　　一　刑事政策的基本原则体系 …………………………… (96)
　　二　刑事立法政策原则 …………………………………… (113)
　　三　刑事司法政策原则 …………………………………… (125)

第六章　刑事政策实体:构造与过程 ……………………… (136)
　　一　刑事政策客体 ………………………………………… (136)
　　二　刑事政策主体 ………………………………………… (138)
　　三　刑事政策行为 ………………………………………… (150)
　　四　刑事政策环境 ………………………………………… (152)

第七章　中国当下保安处分政策改革 …………………… (155)
　　一　方向:通过废止劳动教养实现具有中国特色的保安处分
　　　　合法化改造 ………………………………………… (155)
　　二　方案:借鉴吸纳西方经验以尽快完善中国特色的保安
　　　　处分制度 …………………………………………… (157)
　　三　原理:中国特色保安处分制度的法理诠释 ………… (161)
　　四　实践:通过保守的刑法解释实现保安处分适用的
　　　　谨慎限缩化 ………………………………………… (165)

第八章　中国当下反腐败政策检讨 ……………………… (170)
　　一　"零容忍":反腐败犯罪的基本思路 ………………… (170)
　　二　"严打":司法解释可能存在的误读误导 …………… (174)
　　三　"宽严相济":理论阐释可能存在四种误区 ………… (178)
　　四　"正能量":反腐败犯罪的法治回归 ………………… (181)

第九章　中国当下死刑政策检讨 ………………………… (184)
　　一　梦魇缠身:中国死刑实践问题 ……………………… (184)

  二　美梦如歌：中国死刑废减方案 …………………………………（188）
  三　梦醒时分：中国死刑废减的合理期待 ………………………（193）

第十章　中国当下刑民交叉问题对策检讨 ………………………（200）
  一　刑民交叉现象 …………………………………………………（200）
  二　刑民交叉案件的分类 …………………………………………（202）
  三　刑民交叉问题的既有解决办法 ………………………………（206）
  四　刑民交叉问题的对策建议 ……………………………………（215）

主要参考书目 ………………………………………………………………（223）

致谢 …………………………………………………………………………（226）

前　言

　　刑事政策原理是笔者近年来思考和研究的一个重要方面。自2003年开始，笔者在持续关注刑法原理的同时，有意识地将刑事政策原理作为个人学术研究的重点之一，迄今为止已公开发表了数十篇相关理论研究成果，公开出版了独著《现代刑法的犯罪化根据》（中国民主法制出版社2004年版）、独著《保守的实质刑法观与现代刑事政策立场》（中国民主法制出版社2011年版）、主编《刑事政策学》（四川大学出版社2011年版）、执行主编《刑事政策专题探讨》（赵秉志主编，中国人民公安大学出版社2005年版）等刑事政策学专著。因此可以说，本书的主要内容即是对笔者最近十余年来研究刑事政策学理论成果的集中展示。

　　本书秉持广义刑事政策观与现代刑事政策立场，全面系统地阐述了现代广义刑事政策学的基础理论问题。其中体系化地论证了刑事政策的基本范畴体系与研究方法、现代广义刑事政策观和基本理念、刑事政策发展沿革史、刑事政策的基本原则体系及其在刑事立法和刑事司法中的贯彻执行、刑事政策的实体构造与政策过程等刑事政策原理的基本内容，具体检讨了中国当下废止劳动教养后的保安处分改革、"老虎苍蝇一起打"的反腐败政策、死刑政策以及刑民交叉对策等重要现实问题。本书比较充分地参考吸纳了刑事政策学研究的最新成果，既注意了刑事政策原理的完整性和逻辑性、学科前沿性和学术规范性，也注重了研讨解决重要现实问题，力求恰当兼顾好理论研讨与实践检讨的紧密关系，对于进一步发展完善我国刑事政策理论和实践均有助益。

　　刑事政策原理对于刑法理论研究意义重大，对于刑法实践亦具有重要价值。就刑法理论研究而言，我们的许多刑法原理都需要借助刑事政策学理论才能展开深刻研究，如刑法的价值、功能、目的、任务、基本原则，犯罪论和刑罚论，以及刑法立法和刑法司法等各个方面，均离不开刑事政策学考量，否则可能就欠缺某种意义上的理论深刻性和逻辑妥当性。就刑法实践活动而言，刑法更是须臾离不开刑事政策指导，否则也会偏离刑法实践的正确方向。张明楷教授指出，刑法解释是"刑法学的本体"，是指"在妥当的法哲学原理、刑事政策的指导下，联系社会生活、具体案例，对刑法规范做出解释（实定刑法的解释学）"。可见，刑法解释作为一种十分重要的刑法实践，并非形式化地、简单机械地适用刑法条文，而是诚如张明楷教授所指出的那样，刑法解释在本质上是体系化地运用刑法哲学原理和刑事政策学原理而对刑法规范进行合理阐释的活动，其核心是强调对刑法哲学原理和刑事政策原理的充分运用。

因此，本书内容不但对于刑事政策的理论研究和实践活动有所帮助，而且对于刑法学者、刑法实务人员必有助益。这无疑是笔者写作出版本书的一个良好心愿。

由于本书作者水平所限，书中难免存在疏漏与谬误，诚望读者诸君批评指正。

魏 东

2015年6月6日

于四川大学法学院

第一章

刑事政策学:范畴与方法

刑事政策学之研究基础主要关涉两个重大问题：一个是刑事政策学范畴的遴选、确定和范畴体系构建，另一个是刑事政策学范畴研究的基本方法。因为，范畴遴选是确立范畴体系的前提，也是展开学科基础研究的重要方面，因此，遴选和确定刑事政策学的基本范畴及其体系，是展开刑事政策学范畴体系研究的首要工作和前提条件。同时，刑事政策学范畴体系研究的基本方法也是一个十分重要的基础理论问题，必须专门予以阐述。

就遴选和确定刑事政策学的基本范畴及其体系而言，笔者认为应当重点考量以下三个重要方面：（1）刑事政策学必然以刑事政策作为自己的基本研究对象。正如有学者指出，"以刑事政策为对象的学问便是刑事政策学或是作为学问的刑事政策"。[①] 世人大致也普遍认同这种说法，即刑事政策学的研究对象可以在理论逻辑上明确限定为"刑事政策"。从而，在最基本的层面上可以将"刑事政策"确定为刑事政策学的基本范畴之一。（2）刑事政策学必然以现代化命题作为学科建设的历史使命。因而，"刑事政策现代化"应当成为刑事政策基础理论研究的重要方面，应被纳入刑事政策学的基本范畴之一。（3）刑事政策学的基本范畴必然以公共政策学的基本范畴作为参照物。刑事政策在基本意义上属于公共政策，因此它必然遵从公共政策的基本规律，从而研究公共政策原理的共性系统知识（公共政策学原理），也成为研究刑事政策学个性系统知识的前提和基础。尽管有学者提出过相反的见解，认为"政策科学的研究成果对于刑

---

① ［日］大谷实：《刑事政策学》，黎红译，法律出版社2000年版，第5页。

事政策一般理论研究似乎并没有多大的影响";① 但是，笔者的前述论断应当说"在基本逻辑上"仍然是可以成立的。例如，西方大多数学者都倾向于认为，刑事政策是"一个国家总政策的组成部分";② 我国许多学者认为，"刑事政策都是一个国家或者社会整体的公共政策或者社会政策的一个不可分割的组成部分"，③ "作为现代科学的刑事政策学是公共政策学的一个分支"，④ 因而"把刑事政策作为政策科学的一个分支，是可以接受的"，⑤ "我们是在公共政策的框架内研究刑事政策的"。⑥ 因此，研究刑事政策学的基本范畴，仍然应当"汲取公共政策学的一些基本研究成果和理论假设"，确有必要首先检讨公共政策学的基本范畴，从考察公共政策学的基本范畴中获得有力的逻辑支撑，并从公共政策学的基本范畴体系出发合乎逻辑地遴选和推导出刑事政策学的基本范畴体系。

因此笔者认为，在刑事政策学的范畴遴选和体系建构上，需要重点阐明的内容是上列考量中的第三个方面，即如何从公共政策学的基本范畴体系中"合乎逻辑地遴选和推导出刑事政策学的基本范畴体系"。

一 公共政策学的范畴体系

公共政策学是以公共政策为研究对象的学问。在确定公共政策学的主要研究范畴时，有学者指出："公共政策因其对象的广泛性，因而是一个

---

① 曲新久：《刑事政策的权力分析》，中国政法大学出版社2002年版，第27—29页。曲新久教授在此还列举了美国和欧陆国家的相关研究情况进行了实证性说明："这有政策科学自身的原因，也有刑事政策一般理论研究传统上的原因……人们公认政策科学起源于美国，美国的公共政策学最为发达，但是这并没有促使刑事政策学在美国成为一门独立的学科。……欧陆国家学者将刑事政策学作为一门综合性的独立学科加以研究，其中包含着相当的策略思想，但政策科学对于刑事政策的研究的影响并不明显，这可能与刑事政策学的产生明显早于政策科学的产生有关。"同时，曲新久认为，"中国的刑事政策同样没有受到现代政策科学的影响，是土生土长的经验知识体系。……自然，中国的刑事政策实践和理论研究，不可能，实际上也始终没有受到政策科学的影响"。但是，曲新久仍然指出：在应然的层面上，"现在，刑事政策实践和理论研究应当而且也需要汲取公共政策学的一些基本研究成果和理论假设"。
② 卢建平：《刑事政策与刑法》，中国人民公安大学出版社2004年版，第5页。
③ 谢望原、卢建平等：《中国刑事政策研究》，中国人民大学出版社2006年版，第39页。
④ 刘远：《刑事政策哲学解读》，中国人民公安大学出版社2005年版，第16页。
⑤ 谢望原、卢建平等：《中国刑事政策研究》，中国人民大学出版社2006年版，第20页。
⑥ 侯宏林：《刑事政策的价值分析》，中国政法大学出版社2005年版，第75页。

具有明显综合性质的实证性学科。相应地，其研究范畴也是极为广泛的。"① 因而，不同的学者基于不同的见解立场而为公共政策学选定的研究范畴往往有所差异。但是，通过归纳分析不同学者所选定的公共政策学"范畴群"，仍然可以发现一条清晰的体系性脉络，即公共政策学的范畴体系大致包括价值范畴系统、实体范畴系统两类范畴系统；有的学者还把"公共政策发展"或者"公共政策科学化"等确定为公共政策学体系性要素（范畴）之一。②

（一）公共政策学的价值范畴系统

"制定任何一项政策，其首要前提就是价值判断。"③ 价值判断与选择是包括刑事政策在内的所有社会公共政策的灵魂，因此，研究公共政策必须以公共政策的本体价值范畴为逻辑起点。社会公共政策④的价值理性问题，应当成为公共政策学的首要问题，因为这是展开社会公共政策理论研究的前提和基础，离开这个问题的社会公共政策理论研究应当说是一种危险而不负责任的理论，甚至可能演变为一种"政策投机"理论。美国学者认为，社会公共政策是"一种含有目标、价值和策略的大型计划"，⑤是"对全社会的价值做权威性分配"⑥；（社会公共政策）决策是有意识的选择活动，不应忽视决策者本人价值观的作用，影响决策者行为的价值观应当包括政治价值观、组织价值观、个人价值观、公众价值观和意识形态价值观五个方面。⑦ 在我国，理论界一般也将"价值选择性"作为社会公共政策的基本特征，认为：政策目标是政策的灵魂，政策制定者的价值观体系对公共政策的内容有着非常重要的影响，政策制定必然涉及价值判断，制定任何一项政策，其首要前提就是价值判断。⑧ 事实上，作为整体

---

① 张国庆：《现代公共政策导论》，北京大学出版社1997年版，第28—29页。
② 同上书，第30—31页。
③ 谢明编著：《公共政策导论》，中国人民大学出版社2004年版，第17页。
④ 社会公共政策在本书特定语境中是一个同公共政策含义相当的概念，在没有特别说明时二者可以交替使用，其原因笔者在后文中进行了专门说明。
⑤ 林水波等：《公共政策》，台北：五南出版公司1982年版，第8页。
⑥ 伍启元：《公共政策》（上册），香港商务印书馆1989年版，第4页。
⑦ 谢明编著：《公共政策导论》，中国人民大学出版社2004年版，第17—19页。
⑧ 同上书，第5、17页。

的社会公共政策，无疑都具有其自身完整的本体价值系统,[①] 它所体现的是社会公共政策的共性目标价值。笔者将此种共性目标价值称为社会公共政策的"一体性价值"，相应地可以将各种具体的类别政策的特有目标价值称为类别政策的"类别价值"或"个性价值"。

笔者认为，公共政策的这种共性目标价值（一体性价值）应当定位为"相对公正的人类福祉",[②] 即"人权保障、社会有序发展和相对公正理性"。这种见解应当说已经得到众多学者不同程度的认可，几乎可以说形成了学术界的一种理性共识，只是不同学者在具体论述中各自强调的重点不完全统一，有的阐述得全面而有的阐述得不够全面而已。例如，有的学者更多地强调了公共政策的"社会公正、和谐的发展"价值，认为："任何公共政策都是具有强烈的'目标取向'的"，"公共政策的总体目标就是要保持社会稳定，保证社会公正、民主、和谐的发展"。[③] 再如，有的学者则广泛地强调了公共政策的"社会公理、公平、为国民谋取福利、社会经济的发展、社会的进步"等价值，认为"公共政策必须维护社会公理，必须坚持公平的原则"，"公共政策要为国民谋取福利，公共政策要有利于促进社会经济的发展，要有利于推动社会的进步"。[④] 还有的学者直接归纳了政策科学的价值，认为"它的价值是多方面的，主要有导向价值、秩序价值、民主价值、效益价值以及评判价值等。而归根结底，政策科学的价值是由政策本身的作用决定的"。[⑤] 这种见解不但说明了政策科学的价值与政策本身的价值的关系，而且明确说明了公共政策的价值是多方面的，强调了公共政策所具有的自由、秩序、效益和公正等价值。

从正当性、合理性与合法性根据而言，历史上人类社会的社会公共政策的共性价值目标应当且只能定位于相对公正的人类福祉（人权保障、

[①] 公共政策自身完整的本体价值系统是一个复杂的立体的价值系统，它与特定历史条件下的社会价值取向有关，也与当时的政策制定者、政策执行者以及社会大众的价值观有关，从而公共政策的本体价值系统所关涉的方面并不局限于政策制定者的价值观。

[②] 这里在公正之前加上了"相对"的限定语，原因在于人类社会客观上根本不存在"绝对"公正，而且在人类理性上也无法达成"绝对"公正。具体论述参见后文对公正问题的专门阐释。

[③] 胡宁生：《现代公共政策研究》，中国社会科学出版社 2000 年版，第 13 页。

[④] 张国庆：《现代公共政策导论》，北京大学出版社 1997 年版，第 30 页。

[⑤] 郑传坤主编：《公共政策学》，法律出版社 2001 年版，第 18—23 页。

社会有序发展和相对公正理性）：只有体现此种价值目标的社会公共政策才符合人类公共政策理性，才具有生命力，才能得到有效遵行和延续；凡是违背此种价值目标的"社会公共政策"都不符合人类社会公共政策理性，都不具有得以有效遵行和延续的生命力，迟早为人类所唾弃。即使是政治上最原始最野蛮的所谓"社会公共政策"，它都必须具有一定程度的人类福祉价值理性，这可以说是由社会公共政策本身内含的政治社会性特质所决定的，因为正如恩格斯所言，"政治统治到处都是以执行某种社会职能为基础的，而政治统治只有在它进行了它的这种社会职能才能继续下去"，[①] 这种"社会职能"其实就是指一种相对公正的社会福祉价值理性；如果社会公共政策不具有相对公正的人类福祉价值理性，则它就不能被称为真正理性的社会公共政策，也必然不能得到有效遵行和延续，它或者被彻底否定，或者受到人类社会积极或消极的抵制，迟早为人类社会按照社会福祉理性予以修正。

因此可以说，将社会公共政策的共性价值目标界定为人权保障、社会有序发展和相对公正理性诸项是合理的，[②] 因为这些价值目标的整体切合了社会公共政策所应然具有的"相对公正的人类福祉"理性。相应地，笔者认为，公共政策学的价值范畴系统应当界定为"相对公正的人类福祉"，具体内容包括人权保障（自由）、社会有序发展（秩序和效率）和相对公正（公正）几项。

（二）公共政策学的实体范畴系统

相对于公共政策学的价值范畴系统而言，公共政策学的实体范畴系统更加显现。尽管由于研究侧重不同等原因可能导致不同学者对公共政策学的实体范畴系统存在不完全一致的归纳，但政策学者一般都认为，公共政策学的实体范畴系统应当包括公共政策客体、公共政策主体、公共政策行为、公共政策环境四项范畴。

例如，张国庆在其专著《现代公共政策导论》一书中专门设置了"第二章　现代公共政策的主要研究范畴"，其中明确强调了"公共政

---

① 《马克思恩格斯全集》第29卷，第1183页。
② 此三项价值中的"社会有序发展"实质上包含了"秩序"和"效益"两项，因而此三项价值在理论上也可以分解为自由、秩序、效益和公正等四项价值。

策的主体与客体及其相互关系对于任何公共政策都是客观存在的，因而在抽象的意义上是相对不变的，是具有共性的现象，因而是一种规律性"，① 其指出了公共政策学的实体范畴系统中必然包含有政策主体、政策客体、政策行为等范畴。再如，胡宁生则指出："公共政策本身包含着公共政策主体（Subject）、公共政策目标（Goal）、公共政策客体（Object）、公共政策资源（Resource）、公共政策形式（Form）等几个方面的要素。"② 胡宁生所指出的五个要素中，除公共政策目标应当归属于公共政策学的价值范畴系统外，其余四项即公共政策主体、公共政策客体、公共政策资源、公共政策形式等正是公共政策学的实体范畴系统，其中"公共政策形式"所代表的内容其实就是"公共政策行为"。

二 刑事政策学的价值范畴系统

显而易见，作为社会公共政策有机组成部分的刑事政策，也必须以研究社会公共政策的价值理性作为逻辑起点，并将这种价值理性定位于相对公正的人类福祉理性（相对公正、人权保障和社会有序发展），这是刑事政策作为一种社会公共政策从而必须遵从社会公共政策的一体性价值的基本要求。不可以设想，人类历史上能够存在一种只以犯罪防控为唯一目标价值从而排斥相对公正的人类福祉价值的所谓刑事政策。这种伪善的所谓刑事政策对于人类到底还有什么价值？因此，只有在将刑事政策的价值理性定位于相对公正的人类福祉理性（相对公正、人权保障和社会有序发展）的前提下，才能正确界定刑事政策学的价值范畴系统。

笔者认为，犯罪防控价值在基本逻辑上应当成为刑事政策的类别价值或者个性价值。因为，只有犯罪防控价值能够成为刑事政策区别于其他社会公共政策的最基本的价值基础，在狭义上可以成为刑事政策价值选择的基本目标；同时，犯罪防控价值在本质上也是"社会有序发展"价值所

---

① 张国庆：《现代公共政策导论》，北京大学出版社1997年版，第22—33页。
② 胡宁生：《现代公共政策研究》，中国社会科学出版社2000年版，第10页。

内含和要求的价值，或者具体说就是"秩序"价值的本质要求。① 从而，犯罪防控价值对于刑事政策具有十分关键的奠基作用。也正因为刑事政策必然以"犯罪防控"为最基本价值目标（但不是唯一目标），"犯罪"及其"防控"问题在直观而简单的层面上是刑事政策首要关注的问题，所以才可以说，刑事政策必然以"犯罪防控"为最基本价值目标。如刑法政策、犯罪人处遇政策等即是如此，可以说，犯罪防控是作为社会公共政策的刑事政策自身所特有的"个性价值"与"类别价值"②。

但是应当注意，即使是刑法政策、犯罪人处遇政策等以犯罪防控为基本目标的政策，也只是意味着其以犯罪防控为一种"基本目标"，仅此而已，而不是说这些所谓的刑事政策仅仅以犯罪防控为"唯一目标"，可以说，有史以来的所谓刑事政策根本不存在以犯罪防控为"唯一目标"的情形，其中必然还融入了人道关怀和发展因素，即使最原始最野蛮的刑事政策都是如此。而相反的情形即不以犯罪防控为基本目标的社会公共政策如社会福利政策、教育政策、宗教政策等，并不当然地就能够成为刑事政策，在一般意义上我们并不能想当然地说所有社会福利政策、教育政策和宗教政策就是刑事政策。但是另一方面，当这些社会福利政策、教育政策、宗教政策中充分地考虑并包含了犯罪防控因素，即犯罪防控这一"基本目标"已经被人为地赋予其中并为其内涵所实际包容时，我们也不能熟视无睹地排斥和否定其具有刑事政策所要求的犯罪防控特性，更不能进而否认其成为刑事政策的基本品格。因此，我们认为，当且仅当某项社会公共政策被纳入刑事政策视野即以犯罪防控为其基本目标之一的情形下，这些所谓的社会福利政策、教育政策和宗教政策等就具有了刑事政策的基本特质，从而其可以相对地成为刑事政策体系之一员。例如，社会福利政策如果考虑了犯罪防控的因素，具有犯罪防控的意义，那么我们

---

① 关于秩序价值的基本内涵，本书后面将有详细阐述，这些阐述表明：秩序的内涵本身可以包括犯罪防控，但是秩序价值并不仅仅局限于犯罪防控，还应当包括一般违法行为违规行为的防控、自然灾害的防控等内容。但是，在刑事政策领域之内，犯罪防控的本质就是秩序价值，因而犯罪防控价值又在刑事政策上可以与秩序价值画等号；这种判断本身也包含着这样一种逻辑，犯罪防控价值相对于刑事政策而言是一种必然内涵的特殊价值，而相对于社会公共政策而言则是一种个性价值（非完全意义上的共性价值）。

② 所谓"个性价值"与"类别价值"，是指在整个公共政策中各种具体类别的公共政策（如刑事政策等）本身所特有而与其他类别的公共政策相区别的价值，这种价值的存在体现了各种具体类别的公共政策的"个性"与"类别性"。

可以说这种情形下的社会福利政策已经成为广义刑事政策。正是基于这种理解，笔者认为广义的刑事政策概念具有十分充足的合理性和科学性（这一点有待后文专题讨论）。

　　犯罪防控是刑事政策的类别价值或者个性价值，这个命题几乎也可以说是一个"不言自明的命题"[①]。迄今为止，关于刑事政策概念的表述中，无论坚持广义刑事政策观还是坚持狭义刑事政策观的学者，都无一例外地将犯罪防控价值作为刑事政策的一个基本价值。因为，尽管我们可以说相对公正、人权保障价值和社会发展价值作为社会公共政策的一体性价值是所有社会公共政策都必然具有的价值取向，因此作为社会公共政策的刑事政策也必须以相对公正、人权保障和社会发展作为自己的价值基础；但是，共性不能代替个性，共性还必须以个性为基础并在个性中得以体现，作为个性的刑事政策必然以犯罪防控这种个性来反映和体现相对公正、人权保障和社会发展的社会公共政策的共性。犯罪防控既是刑事政策的个性价值，也是刑事政策服务、反映和体现社会公共政策共性价值的基本特征。在基本意义上，刑事政策通过犯罪防控，其最终目标就是服务、反映和体现相对公正、人权保障和社会发展的需要。正因为犯罪防控价值作为刑事政策的类别价值或者个性价值在刑事政策中具有如此重要的地位和作用，我们在刑事政策的研究范式上才可以把犯罪防控价值置于刑事政策的价值范畴体系的首位予以明确并展开理论研究，这可以是出于刑事政策理论研究体系上的便利而做出的体系性安排，不过这种理论上的体系性安排丝毫不能破坏刑事政策作为社会公共政策所必须遵从的社会公共政策一体性价值体系，丝毫不能动摇社会公共政策一体性价值目标。这也是笔者在确立和排列刑事政策价值范畴体系时将犯罪防控价值放置于首位的基本理由。当然，这里还有必要指出：正如有学者认为刑事政策之"防制犯罪，以维持社会秩序"，[②] 犯罪防控价值的实质与核心内容是维护秩序，因而可以将犯罪防控价值简单化为"秩序"价值。

　　[①] 但是，不同学者基于复杂原因而对这个命题的归纳和表述可能有一定差异。如我国台湾学者谢瑞智认为"刑事政策系以犯罪之防制与镇压为目的"（见谢瑞智，台北，1996《犯罪与刑事政策》，第126页）；而我国大陆学者传统上一般将刑事政策的目标（或目的）归结为"预防犯罪、减少犯罪、消灭犯罪"。（参见马克昌主编《中国刑事政策学》，武汉大学出版社1992年版，第66页。）

　　[②] 许福生：《刑事政策学》，（中国台湾）中国民主法制出版社2006年版，第12页。

基于以上分析，笔者认为刑事政策的本体价值范畴体系应当包括犯罪防控（秩序）、人权保障（自由）、社会发展（效率）、相对公正（公正）等四项。① 大体上，刑事政策的本体价值范畴体系可以图示如下：

刑事政策学的价值范畴系统 ｛ ―①犯罪防控（秩序）
　　　　　　　　　　　　　―②人权保障（自由）
　　　　　　　　　　　　　―③社会发展（效率）
　　　　　　　　　　　　　―④相对公正（公正）

关于刑事政策学的价值范畴系统的这种见解，应当说获得了学术界比较一致的认同。如政策学者侯宏林博士明确肯定了"效率、公正、自由与秩序自然也就成为刑事政策价值目标的基本方面"。② 法理学家张文显教授认为，"秩序、正义、自由和效益应作为法律的基本价值"。③ 可见，刑事政策的这样四项价值范畴，与法理学界所理解的法律的基本价值范畴也是一致的。

需要说明的是，对于刑事政策的这样四项价值范畴，我们到底应该如何进行排序以及如何确立它们相互之间的价值关系，也是一个十分重大的理论问题，不同的学者可能还有不同的看法。笔者对刑事政策本体价值范畴的体系性排序，主要是考虑"只有犯罪防控价值能够成为刑事政策区别于其他社会公共政策的最基本的价值基础，在狭义上可以成为刑事政策价值选择的基本目标，犯罪防控价值对于刑事政策具有十分关键的奠基作用"，所以才将"犯罪防控"价值安排于前，而将人权保障价值安排于后；但实际上，人权保障价值才是最具有终极性、最具有根本决定作用的价值，人权保障价值对于犯罪防控价值尤其具有根本的指引和规范的意义，在犯罪防控与人权保障之间的矛盾紧张关系之中，出发点和归宿点都只能是人权保障！同理，在社会发展与相对公正两项价值的排序中，也只是考虑到论述问题的便利性才将社会发展价值安排于前而将相对公正价值安排于后；但实际上，正如笔者所反复强调的观点，在刑事政策领域中，

---

① 魏东：《论犯罪构成理论的背景知识与中国化改良思路》，载左卫民主编《四川大学法律评论（2003）》，四川大学出版社2004年版。
② 侯宏林：《刑事政策的价值分析》，中国政法大学出版社2005年版，第160页。
③ 张文显：《法哲学范畴研究》（修订版），中国政法大学出版社2001年版，第195页。

绝对不允许以单纯片面的效率论是非，在效率与公正之间的紧张关系中，恰恰是公正价值具有更为根本的决定作用。

当然，刑事政策价值目标的实现有待于刑事政策本体功能的有效发挥。研究刑事政策本体功能（而不是刑事政策整体），必须以刑事政策本体的基本构成为逻辑起点，为此，我们在确定刑事政策价值目标的基础上还必须研究刑事政策学的实体范畴系统。

三 刑事政策学的实体范畴系统

笔者认为，根据公共政策学的实体范畴系统包括公共政策客体、公共政策主体、公共政策行为、公共政策环境等四项范畴之理论逻辑，可以"合乎逻辑地遴选和推导出"刑事政策学的实体范畴系统应包括刑事政策客体、刑事政策主体、刑事政策行为、刑事政策环境等四项。

上述见解已经逐渐得到我国众多刑事政策学者的广泛确认，不少刑事政策专著或者高校教材都在刑事政策概念或者刑事政策本体结构中明确提出了刑事政策的四项实体范畴概念。例如，何秉松教授主编的高校教材《刑事政策学》明确指出，可以将刑事政策的结构描述为目的和价值目标、刑事政策主体、刑事政策手段、刑事政策客体、刑事政策过程、反馈、运行环境等要素的有机结合；[①] 杨春洗教授主编的高校教材《刑事政策论》明确提出，刑事政策定义应当包含刑事政策的主体、刑事政策的对象、刑事政策的目的、刑事政策的手段、目的和手段的载体；[②] 梁根林著《刑事政策：立场与范畴》一书也明确提出，"刑事政策概念应当包括政策主体、政策对象、政策手段、政策载体以及政策目标等基本要素"。[③] 许秀中博士著《刑事政策系统论》认为，刑事政策系统的基本要素应该包括静态要素和动态要素两大部分，这些要素中包括客体、主体、环境、运行等。[④] 所有这些专著和高校教材除肯定了刑事政策价值（目的和价值目标）范畴概念以外，基本上都明确提出了刑事政策客体、刑事政策主体、刑事政策行为（手段、过程、反馈、运行）、刑事政策环境等相当的

[①] 何秉松主编：《刑事政策学》，群众出版社2002年版，第78—79页。
[②] 杨春洗主编：《刑事政策论》，北京大学出版社1994年版，第6—7页。
[③] 梁根林：《刑事政策：立场与范畴》，法律出版社2005年版，第13页。
[④] 许秀中：《刑事政策系统论》，中国长安出版社2008年版，第64—115页。

刑事政策实体范畴概念。

四 刑事政策学的范畴体系

综合上述分析研究可以得出结论：刑事政策学的范畴体系，除了必然包括作为其基本研究对象的"刑事政策"范畴与作为其学科建设历史使命的"刑事政策现代化"两项范畴之外，主要包括刑事政策学的价值范畴系统与刑事政策学的实体范畴系统两个范畴系统，其中，刑事政策学的价值范畴系统具体包括犯罪防控、人权保障、社会发展、相对公正四项范畴，并且这四项价值范畴可以等值对应于法哲学原理中的秩序、自由、效率、公正（突出强调相对性）等语词表达的四项价值范畴；刑事政策学的实体范畴系统具体包括刑事政策客体、刑事政策主体、刑事政策行为、刑事政策环境四项范畴。

因此，笔者认为，刑事政策学的范畴体系大致应当包括以下十项：刑事政策、犯罪防控、人权保障、社会发展、相对公正、刑事政策客体、刑事政策主体、刑事政策行为、刑事政策环境和刑事政策现代化。

五 刑事政策学研究的基本方法

刑事政策的研究方法是一个十分重要的基础性理论问题，必须专门予以阐述。关于刑事政策的研究方法，中外学术界都有许多探讨和成功经验可资借鉴，笔者曾不揣冒昧提出了有关刑事政策研究的技术路线问题。[①] 但至今仍觉意犹未尽，尚有许多意思没有说明白。故笔者结合最近的学习研究与新思考，对有关刑事政策研究的基本方法问题进行系统梳理，供读者诸君参考。

（一）宏观技术路线

刑事政策研究，首先必须把握好科学合理的技术路线。笔者曾经提出，应采取从公共政策宏观系统进入刑事政策微观系统（子系统）研究

---

① 参见魏东《刑事政策学范畴研究：考量因素与技术路线》，载《现代法学》2008年第3期。

的技术路线,① 这一点应当说仍然是正确的。从研究公共政策原理、分析公共政策基本范畴入手,总结刑事政策本身的特殊性,以准确概括出刑事政策的范畴体系;通过对刑事政策基本范畴的展开研究,探讨刑事政策的系列基本理论问题。

广义的刑事政策观从逻辑周密性上论证了这种宏观技术路线的正确合理性。广义的刑事政策观认为,刑事政策是指国家政治系统和社会公共权力组织基于一定的社会公共价值目标(为共性价值目标)并以防控犯罪为个性价值目标而有组织地采取的一系列方略。这种广义的刑事政策概念表明,刑事政策并不是一种狭隘的刑法政策或者刑罚政策,而是将其置于犯罪防控和社会公共政策这种广阔的背景下来认识和解读刑事政策这种特殊现象。② 因此,刑事政策在基本意义上属于公共政策,它必然遵从公共政策的基本规律,从而研究公共政策原理的共性系统知识(公共政策学原理),也成为研究刑事政策学个性系统知识的前提和基础。尽管有学者提出过相反的见解,认为"政策科学的研究成果对于刑事政策一般理论研究似乎并没有多大的影响";③ 但是,笔者的前述论断应当说"在基本逻辑上"仍然是可以成立的。例如,西方大多数学者都倾向于认为,刑事政策是"一个国家总政策的组成部分";④ 我国许多学者认为,"刑事政策都是一个国家或者社会整体的公共政策或者社会政策的一个不可分割的组成部分",⑤ "作为现代科学的刑事政策学是公共政策学的一个分支",⑥

---

① 参见魏东《刑事政策学范畴研究:考量因素与技术路线》,载《现代法学》2008 年第 3 期。
② 参见魏东《当代刑法重要问题研究》,四川大学出版社 2008 年版,第 45—46 页。
③ 曲新久:《刑事政策的权力分析》,中国政法大学出版社 2002 年版。曲新久教授在此还列举了美国和欧陆国家的相关研究情况进行了实证性说明:"这有政策科学自身的原因,也有刑事政策一般理论研究传统上的原因……人们公认政策科学起源于美国,美国的公共政策学最为发达,但是这并没有促使刑事政策学在美国成为一门独立的学科。……欧陆国家学者将刑事政策学作为一门综合性的独立学科加以研究,其中包含着相当的策略思想,但政策科学对于刑事政策的研究的影响并不明显,这可能与刑事政策学的产生明显早于政策科学的产生有关。"同时,曲新久认为,"中国的刑事政策同样没有受到现代政策科学的影响,是土生土长的经验知识体系。……自然,中国的刑事政策实践和理论研究,不可能,实际上也始终没有受到政策科学的影响"。但是,曲新久仍然指出:在应然的层面上,"现在,刑事政策实践和理论研究应当而且也需要汲取公共政策学的一些基本研究成果和理论假设"。
④ 卢建平:《刑事政策与刑法》,中国人民公安大学出版社 2004 年版,第 5 页。
⑤ 谢望原、卢建平等:《中国刑事政策研究》,中国人民大学出版社 2006 年版,第 39 页。
⑥ 刘远:《刑事政策哲学解读》,中国人民公安大学出版社 2005 年版,第 16 页。

因而"把刑事政策作为政策科学的一个分支,是可以接受的",[①]"我们是在公共政策的框架内研究刑事政策的"。[②] 因此,研究刑事政策学,仍然应当"汲取公共政策学的一些基本研究成果和理论假设",确有必要采取从公共政策宏观系统进入刑事政策微观系统(子系统)研究的技术路线。

因此,这种技术路线的可行性在于:刑事政策在本质上属于公共政策的范畴,采取从公共政策出发进而展开刑事政策研究的技术路线,采取实证分析、比较分析、系统论和中道权衡的理性研究的方法,能够实现"建立起科学的刑事政策范畴体系,为进一步开展刑事政策理论研究和科学制定我国刑事政策提供科学理论基础"的研究目标。

(二)借重与侧重

这里的借重与侧重,是指刑事政策研究相对于公共政策研究的借重与侧重的关系,即刑事政策研究必须借重公共政策已有研究成果,同时也必须侧重突出刑事政策个性特点,两相结合并恰当处理好是刑事政策学者必须明白的道理。

刑事政策研究首先必须"借重"公共政策已有研究成果。公共政策学目前在世界上是一门比较成熟的学科,在我国也有比较多的研究和介绍,对于其中一些基本范畴和理论体系已经形成了比较一致的看法。对于"公共政策学"共识性知识,本书主要采取借鉴利用的态度予以简要介绍,目的是以其为理论基础来解决"刑事政策学"的特殊性问题。这个问题,除了笔者前面介绍的内容外,还有许多具体的、技术性十分突出的"政策科学"内容值得刑事政策研究中借鉴。美国的公共政策研究十分发达,著名学者有威廉·N.邓肯［专著有《公共政策分析导论》(第二版),中国人民大学出版社2002年版］、托马斯·R.戴伊［专著有英文版《理解公共政策》(第十版),中国人民大学出版社2004年版］、德博拉·斯通［专著有《政策悖论:政治决策中的艺术》(修订版),中国人民大学出版社2006年版］、弗兰克·费希尔(专著有《公共政策评估》,中国人民大学出版社2003年版)等,目前翻译成中文的政策科学专著很

---

① 谢望原、卢建平等:《中国刑事政策研究》,中国人民大学出版社2006年版,第20页。
② 侯宏林:《刑事政策的价值分析》,中国政法大学出版社2005年版,第75页。

多。同时，中国学者中也有部分学者"批发"或者"零售"了部分国外公共政策理论产品，有的学者也结合中国国情对公共政策理论问题进行了一些创造性的阐释，因而中国学者自己出版的公共政策理论专著也很多。笔者曾经阅读过胡宁生、陈振明等政策学者撰写的政策学论著，很有收获和启发，如胡宁生提出的构建"以公共政策活动为起点的，包含公共政策因素系统、公共政策运行过程、公共政策建构分析、公共政策理论研究等公共政策学科中主要分支门类的逻辑框架"，[①] 陈振明主编的《政策科学》则全面准确地介绍了政策科学的范式、政策系统、政策过程、政策分析等重要的公共政策理论知识，[②] 值得参阅。

  刑事政策研究同时必须"侧重"突出刑事政策个性特点。之所以提出这点，是因为笔者注意到部分刑事政策研究成果有失偏颇地在"公共政策学"共识问题上过多地花费笔墨，既浪费笔墨，又无助于"刑事政策学"特殊问题上的理论创新。显然，这是一个需要时刻避免的失误。具体说，笔者在研究前述刑事政策学的十项范畴及范畴体系的过程中，对于一些涉及"公共政策学"共识的问题，本书将尽量采用梳理已有的最新研究成果的方式来做出简要阐述；本书的重点，尽量放在创新性地探讨"刑事政策学"特殊问题上。例如，对于有关"公共政策学"共识性知识的政策客体、政策主体、政策行为、政策环境与政策现代化实体范畴问题，以及有关"公共政策学"共识性知识的价值范畴问题本身，笔者关注的只是其作为已有共识性知识基础的最新成果，而不是极力追求"我的创新"；但是，笔者将竭尽所能地、创新性地研讨"刑事政策"特殊意义上的政策客体、政策主体、政策行为、政策环境与政策现代化实体范畴中的"特殊问题"，以及"刑事政策"特殊领域上的价值冲突、价值权衡与取向等价值范畴中的"特殊问题"，力求做到不落俗套并有所创新发展。

（三）比较研究

  比较分析古今中外的刑事政策思想与实践得失，以提出当今时代我们

[①] 参见胡宁生《现代公共政策学——公共政策的整体透视》，第1页"前言"及"内容提要"，中央编译出版社2007年版。

[②] 参见陈振明主编《政策科学——公共政策分析导论》（第二版），中国人民大学出版社2003年版，第40—41页。

应当坚持的刑事政策思想体系、范畴体系和刑事政策具体观点。

比较研究的重要性可以从两个比较突出的范例来体会：其一，德国学者李斯特提出"最好的社会政策就是最好的刑事政策"的著名论断及其理论启迪。李斯特认为，"利用法制与犯罪作斗争要想取得成效，必须具备两个条件：一是正确认识犯罪的原因；二是正确认识国家刑罚可能达到的效果。……社会政策的使命是消除或限制产生犯罪的社会条件；而刑事政策首先是通过对犯罪人个体的影响来与犯罪作斗争的"。[1]这一重要刑事政策思想观念的吸纳借鉴，对于我们研究现代刑事政策基本原理具有十分重大的影响。其二，目前西方国家比较畅行的"两极化刑事政策"实践及其理论研究，也对于我们正确理解执行中国宽严相济刑事政策具有十分重要的借鉴作用。比较研究中要注意汲取体现现代人文与法治精髓的刑事政策元素，批判并拒绝那些违背现代人文与法治精髓的内容，如此比较研究将有助于克服夜郎自大式的理论武断与政治错误。

因此，系统分析研究古今中外的刑事政策思想、理论与实践，既是刑事政策研究本身十分重要的研究内容（刑事政策史研究与刑事政策比较研究），也是刑事政策研究中一种十分重要的研究方法，应当予以高度重视，尤其值得中国学者在研究"中国特色的刑事政策"时予以谨慎权衡。

（四）实证分析

实证分析之于刑事政策尤其具有重大意义。因为在研究国内外刑事政策问题时，"由于刑事政策、刑罚效果等的考量需要用事实、需要用数据说话"，[2]因而必须以科学实证分析为基本方法，来科学有效地解决现实刑事政策问题。著名经济学家约翰·凯恩斯指出，科学门类大致有三种：一是实证科学，是探讨"是什么"的系统知识体系；二是规范科学，是探讨"应该是什么"的标准的系统知识科学；三是人文科学，是为了达

---

[1] ［德］李斯特著：《德国刑法教科书》（修订译本），徐久生译，法律出版社2006年版，第15页。

[2] 曾粤兴：《刑法学方法的一般理论》，人民出版社2005年版，第268页。

到特定目标而设立的规则体系。① 政策科学论者认为："政策科学的哲学基础建立在理性实证主义之上。一方面，为了探寻政策优选科学性，往往需要使用数学的'公式'和'实证性'的数据。数学的研究也使政策科学区分于纯粹的经验科学，并在此基础上建立了一系列较为稳定的模型，如遵循最大化原则的理性决策模型，坚持数学理论和实践差别的有限理性模型，以及源自渐进的政治、渐进的政府决策逐步社会趋同的渐进决策模型。另一方面，这些模型本身的发展也说明政策科学是一个发展的概念，所以时空条件的记录对于模型的动态研究、适用非常重要。"② 应当说，刑事政策学尽管是兼有实证科学、规范科学与人文科学的综合性特点，但实证科学应该成为其首要特点。而"实证主义社会科学最容易被当成研究方法论的教材⋯⋯在政策分析领域，实证主义表现为一系列实证—分析技术的结合：成本—效益分析、准实验研究设计、多元回归分析、民意调查研究、投入产出分析、运筹学、数学模拟模型和系统分析"。③

不过应注意，实证研究中必须防范一些缺陷与弊端。实证分析方法由于涉及作为研究主体的"人"的价值立场问题，以及"实际上又必须承认，调查分析者的主观认识、价值都对调查结果有重大影响，不仅反映在诸如问卷调查的设计方面，而且也反映在调查对象的选择上，也包括人为地对调查数据的取舍、修饰等主观行为"，且"当前有不少文章只是把实证分析作为一种讨巧的方法，把实证调查的数据作为文章的装饰，许多数据的获得是相当随意的。在研究中，实证分析所存在的问题是，实证调查很难复查，由此很难确定调查的真实性，完全以调查者的诚信做保障。在当前浮躁的学术生态环境中，调查者的学术忠诚度是很难把握的。就如人们所言，数字不会说谎，但说谎者在使用数字"，"这是实证调查的局限性所致"。因此，我们必须认识到，"实证分析的消极方面主要在于，容易使人们消极、被动地承认现实的合理性，而不是以应然的、价值要求的，以法的基本原理为出发点，改革、修正现有制度，从而走向'现实

---

① ［美］弗里德曼：《实证经济学方法论》，载《弗里德曼文萃》（上），胡雪峰、武玉宁译，首都经贸大学出版社 2000 年版，第 119 页。转引自张卫平《在"有"与"无"之间——法学方法论杂谈》，载《法治研究》2010 年第 1 期。

② 卢建平主编：《刑事政策学》，中国人民大学出版社 2007 年版，第 9 页。

③ ［美］弗兰克·费希尔：《公共政策评估》，吴爱明、李平等译（译者前言），中国人民大学出版社 2003 年版，第 10 页。

就是合理的'保守主义的立场。从这种立场出发，则所有的法律构建、法治建设都可能是没有意义的，这对于法治建设和推动社会转型都会造成消极影响。因此，在这一点上我们必须加以注意。实证分析的结果虽然使人保持一种冷静、反省、反思的姿态，但同时也会使人形成缺乏激情、保守、消极、宿命的心理结构，这对于认可社会进步、持社会改造论的人而言是无法认同的"。① 美国学者弗兰克·费希尔也指出："实证主义的政策评估受到广泛的批评，因为它既是'专家治国论者的世界观'的产物，又是其代理者。……实证主义者的研究用高度精确和数学抽象的符号来表示，目的在于回避党派政治利益。""实证主义的失败在于没能抓住这样的事实：社会行动'本身是有好坏标准的'，包括好的生活标准或理想社会标准。"② 因此，实证主义方法论可能存在失败、甚至误导，需要实证科学之指导。

（五）系统论方法

正如公共政策研究重视系统论方法一样，刑事政策研究也必须特别重视运用系统论方法。政策学原理认为："系统分析是政策研究尤其是政策分析的最基本的方法。政策科学的形成与发展在很大程度上要归功于现代科学方法尤其是系统分析的成熟。系统分析的发展为政策科学的产生奠定了方法论基础。"③ 因此，应当牢固确立"公共政策系统论"和"犯罪系统防控论"思想，以系统论方法分析公共政策系统中各种因素、各个子系统的地位和作用（如医疗、社会福利、社区调解、劳教等），系统分析作为公共政策子系统的刑事政策系统的各种因素的内涵与外延、结构与运行方式等内容。系统论方面的论著十分丰富，笔者阅读过钱学森、苗东升等系统论专家的一些论著，确实有一种深受震撼的感觉，对刑事政策学理论研究具有十分重大的方法论价值，因此可以说，系统论原理我们不能不读。钱学森指出：④ 系统思想是进行分析与综合的辩证思维工具，它在

---

① 张卫平：《在"有"与"无"之间——法学方法论杂谈》，载《法治研究》2010年第1期。

② [美] 弗兰克·费希尔：《公共政策评估》，吴爱明、李平等译（译者前言），中国人民大学出版社2003年版，第11、14页。

③ 陈振明主编：《政策科学——公共政策分析导论》（第二版），中国人民大学出版社2003年版，第479页。

④ 钱学森等：《论系统工程》（增订版），湖南科学技术出版社1988年版，第78页。转引自苗东升《系统科学辩证法》，山东教育出版社1998年版，第281页。

辩证唯物主义那里取得了哲学的表达形式，在运筹学和其他系统科学那里取得了定量的表述形式，在系统工程那里获得了丰富的实践内容。系统论原理认为：系统科学的体系结构包括系统科学哲学、基础科学、技术科学、工程技术四个层次，其中的系统科学哲学的内容包括系统本体论、系统认识论和系统方法论，基础科学包括简单巨系统学和开放的复杂巨系统学，而技术科学包括信息学、控制学、运筹学和事理学；系统则是指两个或者两个以上的元素相互作用而形成的统一整体，它具有多元性、相关性、整体性、等级结构性、动态平衡性、自组织性等基本特征。①

　　许秀中博士的博士论文以"刑事政策系统论"为题，运用系统论研究刑事政策。许秀中指出：②"刑事政策系统论是指将系统论应用于刑事政策研究，构成一个刑事政策系统科学理论体系。它以刑事政策为研究对象，以系统论作为研究的主要理论基础和方法。刑事政策系统论主要包括系统的哲学理论、刑事政策信息方法、刑事政策控制方法、刑事政策系统方法、刑事政策自组织理论、理论、刑事政策复杂巨系统演化理论或称刑事政策大系统理论。"许秀中在刑事政策研究方法论上和刑事政策理论体系建构特点上均有许多新颖别致之处："第一，以系统论、控制论、信息论为基础，力图建立刑事政策系统的理论框架；第二，把刑事政策作为开放的闭环系统进行整体研究，阐述了刑事政策系统的特征、要素、结构、功能及有关要素的相互关系；第三，把刑事政策系统运行过程作为一个整体考察，并对刑事政策系统运行的规律进行了分析；第四，把刑事政策作为一个复杂巨系统进行研究，对刑事政策复杂巨系统的演进动因、方向及其自组织演化过程进行初步探讨；第五，突出整个刑事政策系统中的信息和控制作用，对刑事政策的信息系统和控制系统及提高信息效率和加强控制方法等问题进行了深入研究；第六，对我国刑事政策与国外刑事政策系统进行深入比较分析，找出我国刑事政策系统中存在的问题，并提出建议。"③ 应当说，这些探索和思考对我们研究刑事政策学原理具有很好的启发作用，也比较充分地印证了系统论方法之于刑事政策学原理研究的极

---

① 苗东升：《系统科学精要》，中国人民大学出版社1998年版，第11—12、26—50页；许秀中：《刑事政策系统论》，中国长安出版社2008年版，第6页。
② 许秀中：《刑事政策系统论》，中国长安出版社2008年版，第31页。
③ 同上书，第7页。

端重要性，值得借鉴和重视。

（六）中道权衡理性

刑事政策研究必须注重运用中道权衡的理性研究方法。强调价值权衡的理性研究方法，首先在公共政策学中得到了比较普遍的认同。美国政策学者德博拉·斯通的专著《政策悖论：政治决策中的艺术》（修订版）提出的一些观点很有启发性：应该将公共政策分析与公共政策决策两者区分开来加以论述，因为政治家通常需要政策目标与政治目标两个目标；公共政策基本范畴，比如平等、效率、自由，乃至各种权衡尺度，这些基本范畴本身就可能是充满悖论的，而这些悖论常常要通过冲突的政治过程来予以消除；斯通认定，有理由说明世界需要"政策悖论"。[①] 再如，美国学者弗兰克·费希尔的专著《公共政策评估》，专门针对公共政策评估问题展开论述，其中阐述了"将事实与价值结合起来进行评估的多重方法论框架结构"，[②] 具有经典价值，这些学者都强调了价值权衡在公共政策学研究中的极端重要性，值得重视。

刑事政策是一个显性关涉政治学问题、价值学问题、人文学问题的综合性学术问题，不但应注意运用实证分析、系统分析、比较分析等研究方法，还必须时刻牢记进行中道德价值权衡的理性研究方法。我们知道，刑事政策作为公共政策的有机组成部分，作为公共政策这个复杂巨系统之下的一个子系统（系统相对性原理还承认子系统之下还有更低层次的子系统，而相对于更低层次的子系统而言，上一级子系统本身也可以成为相对的复杂巨系统），其价值系统包括秩序、自由、效率、公正等多元。应当说，顾此失彼的研究立场在现实生活中并不鲜见，尤其在价值权衡中往往存在一些片面强调某种或者某几种价值而忽视另外的同样重要的价值的立场，由此得出的结论通常也比较片面而有失公道。可以认为，发现或者承认刑事政策价值内容之秩序、自由、效率、公正等本身并不十分重要，因为现代人文科学几乎没有否认该四项基本价值存在的现象，这已经是一个共识性见解而无须言说；而该四项基本价值之

---

① ［美］德博拉·斯通：《政策悖论：政治决策中的艺术》（修订版），顾建光译（译者前言），中国人民大学出版社2006年版，第6—7页。

② ［美］弗兰克·费希尔：《公共政策评估》，吴爱明、李平等译（译者前言），中国人民大学出版社2003年版，第6页。

间的价值关联、价值冲突、价值整合等一系列关涉价值权衡理性的问题才是最为根本的问题,当然也是刑事政策研究必须时刻面对并明确回答的根本问题。对这个根本问题的回答在某种意义上也是方法立场的问题。刑事政策研究必须始终关注刑事政策的价值目标及其相互之间客观存在的价值关联、价值冲突、价值整合,以确保研究本身的系统性、科学性、合理性。

因而,在刑事政策研究中强调中道权衡的理性研究方法不但重要而且必要,其本身确实具有重要理论与实践价值。

(七) 社会资本解释范式[①]

法国社会学者皮埃尔·布迪厄于 20 世纪 80 年代在《实践与反思——反思社会学导论》中提出了社会资本理论以后,美国社会学家詹姆斯·科尔曼、亚历詹德罗·波茨、罗纳德·博特、罗伯特·普特南、美籍华裔林南、美籍日裔弗朗西斯·福山等学者,进一步研究发展了社会资本理论,[②] 引起了世界范围内的学术震动。可以说,社会资本理论自 20 世纪 80 年代由社会学家提出以来,迅速成为全球学术界持续关注的重大学术热点,赢得包括法学界、刑事政策学界、政治学界和经济学界在内的各门学科的广泛认可,获得了哲学方法论和解释范式创新论的基础前沿理论地位。

[①] 本部分内容介推社会资本解释范式(社会资本理论)的最初写作动机及主要参考文献均来自国家社科基金项目(2008 年国家社会科学基金一般项目)研究成果《基于社会资本解释范式的刑事政策研究》(上海市委宣传部 2010 年编印),特此说明并向该课题组成员致意。

[②] 外国学者公开发表的相关论著已有部分被翻译成中文并在中国出版,如:[法] 布迪厄、华康德:《实践与反思——反思社会学导论》,李猛、李康译,中央编译出版社 1998 年版;[美] 詹姆斯·科尔曼:《社会理论的基础》,邓方译,社会科学文献出版社 1999 年版;[美] 托马斯·福特·布朗:《社会资本理论综述》,载《马克思主义与现实》2000 年第 2 期;[美] 罗伯特·帕特南:《使民主运转起来》,王列、赖海榕译,江西人民出版社 2001 年版;[美] 林南:《社会资本——关于社会结构与行动的理论》,张磊译,上海人民出版社 2005 年版;[美] 弗朗西斯·福山:《信任:社会美德与创造经济繁荣》,彭志华译,海南出版社 2001 年版;[美] 弗朗西斯·福山:《大分裂:人类本性与社会秩序重建》,刘榜离、王胜利译,中国社会科学出版社 2002 年版。

进入 21 世纪之际，中国哲学社会科学界开始引介并研究社会资本理论，[①] 目前业已取得比较可喜的进展，在中国法学界、社会学界、政治学界、经济学界、政策学界、哲学界等领域获得了比较一致的推崇，各门学科开始自觉采纳并深入发掘其方法论价值。

社会资本理论对于刑事政策与刑事法治理性研究的方法论意义在于以下几点：（1）对于刑事政策环境资源之新诠释。社会资本是资本的一种表现形式，指那种嵌入社会网络中的、以社会关系和社会结构为依托的资源。其中，社会关系强调的是个体与社会网络间的纽带关系，社会结构强调的是社会网络的组织形式；资本，就是期望在市场中获得回报的资源投资。[②]（2）对刑事政策行为之新考量。社会资本理论为刑事政策研究提供了新的解释范式，从社会文化角度解释犯罪原因并整合现有的犯罪原因论研究成果，从更为人性化的角度去研究刑事政策活动并为更为合理的控制犯罪对策提供理论上的支持，增加社会资本可以提高政府的刑事政策能力、增强刑事政策效果，"从现代社会资本内涵看，提高刑事政策活动中

[①] 中国学者迄今为止已公开发表的相关论著主要有：包亚明主编：《布尔迪厄访谈录——文化资本与社会炼金术》，上海人民出版社 1997 年版；杨雪冬：《社会资本：对一种新解释范式的探索》，载《马克思主义与现实》1999 年第 3 期；田凯：《科尔曼的社会资本理论及其局限性》，载《社会科学研究》2001 年第 1 期；王思斌：《混合福利制度与弱势群体社会资本的发展》，载《中国社会工作研究》（第一辑），社会科学文献出版社 2002 年版；张文宏：《社会资本：理论争辩与经验研究》，载《社会学研究》2003 年第 4 期；陈盼：《社会转型与社会资本重构》，载《湖南社会科学》2004 年第 2 期；周红云：《社会资本：布迪厄、科尔曼和帕特南的比较》，载《经济社会体制比较》2003 年第 4 期；安民兵：《社会资本：共识与争议》，载《广西社会科学》2004 年第 10 期；牛喜霞：《社会资本及其本土化研究的几点思考》，载《上海大学学报》（社会科学版）2004 年第 6 期；梁莹：《社会资本与我国的草根民主》，载《天府新论》2004 年第 6 期；卜长莉：《布尔迪厄对社会资本理论的先驱性研究》，载《学习与探索》2004 年第 6 期；卜长莉：《社会资本与社会和谐》，社会科学文献出版社 2005 年版；安素霞：《社会资本在创业过程中的作用机制研究》，硕士学位论文，河北大学，2005 年；燕继荣：《资本理论的演进与社会资本研究的意义》，载《学海》2006 年第 4 期；燕继荣：《投资社会资本——政治发展的一种新维度》，北京大学出版社 2006 年版；张凯：《社会资本视角下的当代中国信任问题研究》，硕士学位论文，东北师范大学，2006 年；陈柳钦：《社会资本及其主要理论研究观点综述》，载《东方论坛》2007 年第 3 期；吕凯：《社会资本理论的应用价值及其局限性分析》，硕士学位论文，东北师范大学，2007 年；林聚任等：《社会信任与社会资本重建》，山东人民出版社 2007 年版；杨海龙、楚燕：《社会资本与"互构"的社会支持》，载《理论导刊》2007 年第 7 期；卜长莉：《社会资本是社会支持的重要渠道》，载《长春理工大学学报》（社会科学版）2008 年第 2 期。

[②] 国家社科基金项目（2008 年国家社会科学基金一般项目）研究成果：《基于社会资本解释范式的刑事政策研究》，上海市委宣传部编印，2010 年，第 29 页。

的社会资本,就是强调刑事政策活动中的公民参与,公民参与是现代社会资本的重要组成部分,公民参与程度直接影响着社会资本存量……宏观而言,增加社会资本存量可以预防犯罪的发生;微观而论,不同类型社会资本对犯罪生成有着不同的影响,进而影响到相应的刑事政策。因此,从社会资本角度来反思和发展现行刑事政策有着重要的理论和实践价值"。[①](3)对刑事政策功能之新评判。与社会资本理论相关联的社会支持犯罪学理论强调:社会支持,是指当个体有需要时,来自于社会网络中的他人的同情和资源给予(社会同情和资源给予)。社会支持犯罪学理论从人的利他动机视角探寻犯罪原因,从社会支持角度寻求预防犯罪对策,倡导一种主动的、内在的、非强迫性的积极刑事政策,构建预防犯罪的社会支持系统。包括政府层次的社会支持、群体层次与个体层次的社会支持等。社会支持的功能包括:具有缓冲器功能,可以培养人的利他观念与行为;可以改变一个人的行为方向,是社会控制有效性的前提条件,可以减少犯罪的可能性。[②](4)对刑事政策价值目标之时代理性权衡。与社会资本理论相关联的社会公正论,亦可以从社会资本论本身理论逻辑中获得某种新的诠释,从而更加有利于突出现代刑事政策之人文关怀立场。

如果说马克思主义经典作家研究发现的资本论主要是针对政治经济学的,那么,社会资本理论可能具有更为突出的"政治社会学"意义,其对于现代哲学社会科学研究具有特殊启迪作用。因而,刑事政策的研究方法中必然有社会资本理论的影子。

[①] 国家社科基金项目(2008年国家社会科学基金一般项目)研究成果:《基于社会资本解释范式的刑事政策研究》,上海市委宣传部编印,2010年,第7页。

[②] 同上书,第175—196页。

第二章

刑事政策观:狭义与广义

刑事政策本身的概念界定,对于刑事政策学研究具有重要的基础性价值,应当成为刑事政策学研究的首要任务。

一 刑事政策的概念界定

(一) 关于刑事政策概念的观点概览

对于刑事政策的内涵界定,国内外理论界主要存在有广义说与狭义说两种见解;此外,理论界还有第三种见解,即认为在刑事政策的广义说与狭义说之外还有"折中说"。[①] 总体上讲,狭义的刑事政策观(狭义说)认为,刑事政策是指同刑事法律措施相关的所有刑事法律政策,包括刑法政策、刑事诉讼法政策、刑事执行法律、犯罪人处遇政策等。部分学者在基本立场上持有狭义刑事政策观的基本见解。德国古典刑法学家费尔巴哈将刑事政策界定为"国家据以与犯罪作斗争的惩罚措施的总和",并且认为是"刑法的辅助知识";[②] 当代德国刑法学家耶赛克认为,"刑事政策探讨的问题是,刑法如何制订以使其能最好地实现保护社会的任务";[③] 我国台湾学者张甘妹认为,狭义刑事政策"得谓为国家以预防及镇压犯罪为目的,运用刑罚以及具有刑罚类似作用之诸制度,对于犯罪以及有犯罪危险人所作用之刑事上之诸对策",而"今日一般所谓刑事政策者,多指

[①] 参见卢建平《刑事政策与刑法》,中国人民公安大学出版社2004年版,第7—8页。
[②] 梁根林:《解读刑事政策》,载《刑事法律评论》第11卷,法律出版社2004年版,第2页。
[③] [法]耶赛克:《德国刑法教科书》,中国法制出版社2001年版,第28—29页。

狭义而言";① 我国大陆有学者认为,"刑事政策是运用刑法武器同犯罪作斗争的策略、方针、原则,是我国刑事立法和刑事司法工作的灵魂",②"刑事政策是国家或执政党依据犯罪态势对犯罪行为和犯罪人运用刑罚和有关措施以期有效地实现惩罚和预防犯罪的方略"。③ 而广义的刑事政策观（广义说）认为,刑事政策是指同犯罪防控相关的所有社会公共政策,包括以刑事法律为表现形式、以刑事类措施为手段特征的社会公共政策,还包括不具有刑事法律的表现形式或者不具有刑事类措施的手段特征、但是具有防控犯罪价值内容的所有社会公共政策。李斯特、安塞尔及其他许多的国内外学者都坚持广义刑事政策观的基本立场。德国刑法学家李斯特认为,"刑事政策是国家和社会据以与犯罪作斗争的原则的总和";④ 法国刑法学家安塞尔认为,"刑事政策是由社会实际上就是说由立法者和法官在认定法律所惩罚的犯罪,保护高尚公民时所作的选择。是集体对犯罪的越轨的反社会活动的有组织的果敢的反应";⑤ 我国有的学者认为,"刑事政策就是国家和社会整体为了治理或解决犯罪这一公共问题而制定、实施的'战略'、'艺术'",⑥"刑事政策是指代表国家权力的公共机构为维护社会稳定、实现社会正义,围绕预防、控制和惩治犯罪所采取的策略和措施,以及对因此而牵涉到的犯罪嫌疑人、犯罪人和被害人所采取的态度"。⑦ "折中说"的主张是:⑧ 刑事政策学首要的研究对象就是刑事政策本身；其次,从应用的或实践的立场出发,刑事政策学应在观察、研究的基础上提出一整套合理有效的打击犯罪、保护社会的战略战术。可见,折中说在实质上比较倾向于广义说的见解。

（二）本书关于刑事政策概念的见解

不同的刑事政策观同时就决定了对刑事政策学的研究对象的不同界

---

① 张甘妹：《刑事政策》,台北：台湾三民书局1979年版,第2—3页。
② 高铭暄、王作富主编：《新中国刑法的理论与实践》,河北人民出版社1988年版,第67页。
③ 杨春洗主编：《刑事政策论》,北京大学出版社1994年版,第7页。
④ 曲新久：《刑事政策的权力分析》,中国政法大学出版社2002年版,第35页。
⑤ ［法］米海依尔·戴尔玛斯—马蒂：《刑事政策的主要体系》,卢建平译,"译序",法律出版社2000年版。
⑥ 卢建平：《刑事政策与刑法》,"前言",中国人民公安大学出版社2004年版,第10页。
⑦ 刘仁文：《刑事政策初步》,中国人民公安大学出版社2004年版,第29页。
⑧ 卢建平：《刑事政策与刑法》,中国人民公安大学出版社2004年版,第7—8页。

定。但是也需要说明，上述狭义和广义的刑事政策观还是有一个基本的共识，即不同学者所坚持不同的刑事政策观（广义的或者狭义的刑事政策观），都是在将刑事政策作为一项社会公共政策的基础上所产生的分歧：狭义的刑事政策观将刑事政策学的研究对象限定为"同刑事法律措施相关的所有刑事法律政策，包括刑法政策、刑事诉讼法政策、刑事执行法律、犯罪人处遇政策"；广义的刑事政策观则将刑事政策学的研究对象扩张到"同犯罪防控相关的所有社会公共政策，包括以刑事法律为表现形式、以刑事类措施为手段特征的社会公共政策，还包括不具有刑事法律的表现形式或者不具有刑事类措施的手段特征、但是具有防控犯罪价值内容的所有社会公共政策"。二者分歧的焦点仅仅在于，是否将"不具有刑事法律的表现形式或者不具有刑事类措施的手段特征、但是具有防控犯罪价值内容的社会公共政策"纳入刑事政策学的研究对象。针对上述情况（共识与分歧），我国有学者指出：现代西方国家研究刑事政策问题的基本趋势是从广义上来认识和把握刑事政策，"从认识论的角度看，刑事政策是对犯罪现象的综合分析，对犯罪现象以及与违法犯罪行为作斗争的方法措施的解析；它同时也是建立在一定理论基础之上的旨在解决广义的犯罪现象的打击与预防所提出的问题的社会和法律的战略"；这样，如果我们一味坚持狭隘的刑事政策观，不仅妨碍我国与国际学术界的对话与交流，阻碍我国刑事政策学研究的发展与兴旺，而且也不利于我国刑事政策实践的科学化和现代化，[①] 因而我国"近些年来，广义的刑事政策观也慢慢地被人们所接受"。[②]

笔者在基本立场上主张广义刑事政策观，认为刑事政策的概念在基本层面上可以明确限定为同犯罪防控相关的所有社会公共政策，既包括以刑事法律为表现形式、以刑事类措施为手段特征的社会公共政策，还包括不具有刑事法律的表现形式或者不具有刑事类措施的手段特征、但是具有防控犯罪价值内容的其他社会公共政策。

一般认为，"刑事政策"在语言逻辑上是由"刑事"和"政策"两个词构成，其中"政策"为中心词，"刑事"为限定性修饰语。尽管在如何"合成"二者的问题上还存在不同的立场，但是这种逻辑上的演绎推

[①] 卢建平：《刑事政策与刑法》，中国人民公安大学出版社2004年版，第5页。
[②] 同上书，第131页。

理应当说是合理的。

　　这里存在以下几个问题：（1）如何认识"刑事政策"中的中心语"政策"？如今，虽然"政策"是使用得非常广泛的一个概念，但应当说人们对它的含义并没有一致的界定，国内外学术界都是如此。有学者综合中外学术界关于"政策"内涵的论述，提出了以下几种比较常见的见解：第一，政策是一种权威性输出；第二，政策是一种选择；第三，政策是一个过程；第四，政策具有鲜明的目的、目标或方向。而且政策有社会公共政策、军事政策与企业政策等的区分，社会公共政策也不能完全等同于政府公共政策。① 笔者认为，刑事政策中"政策"的基本含义应当是"政治方略"。如社会公共政策，就是指国家和社会针对社会公共事务所采取的政治方略。再如"企业政策"问题，可以在两个层面上来解释：一是在社会公共政策层面上进行解释，指国家和社会针对企业发展和规范方面所采取的政治方略；二是在作为社会公共政策相对应的"非公共"层面上进行解释，指企业自身作为独立主体针对自身经营、发展和营利等方面问题所采取的策略，它不具有社会公共政策的性质。因此，在界定刑事政策中的"政策"时，首要的问题应当解决是否在社会公共事务层面上进行解释。就刑事政策而言，显然只能在社会公共事务层面上来解释政策，刑事政策中的"政策"问题就只能解释成为一种政治上的方略，即刑事政策中的"政策"只能是一种社会公共政策。（2）如何认识"刑事政策"中的修饰语"刑事（的）"？"刑事"是现代社会生活中使用得相当广泛的词语之一，但"刑事"一词的具体含义在日常生活和学术领域均有相当大的差异。我国1979年出版的《辞海》没有单列出"刑事"一词作为词条，1997年修订出版的《现代汉语词典》将"刑事"解释为"有关刑法的"。② 在学术领域中经常与"刑事"连在一起使用的词组有"刑事法律""刑事诉讼""刑事责任""刑事法庭""刑事警察"、刑事类措施、刑事政策等。而在这些不同词组中，"刑事"的含义各有不同。如"刑事诉讼""刑事责任"中的"刑事"，大体上可以解释为"因犯罪而引起的"；"刑事类措施"中的"刑事"，含义是指"与刑罚措施相关的"；

---

① 刘仁文：《刑事政策初步》，中国人民公安大学出版社2004年版，第14—18页。
② 中国社会科学院语言研究所编：《现代汉语词典》（第5版），商务印书馆1997年版，第1407页。

"刑事政策"中的"刑事",应当理解为"因犯罪而引起的",其中当然包括"与刑罚措施相关的";"刑事法律"中的"刑事"则因为"刑事法律"的含义不同(狭义的刑事法律指刑法,广义的是指所有有关惩治犯罪的法律如刑法、刑事诉讼法、刑事执行法和刑事证据法等法律的总称),而被解释成"规定何为犯罪行为和受何种惩罚的"或"有关犯罪和刑罚以及如何运用刑罚的"两种意思。"刑事法庭""刑事警察"中的"刑事"可解释为"管辖刑事案件的"。因此,从词意上看,"刑事"可以作多种解释,但各种解释都或者与"犯罪"密切相关,或者与"刑罚"密切相关,或者二者兼而有之。应当说,从增强刑事政策的包容性、有效性、综合指导性等特性而言,将"刑事政策"中的"刑事(的)"界定为"与犯罪(防控)和刑罚(运用)密切相关的",才更加合理和科学。

(3)"刑事"与"政策"合成为"刑事政策"的方式问题。"刑事"和"政策"两个词的词语含义均具有很大的不确定性,不同的人可能在不同意义上使用"刑事"和"政策"两个词,从而使得刑事政策一词的含义千差万别。虽然单纯的语言学分析不能解决刑事政策的定义问题,但是不同学者应当在语言学分析基础上进行专门定义(广义或者狭义),为自己的学术见解设定恰当的语境。"刑事"和"政策"简单相加无法合成为一个具有准确含义的概念,其原因在于刑事和政策的内涵问题上都存在不同的理解。因此,在将"刑事"和"政策"二者进行合成的基础上进而界定刑事政策的内涵时,应当首先明确我们是否将其所关涉的犯罪问题和政策问题作为一项"社会公共事务"来对待,如果回答肯定,那么我们就只能将刑事政策中"刑事"和"政策"的含义限定在为了解决作为社会公共事务的"犯罪问题"而制定的"政治方略",因为它不同于独立个体针对单纯的个人事务所采取的一般策略。显然,我们只能在"社会公共政策"的范畴内来正统合成"刑事"和"政策"两个语词,进而我们只能从社会公共政策的立场上来解释刑事政策。如前所述,"刑事"具有广义和狭义的两层含义,从而"刑事政策"的合成就成为一项社会公共政策而具有广义和狭义的两种含义:广义的刑事政策和狭义的刑事政策都具有社会公共政策的属性,只是二者的具体内涵和范围有所区别而已。在英文文献中,可以直接翻译为汉语"刑事政策"一词的主要有:Criminal Policy、Penal Policy 以及 Criminal Law Policy、Criminal Justice Policy、Criminal Prevention Strategies、Criminal Control Strategies、Penal Reform、Prison

Reform 等。① 其中与"刑事"一词相对应的主要是"犯罪（人）的"（Criminal）和"刑罚（惩罚）的"（Penal）。大致可以说，英语中 Criminal Law Policy、Penal Policy 是一种狭义的刑事政策概念，特指"刑法政策"或者"刑罚政策"；而 Criminal Policy、Criminal Control Strategies 是一种广义的刑事政策概念，泛指"犯罪政策"与"犯罪防控政策"。可见，从语言学和社会公共政策学的视角来分析，就可以理解为什么现代西方国家的刑事政策学研究，既有坚持狭义刑事政策观立场的，也有坚持广义刑事政策观立场的。对此，我国有学者认为，现代西方大多数法学家或者刑事政策学家坚持广义的刑事政策观，都倾向于认为刑事政策既是打击和预防犯罪的斗争策略，是一个国家的社会总政策的组成部分，同时也是研究犯罪现象及其对策的科学。②

笔者认为，广义的刑事政策观不但具有语言学和逻辑学上的合理性，即可以相对合理地将刑事政策广义地理解为"犯罪政策"或者"犯罪防控政策"，将其基本含义理解为"为解决犯罪问题而采取的社会公共政策"，显然这种"犯罪政策"、"犯罪防控政策"或者"为解决犯罪问题而采取的社会公共政策"不能仅仅局限于狭隘的"刑法政策、刑事诉讼法政策、刑事执行法律、犯罪人处遇政策"；而且，这种广义的刑事政策观还具有更加有效地解决作为社会公共事务的犯罪问题的学术研究价值和科学实践价值，因为事实上，犯罪问题的解决有待于社会公共事务（如社会医疗福利等事务）的全面协调和有序发展，有待于动用包括刑事类措施与非刑事类措施的综合性手段，而不单单是犯罪人问题、刑事类措施问题。

因此，笔者认为，可以将刑事政策概念准确界定为：刑事政策是指国家政治系统和社会公共权力组织基于一定的社会公共价值目标（为共性价值目标）并以防控犯罪为个性价值目标而有组织地采取的一系列方略。

这种广义的刑事政策概念表明，刑事政策并不是一种狭隘的刑法政策或者刑罚政策，而是将其置于犯罪防控和社会公共政策这种广阔的背景下来认识和解读刑事政策这种特殊现象。关于刑事政策概念，笔者认为有必要强调以下几点：

---

① 参见曲新久《刑事政策的权力分析》，中国政法大学出版社 2002 年版，第 40—41 页。
② 卢建平：《刑事政策与刑法》，中国人民公安大学出版社 2004 年版，第 130 页。

第一，从宏观背景上看，将刑事政策置于社会公共政策这种广阔的知识背景来认识和研究。而且，刑事政策概念并不能等同于刑事政策学概念，恰如政策本身并不能等同于政策学一样：后者可以成为一种观察的学问、思考的学问，但是前者只能是一系列方略；对刑事政策这样一种一系列方略进行观察和思考的学问就是刑事政策学。

第二，从价值目标内容上看，只要是以犯罪防控为己任（个性价值目标）的社会公共政策，就应当将其归置于刑事政策来研究。即一项社会公共政策，只要其以犯罪防控为己任（个性价值目标），就应当将其归置于刑事政策来研究其合目的性；至于刑事政策的内容，既包括刑事类措施，又包括其他措施，只要是以防控犯罪为个性价值目标的，均应归结为刑事政策。

第三，从政策措施内容上看，只要是动用或者涉及了"刑事类（具有刑罚性质的）措施手段"的社会公共政策，就必须将其归置于刑事政策来研究。即任何一项社会公共政策，只要在其中动用或者涉及了"刑事类（具有刑罚性质的）措施手段"，就必须将其归置于刑事政策来考察其合法性（即在合目的性之外另外增加合法性考察）。如劳教、保安处分等实体上剥夺或者严重限制人身自由的措施，以及刑事诉讼、纪律程序等程序上涉及剥夺或者严重限制人身自由的措施等，都应当纳入刑事政策进行合法性考察。

第四，非以犯罪防控为己任（个性基价目标）的一般社会公共政策，不纳入刑事政策来研究。但是必须强调：当这种"一般社会公共政策"中包含了犯罪防控价值目标，就应当将它们纳入刑事政策视野来考察其合目的性，即其是否合乎犯罪防控价值的需要；当其中动用或者涉及了"刑事类（具有刑罚性质的）措施手段"，就必须将其归置于刑事政策来考察其合法性（即在合目的性之外另外增加合法性考察）。

第五，广义刑事政策观并不影响刑事政策研究中的特殊研究策略。虽然广义的刑事政策应当包括直接"以犯罪防控为个性价值目标"的所有社会公共政策，但是在刑事政策的研究策略上，学者可以选择其中同时具备价值目标内容和政策措施内容"双重特殊性"的那部分内容（即"以犯罪防控为个性价值目标"并且其中动用或者涉及了"刑事类措施和策略"的内容）作为自己的研究重点。同时，刑事政策学研究应当借鉴并运用公共政策学、软科学的基本研究方法和研究成果，如系统理论、复杂理论、决策理论、综合集成理论、模型理论等,以更加有力地充实和完善刑事政策学理论系统。

二 刑事政策的关系属性

(一) 刑事政策与社会公共政策的关系[①]

尽管笔者在前面已经谈到了刑事政策应当作为社会公共政策系统的子系统与有机组成部分而存在,但是在具体考察二者关系的时候,仍然有必要做一些必要的交代与分析。

1. 语境预设:社会公共政策的含义[②]

笔者这里使用"社会公共政策"概念,将社会政策与公共政策"整合"成为一体并简称为"社会公共政策",主要想集中笔墨分析刑事政策与关联的社会公共政策之间的关系。但是需要说明的是,社会公共政策的概念,在政策学界存在重大分歧。许多政策学者认为社会政策与公共政策是两个相对独立、相互关联的问题。因而需要特别交代本书"社会公共政策"概念的语境预设问题。

"社会政策"一词,由德国人最早倡导。1873年,德国新历史学派的经济学教授们为了对抗当时曼彻斯特派的经济思想并寻求解决德国当时的劳动力失业等问题,组织了"德国社会政策学会",此即社会政策名词的由来。关于社会政策的定义,我国台湾有的学者认为,所谓"社会政策",是以解决社会问题,促进社会安全,改善社会环境,增进社会福利为目的,经由国家的立法与行政等手段,促进社会各阶层均衡发展的一条途径。我国大陆有的学者认为:社会政策,是指以公正为理念依据,以解决社会问题、保证社会安全、改进社会环境、增进社会的整体福利为主要目的,以国家的立法和行政干预为主要途径而制定和实施的一系列行为准则、措施、法令、条例的总称。关于社会政策的范围,学者间的见解存在些许差异。一般认为社会政策有狭义和广义之分,狭义的社会政策范围仅涉及劳工及贫民生活,而广义的社会政策则包括国民福利、就业、住房、

[①] 特别说明:本论题的介绍性论述中部分内容借鉴了王嘉女士的部分研究成果,特此说明并向她表示感谢。

[②] 同上。

健康、文化、教育、人口、婚姻与家庭生活、社区及社会公共环境以及宗教，等等。显然，狭义的界定所对应的只是狭义的社会福利政策，而广义的界定则对应于各种社会问题的研究。但一般认为，社会政策广义概念与狭义概念之间的这种边界具有一定的模糊性和开放性，很难明显地确定。

公共政策在我们通常的理解中，是国家机关、政党及其他政治团体在特定时期为实现一定的社会的政治、经济和文化目标所采取的政治行为或规定的行为准则，它是一系列谋略、法令、措施、方法、条例等的总称。而国外学者对公共政策的理解值得我们关注。综合不同政策学者的观点，我们归纳出公共政策至少包含三个要点，即欲达到的目标或目的、为达成目标而做的宣示或拟采取的行动，以及由政策声明所引发的权威者的实际的政策行动。

因此有学者认为，社会政策与公共政策没有实质区别，只是西方国家在概念形成过程不同和使用习惯不同而已。社会政策概念多见用于英国及学术上受其影响的国家，而公共政策则多见用于美国，例如两国的福利政策，英国将其纳入社会政策范围，美国则将其纳入公共政策的范围。但也有学者认为，社会政策与公共政策存在明显区别，[①] 这种区别的具体表现在于：第一，社会政策与公共政策提供的物品和服务具有不同的性质。社会政策应当从福利角度定义，主要涉及的是可以排他性地使用或消费的物品和服务，只是把它作为公共产品的一部分；而公共政策主要是围绕"公共产品"来定义的，涉及的是不具有排他性的物品或服务的公共供给，政治学、经济学对公共产品都有比较明确的划分。第二，社会政策与公共政策增进社会福利的路径不同。社会政策供给的是一部分私益物品和服务，它增进社会福利主要是通过满足个人的某些需求、通过增进个人福利来增进社会福利；而不包括社会政策的其他公共政策则是通过增进社会福利来增进个人福利。可见，公共政策强调的是政府的作用，而社会政策则除了政府之外，还涉及"第三部门"。第三，决定社会政策与公共政策的大前提不同。由于通过社会政策和公共政策提供的物品和服务性质上的差别，也导致了决定社会政策与公共政策的大前提是不同的：社会政策主

---

① 此外还有学者指出：社会政策与经济政策有明显区别，因为经济政策侧重于经济效益和初次分配领域的事情，从一定意义上讲，经济政策体现了公正的机会平等的规则，而社会政策则是侧重于再次分配领域的事情，它在很大程度上体现了公正的人人共享、普遍受益的规则，体现了公正的社会调剂的规则。

要涉及"个人需要"，如社会保障政策，为老年人、残疾人、儿童等提供特殊服务的政策等；而公共政策主要涉及"群体需要"，如环境、治安等政策，因而公共政策所提供的物品或服务在使用或消费上不具有排他性，这些物品和服务就需要国家或政府制定公共政策，并以公共供给的方式来提供。

笔者作为刑事政策学者与刑法学者，在基本立场和研究方法上，为了突出刑事政策的基本品格和重要特点以集中研究刑事政策的"重大问题"，而不至于纠缠于一些无关刑事政策基本问题的"细枝末节"，主张将刑事政策放置于社会公共政策这样一个广大背景上来展开刑事政策的"宏大叙事式"的研究，目的是为了更加清晰地勾画出刑事政策本身的界域轮廓（刑事政策与其他政策之间的界域关系）。因此，笔者认为，刑事政策学者不应当过分看重社会政策与公共政策之间的差异，而应当将社会政策和公共政策两者作为一个整体来看待，即将两者整合为"社会公共政策"整体而适当"忽略"社会政策与公共政策两者内部的差异，来重点分析研究刑事政策与社会公共政策（社会政策和公共政策之整体）之间的关系，从而更加有力地揭示刑事政策的基本品格和特征。

基于上述立场，笔者将社会公共政策界定为：社会公共政策是指国家政治系统和社会公共权力组织基于一定的社会公共价值目标而有组织地采取的一系列方略。因此，社会公共政策的基本内涵是：第一，社会公共政策是一系列方略。如社会保障政策、社会保险政策、社会救济政策、社会优抚政策、社会医疗福利政策、社区工作政策、社会治安政策。第二，社会公共政策是有组织地采取的方略。这种有组织性是其作为"政策"的重要特征，表明它不是"零散行为"或者某个个体成员的随意所为。第三，社会公共政策的主体是国家政治系统和社会公共权力组织。这种主体的社会性和公共性，是与其有组织性密切相联系的。第四，社会公共政策是基于一定社会公共价值目标的作为与不作为。

社会公共政策的基本特点有以下四点：[①] 第一，社会公共政策是政治性与公共性的有机统一。社会公共政策是国家公共权力运行和国家政治系统运行的具体体现，必然服从和服务于公共权力和政治系统的意志、利益、任务和目标，这就是社会公共政策的政治性特征。政治性是一个比阶

[①] 参见胡宁生《现代公共政策研究》，中国社会科学出版社2000年版，第38—42页。

级性更为广阔的概念,因而它不一定就表现为强烈的阶级性。同时,社会公共政策作为政治系统和公共权力进行社会公共管理、维护社会公正、协调社会公众利益、确定社会稳定发展的基本手段,也必然具有公共性,即它立足于整个社会发展,从全社会绝大多数人的公共利益出发来制定和实施各种方略。离开了公共性,社会公共政策就有可能成为某些个人、团体或者阶层牟取私利的工具。社会公共政策的政治性与公共性既有一致的一面,也有相互矛盾和冲突的一面,二者是对立统一的辩证关系。第二,社会公共政策是稳定性与变动性的有机统一。一方面,稳定才能发展,稳定才能有效推行一定的社会公共政策,因而社会公共政策作为政治系统和公共权力运行的中心,必须保持稳定,尤其是必须保持总政策和基本政策的稳定。社会公共政策的稳定性,最重要的前提条件是其正确性和合法性,最基本的表现形式是其连续性和严肃性。另一方面,社会公共政策还有变动性的一面,这是由事物本身的变化发展性特点所决定的,也是由社会公共政策所协调和平衡的社会公众利益本身的变动性、政策环境资源本身的变动性、社会发展必然规律等因素所决定的。可见,社会公共政策的稳定性和变动性是客观上必然对立存在的社会公共政策的两个基本特性。正确的做法是维持社会公共政策稳定性与变动性的辩证统一,稳定性是相对的,是包含合理变动性的稳定,是稳中有变;变动性也是相对的,是遵循规律的变动,是变中有稳。第三,社会公共政策是公平性与效率性的有机统一。社会公共政策是维护社会公众利益的主要手段。因此,社会公共政策不同于企业政策的根本方面,就在于社会公共政策的根本目标是实现社会正义、公正、公平,企业政策的着眼点是以较少的投入获取较大的产出,以争取更高的效率为企业政策的根本目标。当然,社会公共政策也必须讲求效率,尽量做到"少花钱、多办事",社会公共政策运行必须尽量做到高效率,其理想状态是公平与效率的兼容。但是,社会公共政策的效率性必须服务和服从于公平,效率应当是公平基础上的效率,尽量实现有效率的公平,因为一定的效率本身就可以体现公平,一定的效率能够为公平提供物质基础。第四,社会公共政策是强制性与合法性的有机统一。作为管理社会公共事务方略的社会公共政策,是由政治系统和公共权力机构制定和实施的约束人们行为的规范与准则,其支撑力量和强大后盾是国家公共权力,其内含的奖惩机制都带有明显的强制性。社会公共政策的强制性主要源于社会公众利益的差异性与多层次性,利益受损者、包括既得利益受损者都能够明显感受到社会公共政策的强制性。同时，社会公共政策还具有合法性。任何社会公共政策要获得合法性，就必须从内容到形式都是合法的。所谓内容的合法性，是指政策所规定的管理方略能够在实质内容上使社会公众利益得到协调和平衡，符合多数人的、长远的利益要求，获得人民的认可和支持；所谓形式的合法性，是指社会公共政策的制定和实施都必须经过合法程序并采取合法形式。社会公共政策只有同时具有了内容和形式的合法性，才能发挥其应有的效力和效益。社会公共政策的合法性，是对政治系统和公共权力的基本约束：首先，政策的合法性要求政治系统、政策主体是合法的；其次，政策的合法性要求政治系统、政策主体的行为是合法的，即符合宪法和法律的基本规定而不得超越法律。应当说，社会公共政策的强制性与合法性必须统一起来，一方面，缺乏合法性的社会公共政策，其权威性、有效性与强制性就会受到损害，只有具有了合法性的社会公共政策才具有权威性与强制性基础；另一方面，政策有了合法性也不等于政策就能自然而然得到有效贯彻，还必须依照特定程序和依靠国家强制力予以强制推行，才能实现政策目标。

2. 刑事政策与社会公共政策的关系

如何界定刑事政策与社会公共政策的关系，一直是刑事政策研究者难以破解的难题。我国学者和苏联等社会主义国家刑事政策研究者比较一致的看法是：刑事政策是公共政策的组成部分。但是，也有学者认为，这种观点并不妥当，尤其是有违刑事政策发展的历史事实。刑事政策概念于1803年即提出，其间经过近200年的努力已经发展成为较为完整、系统的体系框架；而公共政策概念的提出是晚于刑事政策概念150年后的1951年，由哈罗德·拉斯韦尔（Harold Lesswell）与拉纳（Lerner）在《政策科学》（The Policy Sciences）一书中提出来的。[①] 因此，从历史发展的顺序看，刑事政策在先而公共政策在后，很难将刑事政策划入公共政策范畴。另外从西方国家刑事政策发展演变来看，刑事政策最初只是刑事政策研究者的思想观点，后与国家的犯罪对策相结合构成刑事政策体系，目前日本和我国台湾地区仍有一些学者把刑事政策作为刑事政策思想或刑事政策学说。这说明刑事政策应包括思想观念与犯罪对策的具体措施和方法

[①] 丘昌泰：《公共政策：当代政策科学理论之研究》，台湾巨流图书公司1995年版，第1—3页。

两个层面。如果仅从实际的政策层面来看待刑事政策则有失偏颇，更容易导致对刑事政策的简单注释和解说，难以科学地论证现行刑事政策并对刑事政策批判、创新和发展。因而，刑事政策概念不能套用公共政策的概念。当然，说刑事政策与公共政策概念不同而不能混为一谈，并不否认两者有相互联系的一面。刑事政策学的鼻祖李斯特提出的著名论断"最好的社会政策就是最好的刑事政策"的论断就足以说明二者之间的联系，也充分说明刑事政策研究者早已注意到了社会政策与刑事政策两者之间的一致性；并且，公共政策研究的兴起，确实"为刑事政策研究提供了新的视角和资源"。[1]

我国公共政策研究的学者在分析我国公共政策时所提出的一些观点值得刑事政策研究者注意。有学者指出，中国公共政策学者"过于强调政党和政府的政策主体地位，忽略了社会政治团体的主体性；过于强调政策的目标取向而忽略了政策的过程特点"。[2] 中国的刑事政策研究者亦有同样的倾向，在定义刑事政策时多强调"党和国家……制定的"或"国家为打击和预防犯罪……制定的""国家或执政党为了达到抗制犯罪的目的……制定的"，等等，过于强调政党和政府的政策主体地位而忽略了社会团体组织以及公民个人的主体地位。刑事政策的最终目的是预防犯罪，预防犯罪的基础是民众，如果离开民众如何预防犯罪？有的学者认为："刑事政策领域，是国家同犯罪作斗争的公共政策，刑事政策的决策主体只能是执政党和国家机关，而不包括社会团体组织以及公民个人。"[3] 笔者认为这一观点恰恰是忽略了政策的过程特点。公共政策与刑事政策都是一个客观过程，要经过酝酿、制定、评估、执行、终结等环节，在任何一个环节中都必须有社会团体和公众的参与。如我国制定社会治安综合治理政策就必须要有公众的参与，要广泛地征求民众的意见，要由社会团体和公众参与实施。陈兴良教授在论述刑法的"公众认同"时指出："在立法的时候，刑法规范的制定不能是脱离现实、脱离情理、脱离公众的认同的，刑法规范必须是从现实的市民生活中引申出来的，是建立在公众认同

---

[1] 曲新久：《刑事政策的权力分析》，博士学位论文，中国政法大学，2001年印制，第18页。
[2] 王传宏、李燕凌：《公共政策行为》，中国国际广播出版社2002年版，第6—8页。
[3] 曲新久：《刑事政策的权力分析》，博士学位论文，中国政法大学，2001年印制，第21页。

基础之上的。从这个意义上来说,刑法的公众认同在一定程度上决定着刑法规范的内容合理性和它的有效性。"① 因此,我国刑事政策的制定与实施同样需要公众的参与才能保证决策的民主性、科学性。

关于刑事政策与社会公共政策的关系问题,笔者认为可以简要地将其概括为:刑事政策是社会公共政策的有机组成部分,既有与社会公共政策相同的共性,也有与社会公共政策不同的个性。

(1)刑事政策与社会公共政策的共性

刑事政策作为社会公共政策的有机组成部分而与社会公共政策具有广泛的共性,刑事政策同样具有社会公共政策所具有的一系列基本特点。综合我国政策研究者和刑事政策学者的观点,刑事政策与社会公共政策之间的共性大致可以确定为如下一些方面。

第一,政策目标取向上的共性。一定的公共政策总是要实现一定的目标,具有明确的方向性。公共政策不是无意识或偶然性的行为,总是具有一定的目的性。同样,刑事政策也是一个目的性的活动过程。在这个意义上说,刑事政策学是政策之学。所有的政策都是达到一定目的的手段,刑事政策同样时时不忘它的目的即预防犯罪,所有刑事政策的研究与思考、制定、运用、实行都应以预防犯罪为必要内容,刑事政策的调整也必须要以预防犯罪为坐标,充分考虑刑事政策的时空性,即"不容忘记现代的情势,不容忘记中国此时此地的环境"。② 实质上我们可以说:现代公共政策整体、其中当然包括刑事政策在内都是以谋求人类福祉为共性价值目标。

第二,政策主体上的共性。公共政策主体是参与公共政策过程的每一个群体,包括政府部门、各类政治或社会团体、国际性组织、大众传媒、公众或选民等。③ 不同的公共政策主体在公共政策过程中有着不同的权力和义务。刑事政策主体同样应该多元化,不仅要注意国家和社会团体、公民的主体资格,随着经济全球化和中国"入世",还要注重国际性组织的主体身份。从现代刑事政策的发展历史看,国际性组织对刑事政策的发展产生了重要的影响和巨大的推动作用。林纪东先生总结为:它表明了刑事政策

---

① 陈兴良:《换个角度看刑法》,载《检察日报》2002年7月12日第3版。
② 林纪东:《刑事政策学》,台湾正中书局1969年版,第3—26页。
③ 王传宏、李燕凌:《公共政策行为》,中国国际广播出版社2002年版,第7页。

的世界性；它使人们更加重视刑事政策的观念；它对于犯罪的原因、防止犯罪的对策，提出了许多极有价值的建议，各国刑事立法和刑事司法都奉为准绳。[1] 如我国政府已经签署了联合国《公民权利和政治权利国际公约》（以下简称《公约》），但我国刑事政策与《公约》的要求还存在相当差距。择其要者是适用死刑和禁止强迫或强制劳动方面。在适用死刑方面，《公约》规定"判处死刑只能是作为对最严重的罪行的惩罚"，最严重的罪行仅指侵犯生命的犯罪和某些军事犯罪，而我国刑法规定可以适用死刑的罪名多达68种，显然与《公约》的规定有很大的差距。《公约》规定"任何被判处死刑的人应有权要求赦免或减刑。对一切判处死刑的案件均得给予大赦、特赦或减刑"。而我国刑法没有赋予被判处死刑的人要求赦免或减刑的权利。我国在禁止强迫或强制劳动方面突出的问题是劳动教养。《公约》规定"任何人不应被要求从事强迫或强制劳动"。根据1979年国务院颁布实施的《国务院关于劳动教养的补充规定》，劳动教养属于一种行政处罚措施，但由于它是一种较长时间剥夺人身自由的惩罚，因此在实质上与刑罚并无差异，甚至比刑法规定的一些轻刑还要严厉得多。按照法国学者米海依尔·马蒂的看法，这些严厉的行政处罚措施在本质上应当归属于"刑事类措施"。显然，我国现实生活中的某些做法可能与《公约》的规定相去甚远，不符合现代法治的基本原理和人权保障的精神。对此，必须要根据《公约》，调整刑事政策，严格限制死刑的适用，制定劳动教养法，改革和完善劳动教养制度。[2]

第三，政策形成过程上的共性。政策过程的起点是社会问题，[3] 为了解决社会问题，通过政策议程社会问题就转化为政策问题，政策过程就随之开始了。经过政策制定、政策执行、政策评估、政策终结等阶段性过程，解决了社会问题，实现政策主体确定的目标，政策运行的全过程终止；然后又应对产生的新的社会问题，如此循环反复。如果从价值论的角度来看，社会问题就是已经实现的价值和尚未实现的价值之间的矛盾。政策的形成过程，就是政策主体对尚未实现的价值的一种追求，也就是政策

---

[1] 林纪东：《刑事政策学》，台湾正中书局1969年版，第3—26页。
[2] 谭世贵：《加入联合国人权公约与中国法制建设》，载《法学家》2001年第3期。
[3] 这里特指"政策过程的起点"，与前文笔者所提研究刑事政策（公共政策）必须以政策本体价值范畴为逻辑起点的观点并非同一问题，二者并不矛盾。

主体想要实现的价值，这是政策主体所追求的终极目标。① 同样，刑事政策要解决的犯罪问题也是社会问题，按照政策学的逻辑推论，刑事政策过程的起点是犯罪问题，为了解决这一问题需要根据当时的犯罪情势及社会政治、经济等方面的因素，依据刑事政策的思想指导，以制定具体的政策措施，在实践中予以实施、评估，以达到预防犯罪的目的，并最终实现对犯罪行为所否定的社会价值的重新恢复和建构，② 保护社会，维持秩序，保障人权，实现正义。我国《刑法修正案（八）（草案）》所增设"危险驾驶罪"罪名问题可以成为适例：醉驾成为一个突出的政策问题，根据当前该问题客观情势，到底应该如何解决（是否增设危险驾驶罪罪名）这一政策问题，在全社会引发了广泛讨论，有人主张增设危险驾驶罪这个新罪名，有人反对增设这个新罪名并提出了其他处理方案，其在本质上就是一个刑事政策考量与形成过程。

第四，政策体系上的共性。公共政策是一个系统整体，任何政策都不是孤立的，而是处在不同层次的政策系统之中。从纵向层面可分为总政策（元政策）、基本政策、具体政策（方面政策），也可分为一般政策和特殊政策。③ 从时间维度可分为长期政策、中期政策、短期政策和临时政策。刑事政策同样是一个系统整体，有社会治安综合治理的总政策，打防结合、预防为主的基本政策，打击严重刑事犯罪的具体政策、打击严重经济犯罪的具体政策、改造教育罪犯的具体政策、预防犯罪的具体政策。从时间上可以划分为：在社会治安非正常时期的"严打"政策，针对某一时期某类犯罪突出的专项斗争政策，长期实施的社会治安综合治理政策，等等。这些政策相互配合联结，构成刑事政策的体系。刑事政策体系的系统性是我们完整理解刑事政策概念、正确区分不同政策、合理确定不同层面刑事政策位阶的基础，也是合理地解决各不同刑事政策分工的前提。

第五，政策行为准则与规范上的共性。政策总有具体的作用对象或客体，它规定对象应做什么和不应做什么，规定哪些行为受鼓励、哪些行为被禁止。政策规定常带有强制性，它必须为政策对象所遵守。行为规范和准则，使政策具有可操作性，从而才能有效地调整各种社会关系，调动各

---

① 刘斌、王春福：《政策科学理论》，人民出版社2000年版，第14页。
② 王牧：《犯罪学》，吉林大学出版社1992年版，第381页。
③ 张国庆：《现代公共政策导论》，北京大学出版社1997年版，第22页；陈振明：《政策科学》，中国人民大学出版社1998年版，第95页。

方面的积极性。① 刑事政策同样具有手段的载体性质的问题。如果缺乏可操作性、规范性和一定程度的强制性,刑事政策就很难执行。我国有学者指出,刑事政策规范的形式有两类:一类是法律规范,例如被包含在宪法、刑法、刑事诉讼法、预防未成年人犯罪法和有关法律法规之中;另一类为非法律规范,被包含在政府文件、政党决议或执政党纲领之中。② 在强调刑事政策的规范性特征时还应注意刑事政策与刑事法律的关系问题,刑事政策毕竟不是刑事法律,因而其规范性、强制性不能等同于刑法的规范性、强制性,否则两者没有区别,也就难以分清。

第六,政策研究视角上的共性。尽管我国学者认为刑事政策不能等同于公共政策,但基本都承认公共政策理论研究的发展为刑事政策的理论研究带来了广阔的空间。我国研究刑事政策的学者多从政策学视角探讨刑事政策的概念、特征、制定、执行等理论,足以说明政策学与刑事政策学研究的密切程度。大多数学者认为,刑事政策是国家政策的一部分。为此,我们在研究刑事政策时应积极地借用政策学研究的成果。一方面从方法论的角度构建理性形态、分析工具,运用量化方法、质化方法及超理性、非理性的资讯研究刑事政策的原理,增强理论张力;另一方面要从实质理论角度,以阶段论为取向着眼于刑事政策知识的内涵与本质,研究问题建构、政策过程、政策规划、政策执行与政策评估等理论,以增强理论的实用性、可操作性,完善"组织艺术"。③ 同时要将两者科学地有机统一起来。"如果把'研究科学'与'组织艺术'割裂开来,那么'研究科学'就应单纯为了研究而研究,变成单纯玩弄概念、定义的抽象的'玄学',最后成为'空中楼阁';而'组织艺术'一旦离开了科学基础,就会变成盲目的机械的可以任人摆布的工具,就会被人滥用。'因时因地立法'、'仓促立法'等有时就是这种滥用的具体表现。"④

(2) 刑事政策不同于社会公共政策的个性

刑事政策不同于一般社会公共政策的特殊个性应当说还是比较多的,但其中最主要的内容体现在以下两个方面:

---

① 王传宏、李燕凌:《公共政策行为》,中国国际广播出版社 2002 年版,第 8 页。
② 杨春洗主编:《刑事政策论》,北京大学出版社 1994 年版,第 7 页。
③ 丘昌泰:《公共政策:当代政策科学理论之研究》,台湾巨流图书公司 1995 年版,第 1—3 页。
④ 卢建平:《刑事政策学研究的几个基本问题》,载《法律科学》1990 年第 4 期。

第一，刑事政策以犯罪防控为个性价值目标。如果说所有的社会公共政策都是以谋求人类福祉为共性价值目标，那么刑事政策就是通过实现犯罪防控价值来谋求人类福祉；即是说，只有刑事政策以犯罪防控为直接价值目标，而一般社会公共政策并不当然以犯罪防控为个性价值目标。

第二，刑事政策方略中内含了刑事类措施（指在实质上包含有刑罚处罚性质的措施）。即刑事政策由于其个性目标价值的特殊性所决定，它可以在一般社会公共政策方略以外动用刑事类措施，而一般社会公共政策不能动用刑事类措施。

（二）刑事政策与执政党政策的关系

执政党政策，是指居于执政党地位的党派，根据自己党派的宗旨和利益需要、为了实践党派目标而依据党内议事程序组织实施的一系列方略。如我党在历史上所制定和实施的土地改革政策、"团结一切可以团结的力量和锄奸"的抗日战争政策、解放战争政策、三反五反政策、改革开放政策等。由于我党代表了最广大人民的根本利益、代表了先进生产力和先进文化的发展方向，获得了中国广大人民的普遍认同，因此我党作为执政党的政策就具有合目的性与合法性。也有学者认为，在我国，作为执政党的中国共产党实质上是公共政策，其中当然包括刑事政策的重要决策主体，通过党内程序决策并制定实施的公共政策（包括刑事政策）当然具有合法性。应当说，这是由中国的特殊国情和中国共产党的特殊历史地位所决定的。

关于刑事政策与执政党政策之间的关系，我国学术界研究比较欠缺。笔者认为，理论上讲，执政党政策由于其主体地位（党派及党代表）、政策价值目标（党的宗旨利益）、政策内容本身的合目的性与合法性（审查主体是执政党）、议事程序（党内程序）等诸多方面所存在的特殊性，并不能当然地完全合乎社会公共政策所要求的社会性、公共性、有组织性、合目的性（一定社会公共价值目标）、合法性，从而执政党政策并不能当然地成为社会公共政策。尤其是其中涉及犯罪防控内容的部分，由于犯罪防控在本质上是一个社会公共政策问题，其中可以动用的刑事类措施的特殊性，必须根据国家的宪法、立法法、刑法、刑事诉讼法等基本法律的要求进行实体上和程序上的合法性审查后，才可以获得刑事政策地位和被合法地普遍施行于社会。因此，执政党政策应当经过法律程序进行合法化之后，才可以转化为作为社会公共政策的刑事政策（刑事政策合法化并不等于刑事政策法典化或者法律化）。在现阶段，中国共产党所制定的有关犯罪防控的政策由中国国情和我党的特殊历史地位所决定而具有刑事政策地位，应当说这是一种特例。例如：我国严打政策和劳动教养政策（劳动教养制度），起先都是以中共中央决议的形式并作为"党的政策"发布，后来经过转换成为国家最高权力机关（全国人大及其常委会）与国家最高行政机关（国务院）的规范文件形式发布，比较恰当地体现了刑事政策与执政党政策之间的关系。

（三）刑事政策与社会治安政策的关系

治，相对于乱而言；安，则相对于危而言。汉语"治安"一词最早见于汉贾谊著《治安策》，后司马迁著《史记》中又有记载。中国古代的社会治安指政治清明、国家昌平、社会安定。现代意义上的社会治安含义上较古代狭小，一般指有条理的、正常的社会秩序，其具体含义可以是社会治安问题、社会治安状况、社会治安工作等。社会治安问题的类型包括犯罪、违法乱纪、无责任或者责任不清的不安情形、事故事件等，其中，无责任的不安情形指行为人自杀等情形，事故事件包括破坏事故、责任事故、技术事故、自然事故（如地震等自然灾害事故）、治安事故、治安事件等。[①] 从社会治安的基本内涵可以看出，社会治安问题中的主体内容是犯罪防控问题，但是它不仅限于犯罪防控，它还包括无责任事故、自然灾害等非犯罪现象的防控。可以说，社会治安也是社会公共政策的有机组成部分，并且社会治安政策的主要内容是刑事政策，尤其是其中针对犯罪、违法乱纪等问题的解决方略属于刑事政策问题，因此刑事政策可以直接从社会治安政策中汲取有益营养；但是，社会治安政策又不限于刑事政策，尤其是其中为解决自然灾害事故所设计的社会治安政策，不能归属于刑事政策。因此，刑事政策只是社会治安政策的有机组成部分，但是刑事政策并不完全等同于社会治安政策。社会治安政策包含了刑事政策，社会治安政策的范围大于刑事政策的范围。

---

① 金其高：《中国社会治安防控》，中国方正出版社 2004 年版，第 14—34 页。

（四）刑事政策与刑事法律的关系

关于刑事政策与刑事法律的关系问题，目前理论界比较一致的看法是：刑事政策与刑事法律二者之间既有联系又有区别，一方面法律要以政策为指导，另一方面政策又受法律的制约，二者是辩证统一的关系。有的学者在阐述政策与法律的关系（而不是仅局限于刑事政策与刑事法律的关系）时，认为政策与法律的联系表现为：政策与法律都是国家管理及政治统治的工具和手段，共同调整、控制和规范社会关系；党的政策是法律的内核，法律是政策的定型化和具体化；执政党的政策除了党务方面的政策外，许多政策表现为国家政策，这些政策指导法律的制定和实施，法律是实施政策的重要保障。[1] 有的学者认为，政策与法律的关系是：二者既有一致性也有区别，前者表现为政策和法律的同一起源、同一本质，后者表现为政策指导法律、法律体现政策。还有的学者认为，社会政策与法规的密切联系主要表现为二者互为依据、相互渗透、相互制约，法规依据政策而制定，而社会政策和法规本质上是一致的。[2] 苏联学者认为，刑事法律和刑事政策的关系原理主要有三个：一是刑事政策与任何政策一样，和法律紧密相连；二是国家的刑事政策如同国家的其他政策一样，在法律中得到体现；三是刑事法律在国家刑事政策的表现形式中占据中心地位。[3] 不过，尽管学术界都一致认为刑事政策与刑事法律二者之间的关系可以笼统地概括为一种辩证统一关系，但是对于刑事政策与刑事法律二者之间"辩证统一关系"的具体内容，学术界却有不同看法，其中比较典型的看法有以下几种：

一是，认为刑事政策是刑事立法与刑事司法的灵魂和依据，法律则是政策的具体化。[4] 现代任何国家的任何一项刑事立法都必定受一定刑事政策导向，任何一项刑事法规的执行也无不受到一定刑事政策的调节，这就在客观事实上决定了刑事政策论在刑事法学系统中的主导地位；不过，刑

---

[1] 张金马主编：《政策科学导论》，中国人民大学出版社1992年版，第173页。
[2] 曲新久：《刑事政策的权力分析》，中国政法大学出版社2002年版，第239—241页。
[3] ［俄罗斯］博斯霍洛夫：《刑事政策的基础》，刘向文译，郑州大学出版社2002年版，第58—59页。
[4] 高铭暄主编：《刑法学》，北京大学出版社1989年版，第31页。

事政策与刑事法规不可彼此替代。① 有学者明确指出，刑事政策是刑法的灵魂，是刑法保持社会主义方向，实现党和国家的总路线、总任务的根本保证；刑事政策是刑法制定的依据，刑法是刑事政策的具体化、条文化；刑事政策对定罪的指导，对于刑法没有明文规定的行为，定不定罪，定什么罪，如果离开了刑事政策的指导，是难以确定的。② 台湾学者也认为，刑事政策乃站在指导修正现行刑法将来立法之地位。③

二是，认为刑事政策与刑事法的关系是一种以刑事政策指导刑事法为主的复杂关系。如有学者指出，在刑事政策与刑事法的关系问题上，我国的刑事政策确实在一定范围内和一定意义上表现为刑事法律的灵魂，但是并不仅仅是刑事法律的灵魂，实际情况要复杂得多：一方面刑事政策体现于刑事法律之中，但某些重大刑事政策可能并没有为法律所足够体现，也没有为刑事政策实践所完全实现，因而其价值主要表现于表态作用和象征意义；另一方面，在法律规定不明确而需要政策规则出场的情况下，政策则又十分缺乏，有时名义上的刑事政策可能并不存在或者基本上不存在。虽然刑事政策指导刑事法律的适用，但刑事司法活动中只有刑事法律才是审判刑事案件的直接标准。④ 刑事政策对于刑法规范的适用获得了指导地位，尽管这一地位是相对的而非绝对的；同时，又在一定意义上可以说，刑事法规范是形式化的工具理性，而刑事政策属于非形式化的目的理性。⑤ 另有学者指出，刑事政策与刑法的复杂关系主要表现为"辩证关系"：刑事政策引导与调节刑法的制定和适用，刑法则提供和限定刑事政策作用的界域。⑥

三是，认为刑事政策与刑事法律之间是一种交叉关系而不是重合关系，其中主要内容是刑事政策的法律化及刑事法律的政策化：刑事政策的法律化是立法层面上的问题，而刑事法律的政策化则是司法层面上的问题，二者是两个相对独立的体系（在主体、内容、价值目标、制定程序等都有很大不同）。具体应当从三个层面来分析刑事政策和刑事法律的关

---

① 杨春洗主编：《刑事政策论》，北京大学出版社1994年版，第12—13页。
② 魏克家：《论刑事政策的几个问题》，载《政法论坛》1994年第2期。
③ 张甘妹：《刑事政策》，台湾三民书局印行1979年版，第3—4页。
④ 曲新久：《刑事政策的权力分析》，中国政法大学出版社2002年版，第274—276页。
⑤ 曲新久：《刑事政策之概念界定与学科建构》，载《法学》2004年第2期。
⑥ 董文蕙：《也论刑事政策与刑法的关系》，载《云南大学学报》（法学版）2004年第1期。

系：一是元刑事政策与刑事法律的单向关系，表现为前者决定后者，即元刑事政策是刑事法律的灵魂，是制定刑事法律的依据（存在着一个刑事政策法律化的问题）；二是基本刑事政策与刑事法律的双向关系，即同时存在着刑事政策法律化和刑事法律政策化的问题；三是具体刑事政策与刑事法律的单向关系，表现为具体刑事政策是刑事法律政策化的结果，也是刑事法律的具体化和个别化，但具体刑事政策必须在刑事法律的框架之内而不能超越刑事法律，即使在刑事法律规定阙如的情况下也不能通过刑事政策之手来"补充"刑事法律，这是法治国家的基本要求。① 还有学者从狭义的刑事政策观出发，主张刑事政策与刑事法二者之间的关系应当概括为刑法的刑事政策化与刑事政策的法治化，既要在刑法中更多地引入刑事政策思想，使刑法更多地追求对犯罪惩治的有效性；同时，在强调刑法的刑事政策化使刑法发挥预防犯罪、防卫社会的功效时要有限度，防止刑法成为实现刑事政策工具的倾向。②

由上可见，在刑事政策与刑事法律的关系问题上，尽管可以笼统地说二者是一种既有联系又有区别的辩证统一关系，但是在二者之间如何辩证统一以及二者之间的联系和区别的具体内容为何的问题上却存在重大分歧，这种分歧成为目前理论界争议的焦点。

我认为，要正确认识和界定刑事政策与刑事法律的关系，必须以正确界定刑事政策的内涵和外延为基础（对此问题笔者另有专门论述），并在此基础上将刑事政策置于公共政策的广阔视野来讨论刑事政策与刑事法律二者的关系。基于广义刑事政策观，我认为刑事政策与刑事法律二者之间的关系可以从三个层面上进行概括：一是在价值取向上，刑事政策与刑事法律是指导与被指导的关系；二是在对策系统上，刑事政策与刑事法律是整合与被整合的关系；三是在具体措施上，刑事政策与刑事法律是校正与被校正的关系。③

1. 价值取向上指导与被指导的关系

理论界主流的看法认为，刑事政策是刑事立法与刑事司法的灵魂和依

---

① 刘远、刘军：《刑事政策的理论与实践》，载《中国刑事法杂志》2004 年第 2 期。
② 梁根林、吉莉娅：《"刑事政策与刑事一体化"学术研讨会综述》，载《中国法学》2004 年第 1 期。
③ 魏东：《刑事政策与刑事法律关系的三个层面》，载《四川警官高等专科学校学报》2005 年第 1 期。

据，刑事政策指导刑事法律，刑事法律是刑事政策的具体化和定型化。这种结论的科学性就主要体现在价值指导意义上，即在价值取向上刑事政策与刑事法律是一种指导与被指导的关系：刑事政策指导刑事法律，刑事法律被刑事政策所指导。

刑事政策的价值取向指导刑事法律的价值取向，总体上表现为刑事政策所体现的"相对公正理性"程度高低，直接决定刑事法律所体现的"相对公正理性"高低，或者说刑事政策的基本面貌决定刑事法律的基本面貌。历史地考察古代社会的刑事政策（广义上的），由于人类自身发展过程中的历史局限性所决定，其价值取向上的"相对公正理性"程度较低，直接决定了与其相对应的刑事法律的"相对公正理性"程度也较低，表现为对公平和正义价值的体现程度低，对人权保障价值和社会发展价值的体现程度低，如总体上忽视人权保障和社会和谐有序发展，刑罚严苛，刑讯逼供，程序不公，罪刑擅断等。而近现代以来的刑事政策，由于在价值取向上体现的"相对公正理性"程度高，就直接决定了与其相对应的刑事法律的"相对公正理性"程度也较高，表现为对人权保障和社会发展价值的体现程度高，总体上高度重视人权保障和社会和谐有序发展，刑罚轻缓人道，反对酷刑，注重程序公正，实行罪刑法定等。

2. 对策系统上整合与被整合的关系

系统论原理认为，复杂系统可以而且需要从不同角度或者按照不同标准划分子系统，划分子系统是刻画系统结构的重要方法；子系统具有局域性、从属性，只是系统的一部分；根据系统等级层次原理，高层次包含低层次，低层次隶属于高层次，或者高层次支配低层次，低层次服从、支撑高层次，从而母系统是对子系统的整合。[①] 根据系统论原理，刑事政策是针对犯罪现象所确立的一系列自成体系的犯罪防控对策系统，这个对策系统是一个复杂的巨系统，而刑事法律只是这个复杂巨系统中的子系统，从而刑事政策所确定的犯罪防控对策系统包含刑事法律（对策）系统，刑事政策系统必然支配、整合刑事法律对策系统；而刑事法律对策系统相对于刑事政策系统具有局域性、从属性，刑事法律系统必然隶属于、服从于刑事政策系统，在系统层次位阶上被刑事政策系统所支配和整合。因此，刑事法律在确定犯罪防控对策体系时，必然以刑事政策为依据和指导，来

[①] 苗东升：《系统科学精要》，中国人民大学出版社1998年版，第34—36页。

具体设计一系列刑事法律原则、制度、方法和体系；在适用刑事法律的过程中，也必然以刑事政策为依据和指导，来具体适用刑事法律原则，执行刑事法律制度和措施。

刑事政策在犯罪防控对策体系上确定刑事法律的存在空间（大小和程度）。在既定的刑事政策价值取向和犯罪防控总强度之下，刑事政策确定的犯罪防控对策体系（包括一般防控对策措施和刑事法防控对策措施）所确定的一般防控对策措施发达而有力，则相应地就导致刑事法防控对策措施弱小而轻缓；相反，如果刑事政策所确定的一般防控对策措施简单而武断，则其相应地就导致刑事法律防控对策措施强大而严厉。例如，在古代社会，由于刑事政策价值取向存在明显缺陷，对人权保障的极端偏颇（只保护少数人人权而忽视绝大多数人人权保障），对社会发展保护的片面认识（没有着眼于保护社会健康发展），从而总体上刑事政策只体现出程度极低的"相对公正理性"，因而直接决定了古代社会的犯罪防控对策体系中一般的防控对策措施相对比较简单，而刑事法律防控对策措施相对强大而又粗暴，表现为犯罪化事由宽泛、刑罚措施严酷、刑事法制度设计（如实行株连无辜、刑讯逼供、有罪推定、类推制度等）不公等特点。在近现代社会，由于刑事政策价值取向上体现了更大程度的相对公正理性，尤其是注重广泛的人权保障和人类社会健康发展，因而直接决定了近现代社会的犯罪防控对策体系中的一般防控对策措施相对发达有力，仅仅将刑事法律对策措施作为一种不得已的最后防控对策措施，从而近现代社会的刑事法律防控对策措施相对弱小而轻缓，突出表现为犯罪化事由的严格控制，非犯罪化、非刑罚化、非监禁化运动成为刑法改革运动的主流，刑罚人道、刑法抑制、罪刑法定、程序公正、无罪推定等得到极端强调。

3. 具体措施上校正与被校正的关系

由刑事政策与刑事法律在价值取向上指导与被指导的关系，对策系统上整合与被整合的关系可以合乎逻辑地推导出：在犯罪防控的具体措施上，刑事政策与刑事法律二者之间具有校正与被校正的关系。即刑事政策随时随地都在对刑事法律进行校正，刑事法律（包括刑事立法和刑事司法整个过程）自始至终都处于被刑事政策校正的过程之中。

在刑事立法层面上，选择何种具体对策措施（包括实体法措施和程序法措施）并不是随心所欲盲目进行的，而是需要进行刑事政策的审查和批判，这种审查和批判的过程就是刑事政策对刑事法律的校正过程。例如，在刑事立法上是否选择犯罪化措施，是否选择死刑或者其他酷刑，是否选择非监禁措施，是否选择罪刑法定原则、无罪推定原则等，无一不需要接受一定刑事政策的校正。可以说，西方国家近现代以来所出现的非犯罪化、非刑罚化和非监禁化运动，废止死刑、酷刑运动，以及其他刑事法律改革运动，在本质上就是刑事政策对于刑事法律的校正过程。我国对于通奸行为、有偿中介行为、长途贩运行为以及其他一些行为的非犯罪化，对于死刑的严格限制，对于类推制度的明文废止，对于罪刑法定原则、程序公正的制度设计，等等，无疑也是刑事政策对于刑事法律的校正过程。

同理，在刑事司法层面上，对于具体个案的认识和处理，尤其是对于具体个案具体适用何种具体对策措施，也需要进行刑事政策的筛选和决断，这种筛选和决断的过程同样是刑事政策对刑事法律的校正过程。例如，在具体个案的刑事司法活动中是否严格执行法律，是否适用死刑，是否实行刑讯逼供，在刑事法律缺乏明确规定的情况下是否追究某种具有社会危害性行为的刑事责任等，也都需要以一定刑事政策为指导并接受一定刑事政策的校正。

需要特别说明的是：在现行罪刑法定原则所确认的刑事政策精神下，刑事政策与刑事法律二者之间在犯罪防控的具体措施上所具有的这种校正与被校正的关系具有相当的特殊性，这种特殊性可能表现为一种"单向校正"，即只能表现为一种情形：当现行刑事法律规定为犯罪的行为在实质上不符合特定刑事政策精神时（如不具有社会危害性或者不利于保障人权），就可以根据刑事政策精神对该行为不做犯罪追究；而不能相反。由于刑事法律本身是特定刑事政策的法定表现形式，因此，在立法层面上出现立法规定不符合特定刑事政策的情况时，总体上需要通过合法程序修订刑事法律，以体现刑事政策对刑事法律的指导和校正。但在刑事司法层面上，根据罪刑法定原则所确认的现行刑事政策精神，如果现行刑事法律规定为犯罪的行为但是在实质上不符合特定刑事政策精神（如该行为本身现在不具有社会危害性或者惩治该行为本身不利于保障人权），是可以根据刑事政策精神对该行为不做犯罪追究的；但是，如果现行刑事法律没有规定为犯罪的行为但是在实质上具有社会危害性，则对该行为不应当追究刑事责任，因为这种做法本身就不符合罪刑法定原则所确认的特定刑事政策精神（此外，对这种情形不追究刑事责任的理由还有刑法的安定性等品格的要求）。

三 刑事政策的特点与分类

刑事政策的特点与分类具有关联性，有必要放在一起加以阐述。

（一）刑事政策的特点

刑事政策的特点有哪些？理论界各有不同的归纳阐述。

有学者从系统论立场来观察刑事政策系统的特征，认为刑事政策系统的主要特征有以下六个：整体性、相关性、层次性、稳定性、开放性、优化性。[①] 刑事政策的整体性，是指刑事政策系统是一个由系统要素（各个刑事政策）组成的整体，是具有特定的功能、目标的有机整体。"所谓刑事政策的整体功能，是指刑事政策系统内的各项政策不是独立地与社会环境发生作用，而是相互作用、相互联系，对社会环境的改变发挥着综合性的功能。"刑事政策的相关性体现了刑事政策系统内诸个体刑事政策之间相互依存、相互制约的关系。刑事政策的层次性体现了刑事政策系统内根据特定标准而形成的一系列政策等级及其排列顺序。"刑事政策系统可以从纵向上划分为不同等级的子系统。划分刑事政策的层次主要依据下面四条标准：①刑事政策效力所影响的范围。②刑事政策作用时效的长短。③刑事政策制定主体的规格。④刑事政策内容的不同。"刑事政策的稳定性是刑事政策系统存在和运行的一个基本特征，它包含两重含义：一是指刑事政策系统内的各项刑事政策在其有效时间内是处于稳定状态的，其政策目标、措施是不变的；二是指一个刑事政策系统一旦形成，就其基本方面而言是处于相对稳定的运行状态，在一定历史阶段内，其运行过程总是趋于一个方向。刑事政策的开放性体现了刑事政策系统与刑事政策环境之间的运行规律，是刑事政策系统运作有序状态的形成以及由低序状态向高序状态扩展的前提条件。刑事政策的优化性表现为整个刑事政策系统的要素优化、结构优化、运行优化与功能强化等，确保效率、公正、科学。

---

① 许秀中：《刑事政策系统论》，中国长安出版社2008年版，第31—34页。

另有学者对学术界提出的刑事政策的特征之各种见解综合归纳如下：[①]"第一，意向性：刑事政策史确定性和不确定性的统一，起着导向的作用。第二，开放性：刑事政策要反映犯罪态势，与外界形势进行交流。第三，综合性：刑事政策主体、对象、目的具有双重性，刑事政策手段具有多样性，刑事政策表现的层次性和各种刑事政策之间的协调说明刑事政策的综合性。第四，稳定性：刑事政策不能朝令夕改，与之相对应的社会现实没有变化刑事政策不能随意变化。第五，灵活性：刑事政策的变通比起法律来更加灵活。"

除此之外，"还有观点认为刑事政策具有目的性、规范性、系统性、权威性、有效性、紧张性、体系完整性和内容广泛性等特征"[②]。另有学者提出了刑事政策的补充性、实践性、批判性、国际性等特征。[③]

可见，刑事政策的特点在学界存在不同归纳，需要重新进行斟酌提炼。

笔者认为，综合学界对刑事政策的特点（特征）的归纳总结，结合社会公共政策的基本特点分析，可以归纳出刑事政策必然具有以下基本特点：

第一，刑事政策是政治性与公共性的有机统一。作为社会公共政策的刑事政策是国家公共权力运行和国家政治系统运行的具体体现，必然服从和服务于公共权力和政治系统的意志、利益、任务和目标，这就是社会公共政策的政治性特征。政治性是一个比阶级性更为广阔的概念，因而它不一定就表现为强烈的阶级性。同时，社会公共政策作为政治系统和公共权力进行社会公共管理、维护社会公正、协调社会公众利益、确定社会稳定发展的基本手段，也必然具有公共性，即它立足于整个社会发展，从全社会绝大多数人的公共利益出发来制定和实施各种方略。离开了公共性，社会公共政策就有可能成为某些个人、团体或者阶层牟取私利的工具。刑事政策的政治性与公共性既有一致的一面，也有相互矛盾和冲突的一面，二者是对立统一的辩证关系。

---

① 谢望原、卢建平等：《中国刑事政策研究》，中国人民大学出版社2006年版，第606页。
② 同上。
③ 参见刘远《刑事政策哲学解读》，中国人民公安大学出版社2005年版，第96页；蒋熙辉、郭理蓉等《刑事政策之反思与改进》，中国社会科学出版社2008年版，第10—13页。

第二，刑事政策是稳定性与变动性的有机统一。一方面，稳定才能发展，稳定才能有效推行一定的社会公共政策，因而社会公共政策作为政治系统和公共权力运行的中心，必须保持稳定，尤其是必须保持总政策和基本政策的稳定。社会公共政策的稳定性，最重要的前提条件是其正确性和合法性，最基本的表现形式是其连续性和严肃性。另一方面，社会公共政策还有变动性的一面，这是由事物本身的变化发展性特点所决定的，也是由社会公共政策所协调和平衡的社会公众利益本身的变动性、政策环境资源本身的变动性、社会发展必然规律等因素所决定的。可见，社会公共政策的稳定性和变动性是客观上必然对立存在的社会公共政策的两个基本特性。正确的做法是维持社会公共政策稳定性与变动性的辩证统一，稳定性是相对的，是包含合理变动性的稳定，是稳中有变；变动性也是相对的，是遵循规律的变动，是变中有稳。

第三，刑事政策是人权保障与犯罪防控、公平性与效率性的有机统一。社会公共政策是维护社会公众利益的主要手段。因此，社会公共政策不同于企业政策的根本方面，就在于社会公共政策的根本目标是实现社会正义、公正、公平，企业政策的着眼点是以较少的投入获取较大的产出，以争取更高的效率为企业政策的根本目标。当然，社会公共政策也必须讲求效率，尽量做到"少花钱、多办事"，社会公共政策运行必须尽量做到高效率，其理想状态是公平与效率的兼容。但是，社会公共政策的效率性必须服务和服从于公平，效率应当是公平基础上的效率，尽量实现有效率的公平，因为一定的效率本身就可以体现公平，一定的效率能够为公平提供物质基础。

第四，刑事政策是强制性与合法性的有机统一。作为管理社会公共事务方略的社会公共政策，是由政治系统和公共权力机构制定和实施的约束人们行为的规范与准则，其支撑力量和强大后盾是国家公共权力，其内含的奖惩机制都带有明显的强制性。社会公共政策的强制性主要源于社会公众利益的差异性与多层次性，利益受损者、包括既得利益受损者都能够明显感受到社会公共政策的强制性。同时，社会公共政策还具有合法性。任何社会公共政策要获得合法性，就必须从内容到形式都是合法的。所谓内容的合法性，是指政策所规定的管理方略能够在实质内容上使社会公众利益得到协调和平衡，符合多数人的、长远的利益要求，获得人民的认可和支持；所谓形式的合法性，是指社会公共政策的制定和实施都必须经过合法程序并采取合法形式。社会公共政策只有同时具有内容和形式的合法性，才能发挥其应有的效力和效益。社会公共政策的合法性，是对政治系统和公共权力的基本约束：首先，政策的合法性要求政治系统、政策主体是合法的；其次，政策的合法性要求政治系统、政策主体的行为是合法的，即符合宪法和法律的基本规定而不得超越法律。应当说，社会公共政策的强制性与合法性必须统一起来，缺乏合法性的社会公共政策，其权威性、有效性与强制性就会受到损害，只有具有了合法性的社会公共政策才具有权威性与强制性基础；另外，政策有了合法性也不等于政策就能自然而然得到有效贯彻，还必须依照特定程序和依靠国家强制力予以强制推行，才能实现政策目标。

第五，刑事政策是系统性与层次性的有机统一。系统论认为：[①]"整体突现性，即整体具有部分或者部分总和没有的性质，或高层次具有低层次没有的性质，是系统最重要的特性。……非系统群体的基本特性是加和性，整体等于部分之和。""子系统和层次是刻画结构的两个主要工具。在多层次系统中，子系统是按层次划分的。……不同层次之间有高低、上下、深浅、内外、里表的区别。高层次包含低层次，低层次隶属于高层次；或者高层次支配低层次，低层次服从、支撑高层次。……系统论断言，无论是系统的形成和保持，还是系统的运行和演化，等级层次结构都是复杂系统最合理的或最优的组织方式；或最少的空间占有，或最有效的资源利用，或最大的可靠性，或最好的发展模式，等等，这就是等级层次原理。"因此，从系统论角度来观察刑事政策，由系统论之整体突现原理、等级层次原理等基本原理所决定，即可以发现刑事政策复杂系统具有系统性与层次性有机统一的特点。刑事政策系统本身是一个由一系列子系统（具体刑事政策）及系统要素排列组合而成的复杂巨系统整体，其具有自身系统整体的特定价值目标与系统功能，这种系统整体功能完全不同于其子系统功能或者系统要素功能。同时，刑事政策系统内部的层次性又是刑事政策整体这个复杂系统的基本表现特点，各子系统之间的排列组合顺序即形成了系统的层次性，各具体刑事政策之间从纵向上可以划分出十分明显的层次鲜明、上下衔接、排列有序的层次性特点，刑事政策复杂系统之整体系统性与其内部各子系统或者系统要素之层次性必然形成有机

---

① 苗东升：《系统科学精要》，中国人民大学出版社1998年版，第29—31、35—37页。

统一。

第六，刑事政策是实践性与批判性的有机统一。刑事政策是时刻关注政策实践的价值目标与运行过程，因而总是实践性的；同时，刑事政策时刻观察权衡各种刑事政策方略的利弊得失及优化方案，因而又总是批判性的。刑事政策必然是实践性与批判性的有机统一。

（二）刑事政策的分类

公共政策学上的政策分类理论对于确定刑事政策的理论分类具有借鉴和指导意义，因而了解公共政策分类十分重要。政策学理论一般认为，公共政策按层次可分为总政策（元政策）、基本政策、具体政策及具体政策规定，按领域可分为各种行业政策且其中每一类又可分为若干子类。例如，张国庆认为：元政策是指用以指导和规范政府政策行为的一套理念和方法的总称；基本政策是用以指导方面政策的主导性政策；具体政策（方面政策或者部门政策）主要指针对特定而具体的公共政策问题做出的政策规定。胡宁生认为：元政策是相对于总政策、基本政策和具体政策而言的一种总的政策，总政策是政策体系中处于统帅地位的、对一个国家革命和建设事业的全局产生决定性作用的政策；基本政策是指执政党和政府为维护和协调事关国家全局和整体利益，而对社会某一领域、某一方面发展所规定的主要目标、任务和行动准则；具体政策则是指中、下层公共管理部门在特定时期、特定范围，为解决特定问题所规定的行动目标、任务和准则。郑传坤认为：总政策（或元政策）是政党（主要是执政党）和国家在一个相当长的历史时期内所确定的战略目标或根本任务，是关于政策的政策，它所涉及的内容主要有政策制定的指导思想、价值取向、根本目标、实现方式、基本力量和行为准则等；基本政策是指在某一领域或某个方面起指导和统帅作用的政策；具体政策是基本政策的具体化和延伸，是为了贯彻基本政策而制定的具体行动准则或具体行为规范。[①] 应当说，公共政策学者将公共政策按层次分为总政策（元政策）、基本政策、具体政策，是一种综合性与包容性极强的分类方法，尽管不同学者对其具体内

[①] 郑传坤主编：《公共政策学》，法律出版社 2001 年版，第 11—14 页；胡宁生：《现代公共政策研究》，中国社会科学出版社 2000 年版，第 62—67 页；张国庆：《现代公共政策导论》，北京大学出版社 1997 年版，第 22—25 页；杨春洗主编：《刑事政策论》，北京大学出版社 1994 年版，第 171—173 页。

容阐述上各有一定差异,但是总体精神实质是一致的。因而,这种政策分类方法具有相当普适性。

而目前的刑事政策学文献所主张的刑事政策的分类方法很多,可以根据不同的研究视角和不同的认知需要进行不同的分类。试举诸例如下:(1)有学者系统归纳了刑事政策依据不同的标准划分出的不同分类(结构):根据刑事政策的不同性质,刑事政策可以分为基本刑事政策和具体刑事政策,有的则采取三分法,认为刑事政策可以分为总的刑事政策、基本的刑事政策和具体的刑事政策;根据刑事政策的不同内容,刑事政策可以分为定罪政策、刑罚政策和处遇政策;根据刑事政策起作用领域的不同,刑事政策可以分为刑事立法政策、刑事司法政策和刑事社会政策;根据制定刑事政策的机关层次或者刑事政策的指导范围,分为全国性刑事政策与区域性刑事政策;根据刑事政策的指导效力的时间性不同,分为长期性刑事政策与临时性刑事政策;根据政策制定的主体不同,分为党的刑事政策与国家的刑事政策;根据刑事政策的调整对象不同,分为对犯罪行为的刑事政策与对犯罪人的刑事政策;根据刑事政策功能的不同,分为打击犯罪的刑事政策与预防、控制犯罪的刑事政策以及保护、保障性的刑事政策;根据刑事政策指导和调节的法律部门不同,分为在刑事诉讼方面的刑事政策、在犯罪方面的刑事政策、在刑罚方面的刑事政策、在行刑方面的刑事政策。[①](2)有学者专题研究了刑事政策系统的结构与分类。认为从系统论角度看刑事政策系统结构形式可以分为单项刑事政策系统的结构和群体刑事政策系统的结构,而群体刑事政策系统的结构可以分为刑事政策系统的纵向结构与刑事政策系统的横向结构;刑事政策系统的纵向结构可以分为总刑事政策、基本刑事政策、具体刑事政策三种,刑事政策系统的横向结构可以分为刑事立法政策、刑事司法政策与刑事社会政策三种;刑事政策系统结构的类型还可以分为刑事政策的塔形结构、刑事政策的链型结构、刑事政策的圈层结构、刑事政策的网状结构、刑事政策的群落结构等五种,其中塔形结构是刑事政策系统内部的纵向结构的基本表现形式,链型结构是政策的横向结构,"刑事政策系统内某项刑事政策与其他若干项刑事政策之间的关系呈一个核心与外围层次的固定联系方式,这就是刑

[①] 谢望原、卢建平等著:《中国刑事政策研究》,中国人民大学出版社2006年版,第606—607页。

事政策的圈层结构。……刑事政策的网状结构是以同一刑事政策系统内诸项刑事政策的横向联系为特征的结构。……同一政策系统内诸项刑事政策形成若干群落，相互间具有间接的、不甚紧密的联系，这就是刑事政策的群落结构"。[①] （3）据笔者观察，根据刑事政策自身所包含的特殊手段性质为标准，刑事政策可以分为刑事类措施政策（刚性防控措施政策）与非刑事类措施政策（柔性防控措施政策）两个大类。其中，刑事类措施政策在微观上还可以继续细分为以下几组：刑法政策与刑事诉讼法政策，定罪政策、刑罚政策与犯罪人处遇政策，犯罪化政策与非犯罪化政策，刑罚手段政策与带有刑罚性质的准刑罚手段（如劳动教养、双规措施等）政策，生命刑政策与非生命刑政策，人身刑政策（含资格刑政策）与非人身刑政策，监禁刑政策与非监禁刑政策等。而非刑事类措施政策在微观上同样可以继续细分为若干组群，如刑事被害人救济政策、刑事医疗政策、刑事教育政策、刑事卫生政策、刑事人口政策等。这种分类法亦有其相当的学术研究价值，一方面对于刑事政策本身的科学认知具有启发意义，包括具体认知各种刑事类措施的政策法律原理都有重要意义；另一方面，这种分类法对于刑事法学的理论研究和相关社会公共政策的科学制定执行具有综合指导价值，因而在根本上是值得深入展开研究的。但是，上述分类所揭示的内容显然十分繁杂，甚至还显得比较零碎，欲周全阐述其基本内容将需要花费大量篇幅，并且不能凸显刑事政策系统的整体性，因而，其对于刑事政策学范畴研究所应当突出的系统整体性特点而言并不十分般配。因而，确定特定的研究视角和认知需要对于选择刑事政策的分类方法就显得十分重要而关键。

所以，笔者借鉴公共政策学分类理论，适应本书侧重于刑事政策学研究所必须突出的"基本范畴体系"主题，并更多地需要从价值目标系统和实体构成系统等"宏观层面"展开分析，在本书中笔者在刑事政策分类问题上采用了综合性和包容性更强的两种分类：一是刑事政策的位阶层面分类，将刑事政策分为基本刑事政策与具体刑事政策两类；二是刑事政策的表现领域分类，将刑事政策分为刑事立法政策、刑事司法政策和刑事执行政策三类。

---

① 许秀中：《刑事政策系统论》，中国长安出版社2008年版，第53—57页。

1. 刑事政策的位阶层面分类

从刑事政策的位阶层面观察，可以将刑事政策区分为两类：一是基本刑事政策，二是具体刑事政策。

(1) 基本刑事政策

所谓基本刑事政策，是指国家最高决策机关在特定的历史时期内依法所确定的刑事政策总体价值目标与宏观实体策略的有机统一体。基本刑事政策具有以下四个特征：一是政策制定主体上的极大权威性。基本刑事政策必须由国家最高决策机关以国家法律、政党纲领或者其他规范性文件等形式制定和发布，如全国人民代表大会及其常务委员会通过的宪法、宪法修正案、法律、决议决定，国务院通过的法规、命令，党中央通过的纲领性文件等。二是政策制定程序上的严格规范性。基本刑事政策在制定程序上相对于具体刑事政策而言要求更加严格。三是政策内容上的宏观指导性。基本刑事政策必须是在宏观上高度概括了国家在特定历史条件下的总体价值目标与总的实施策略，对于特定历史时期全国范围内的刑事政策问题都具有普遍指导意义。四是政策适用上的广延普适性。基本刑事政策必须是对特定历史时期全国范围内的所有刑事政策问题都具有广泛稳定、延续不断的准据适用价值。

应当说，不同历史时期国家的基本刑事政策是有所差异的。我国改革开放前，学术界基本都承认"社会治安综合治理"及"惩办与宽大相结合"是我国两项基本刑事政策。[①] 但是，我国的这两项基本刑事政策在沿用了半个多世纪以后，在新的历史条件下应当说逐渐有所发展变化，尤其是随着我国人权保障观念、社会政治经济形势、治国经验等的发展，我国的治国理念、社会发展目标等都发生了历史性的进步，党中央旗帜鲜明地提出了建设社会主义和谐社会的宏伟目标，人权保障观念和依法治国方略正式入宪，针对犯罪治理问题我国已经形成十分成熟的基本方略，明确提出了社会治安综合治理政策与宽严相济刑事政策。

如前所述，作为社会公共政策有机组成部分的刑事政策，必然与特定历史时期的特定国家的社会公共政策相一致、相匹配。那么，当下中国奉行的社会公共政策是什么的问题，就值得特别关注。

---

① 杨春洗主编：《刑事政策论》，北京大学出版社1994年版，第173页；谢望原、卢建平等著：《中国刑事政策研究》，中国人民大学出版社2006年版，第241—256页。

应当说，建设和谐社会是我国在新时期提出的基本的社会公共政策。我国对社会治理模式的不断思索和尝试有一条潜在的主线，就是：从"依法治国"到"实行法治也要实行德治"再到"建设社会主义和谐社会"，整个摸索过程的趋向是：我国正在逐步实现从国家本位向社会本位、权利本位的转变，从依靠暴力强制的管理型社会向依靠社会各种力量协调治理的自治型社会的转变。这些社会治理模式与思路，鲜明而集中地体现了我们国家在公共政策抉择中的一种理性定位和模型选择，也为我们犯罪防控工作指明了方向。

和谐社会的基本内涵包括：民主法治、公平正义、诚信友爱、安定有序、人与自然和谐相处等诸多方面。这应当成为我们一切工作的出发点和落脚点。社会主义法治理念，是实现和谐社会大局的基本方略，是建设和谐社会的基本内容和必要保障，也是我们犯罪防控工作不可突破和逾越的基本边界。当然，我们这里可以把社会主义法治理念具体化为"刑事法治理念"。而宽严相济刑事政策，是我们实现和谐社会大局与坚持社会主义法治理念的基本政策，是指导我们各项犯罪防控工作的直接政策依据。可见，从和谐社会大局，到社会主义法治理念、再到宽严相济刑事法政策，此三者的关系是从宏观到具体的逻辑关系：宏观上的和谐社会大局与社会主义法治理念、微观上的宽严相济刑事政策，层层推进、环环相扣，值得我们好好把握！

因此可以说，我国现阶段的基本刑事政策就是：社会主义和谐社会目标及社会主义法治理念指引下的社会治安综合治理政策与宽严相济刑事政策。它真切地反映了我国在新的历史时期的基本刑事政策总体价值目标和宏观实体策略的有机统一。

我国现阶段的基本刑事政策很好地体现了对既有基本刑事政策的延续与发展。总体上看，我国社会治安综合治理政策的基本方略没有根本变化。社会治安综合治理政策（方针）被认为是实现社会治安和社会风气根本好转的战略方针，是解决我国违法犯罪问题的基本对策，是一条具有中国特色的社会治安的新路子。其基本内容是，打击违法犯罪，搞好社会治安，需要在党和政府统一领导下，充分发挥司法机关的职能作用，同时，动员全社会的力量，依靠广大人民群众，各部门齐抓共管，各条战线通力合作，综合适用政治、经济、行政、法律、文化教育等各种手段，整治社会治安，保障社会稳定；其基本环节包括打击、防范、教育、管理、建设、改造等六个环节,其中,打击犯罪是社会治安综合治理的首要环节;其实质含义在于,对付违法犯罪,要打击与防范并举,治本治标兼顾,重在治本。①

但是,在宏观上如何坚持社会治安综合治理、如何做到打击犯罪"有宽有严"等方面的基本方略却有不同于过去既有基本刑事政策的内容,有些方面还有重大发展变化。这些发展变化的核心就体现在社会主义和谐社会目标及实质的社会主义法治理念的指引,以及"宽严相济刑事政策"取代"惩办与宽大相结合刑事政策"的价值观变化上。

"宽严相济刑事政策"取代"惩办与宽大相结合刑事政策"的价值观变化,最核心的内容是强调了现代刑事政策的谦抑宽容价值取向(即价值理念)。价值取向问题,在根本上就是指针对具有矛盾和冲突的多种价值目标,如何处理它们之间的关系和如何实现它们之间的整合与有机统一问题。例如,犯罪防控价值与人权保障价值之间就经常性地存在冲突,到底怎样处理它们的关系呢?人类历史上曾经存在的处理模式大致可以概括为两种典型:一种模式,是犯罪防控优先、兼顾人权保障,古代社会的情况就是如此;另一种模式,是人权保障优先、兼顾犯罪防控,今天多数西方国家就是如此。笔者认为,随着人类社会的进步和政治文明的发展,可以将现代刑事政策的基本价值取向(即价值理念)总体上简要地概括为现代刑事政策的谦抑宽容价值理念,其具体内容为"三大一小"理念,即:最大限度地保障人权、最大限度地促进社会发展、最大限度地体现相对公正、最小限度地维持秩序(必要秩序)。这种"三大一小"理念应当成为现代刑事政策的基本品格和基本理念。现在我们的部分同志认为,所谓宽严相济刑事司法政策,就是指我们的刑事司法工作中有宽有严、该宽则宽、该严则严、宽严结合;我们的部分文件也是这样来阐述的宽严相济刑事司法政策。但是,笔者认为,对宽严相济刑事司法政策的这种"该宽则宽、该严则严"的认识和阐述是不妥当的,没有真正深刻领会到宽严相济刑事司法政策的精神实质。

笔者认为,宽严相济刑事政策是基于建设社会主义和谐社会的需要、是基于对我国多年来一直实行的严打政策的一种深刻反思的需要、更是基于借鉴和实行当前全世界普遍实行的两极化刑事政策的需要而提出的政策

---

① 杨春洗主编:《刑事政策论》,北京大学出版社1994年版,第198—237页。

策略，它的基本含义应当是：除了对于严重暴力犯罪和严重经济犯罪坚持严厉打击的政策之外，对于其他普通犯罪、尤其是其中的轻罪，应当侧重于实行宽缓政策（而不是严厉打击），其中首先考虑的选择是"宽"，才叫宽严结合、宽严相济；否则，就不叫宽严相济，而叫严宽结合。宽严相济，是把宽放在第一位的！显然，这种政策精神并不是所谓的"该宽则宽、该严则严"的意思，实际上我们过去的严打政策也是"该宽则宽、该严则严"，这样理解宽严相济政策，基本上不能体现其与过去我国实行的严打政策相区别。同时还有必要指出，宽严相济刑事政策在价值观念上强调"人权保障至上"，反对"犯罪防控至上"；强调"公正至上"，反对"效率至上"，远非过去宣布的"惩办与宽大相结合"刑事政策所能够反映和概括。这一点笔者将在后文中详细论述。

（2）具体刑事政策

所谓具体刑事政策，是指国家权威机构在特殊历史条件下针对具体刑事政策的问题，在国家基本刑事政策总体指导思想的指引下，而依法所确定的实体策略。例如：经济犯罪政策、严重暴力犯罪政策、反恐政策、未成年人犯罪政策、老年人犯罪政策、死刑政策、监狱政策、犯罪人处遇政策等。因此，具体刑事政策在制定主体上、制定程序上、内容规定上、适用范围上等诸多方面都区别于基本刑事政策。例如：具体刑事政策可以由最高国家权力机关制定，也可以由国家中央行政机关、最高司法机关等机关制定；在制定程序上可以适用严格程序，也可以适用普通议事决策程序；在内容规定与适用范围上，一般只涉及某一活动领域、阶段、环节、方面或者某一地区。

2. 刑事政策的表现领域分类

从刑事政策的表现领域观察，可以将刑事政策区分为三类：一是刑事立法政策，二是刑事司法政策，三是刑事执行政策。需要特别说明的是：基于本课题研究侧重点与研究策略的考虑，这里只针对"刑事类措施"的立法、司法与执行等方面的政策，而没有论述"非刑事类措施"方面的内容（即包含有犯罪防控价值的其他社会公共政策）。因此，这里对"刑事政策的表现领域分类"只探讨了刑事立法政策、刑事司法政策与刑事执行政策。

（1）刑事立法政策

所谓刑事立法政策，是指在刑事立法领域中所奉行的基本刑事政策和具体刑事政策的总和。因此,刑事立法政策只是我国基本刑事政策和具体刑事政策的一种特殊表现领域的体现,而并不是一种独立的"刑事政策"。而过去学者对刑事立法政策另有表达阐述,如认为"刑事立法政策,指在刑法上如何制定犯罪、刑罚以及刑罚的适用起指导作用的政策。它是制定、修改、补充和完善我国刑法的重要依据",[①] "刑事立法政策,是指在进行刑事立法时所奉行的政策",[②] "刑事立法政策,即进行刑事立法时所奉行的政策,它不仅指刑法立法政策,也包含刑事诉讼立法政策等"。[③] 这些特别的表达方式,给人一种似是而非的感觉,似乎在基本刑事政策与具体刑事政策之外还存在一种"另类刑事政策",而没有明确揭示出刑事立法政策本身就是国家总体刑事政策在刑事立法领域中所贯彻、体现与表达的实质内容。

由于刑事立法政策实质上就是我国基本刑事政策和具体刑事政策在刑事立法领域的一种特殊体现,因而,刑事立法政策的类型学划分价值在于:我们的每一项刑事立法内容都必须接受国家基本刑事政策所确定的刑事政策总体价值目标与宏观实体策略的指导与考问,并且体现国家最高权力机关所确认的部分具体刑事政策内容;但是,国家最高行政机关与最高司法机关等部门制定的具体刑事政策是否可以吸纳为刑事立法政策,有待于国家最高权力机关自己斟酌取舍。例如,我国现阶段的刑事立法,首先必须充分体现我国现阶段所奉行的"社会主义和谐社会目标及社会主义法治理念指引下的社会治安综合治理政策与宽严相济刑事政策"这样两项基本刑事政策所确定的刑事政策总体价值目标与宏观实体策略,同时,还应当充分体现我党中央及国家最高权力机关自己确立的有关反腐倡廉政策、坚持少杀慎杀限制死刑适用政策等具体刑事政策内容。为此,我国现行刑法规定了罪刑法定原则、罪刑相适应原则、刑法适用平等原则以及相应的刑法制度,我国现行刑事诉讼法规定了侦查权、检察权、审判权由专门机关行使原则,人民法院、人民检察院依法独立行使职权原则,依靠群众原则,以事实为依据、以法律为准绳原则,对一切公民在适用法律上一律平等原则,公检法分工负责、互相配合、互相制约原则,人民检察院依

---

① 马克昌主编:《中国刑事政策学》,武汉大学出版社1992年版,第74页。
② 刘仁文:《刑事政策初步》,中国人民公安大学出版社2004年版,第49页。
③ 谢望原、卢建平等著:《中国刑事政策研究》,中国人民大学出版社2006年版,第238页。

法对刑事诉讼实行法律监督原则，使用本民族语言文字进行诉讼原则，审判公开原则，犯罪嫌疑人、被告人有权获得辩护原则，未经人民法院依法判决不得确定有罪原则，保障诉讼参与人的诉讼权利原则，具有法定情形不予追究刑事责任原则，追究外国人刑事责任适用我国刑事诉讼法原则等原则内容以及相关诉讼制度，[1] 以充分体现我国基本刑事政策精神和我党中央、全国人大确立的具体刑事政策要求。

（2）刑事司法政策

所谓刑事司法政策，是指在刑事司法领域中所严格执行的基本刑事政策和具体刑事政策的总和。因此，刑事司法政策首先必须充分体现国家基本刑事政策所确定的刑事政策总体价值目标与宏观实体策略的指导，其次还必须充分体现国家立法机关刑事立法所坚持的具体刑事政策的指导，最后还必须充分体现国家最高司法机关依法所确定的其他具体刑事政策的指导；但是，对于国家最高行政机关所依法确立的具体刑事政策是否可以吸纳为刑事司法政策，有待于司法机关依法斟酌取舍。例如，我国现阶段的刑事司法，首先必须充分体现我国现阶段所奉行的"社会主义和谐社会目标及社会主义法治理念指引下的社会治安综合治理政策与宽严相济刑事政策"这样两项基本刑事政策所确定的刑事政策总体价值目标与宏观实体策略，同时，还应当充分体现我党中央及国家最高权力机关、最高司法机关所确立的有关具体刑事政策内容，如宽严相济刑事司法政策、未成年人司法政策、限制死刑适用司法政策等。

（3）刑事执行政策

所谓刑事执行政策，是指在刑事执行领域中所严格执行的基本刑事政策和具体刑事政策的总和。因此，刑事执行政策首先必须充分体现国家基本刑事政策所确定的刑事政策总体价值目标与宏观实体策略的指导，其次还必须充分体现国家立法机关刑事立法所坚持的具体刑事政策的指导，最后还必须充分体现国家最高司法机关、最高行政机关依法所确定的其他具体刑事政策的指导。例如，公安政法机关执行防控犯罪任务、监狱执行罪犯改造任务时就最集中体现了刑事执行政策，包括我国现阶段所奉行的"社会主义和谐社会目标及社会主义法治理念指引下的社会治安综合治理

---

[1] 陈光中、徐静村主编：《刑事诉讼法学》（第四版），中国政法大学出版社2010年版，第71页。

政策与宽严相济刑事政策"这样两项基本刑事政策，以及社区防控与社区矫正政策、犯罪人处遇政策、劳动改造政策等内容。

四 刑事政策的功能

刑事政策的功能是刑事政策学的重要范畴，学术界对此有比较多的研究。学术界比较一致的观点认为，刑事政策具有两项功能：导向功能、调节功能。[1] 此外，还有学者提出了刑事政策具有符号功能、规制功能（规制机关和个人行为的功能）、控制功能与保卫功能、处置功能与预防功能等观点看法。[2] 从社会转型的特殊视角考察，有学者还提出了刑事政策具有守旧与创新功能、限制与扩张功能、明示与含糊功能等。[3]

笔者认为，刑事政策的功能是指刑事政策本身客观上所可能具有的功效和能力。这个概念表明：刑事政策的功能意指刑事政策"客观效用"之发现，而非刑事政策"主观价值"之追求，从而，在逻辑上我们可以将刑事政策的功能与刑事政策的价值相区别。从这种立场出发，笔者认为，刑事政策的功能主要有整合功能、导向功能与调节功能三项，其他功能归纳可能并不准确或者其内容已被包含在该三项功能内容之内。

所谓整合功能，是指刑事政策具有对刑事类措施与非刑事类措施予以系统整合的作用。刑事政策作为社会公共政策的一个有机组成部分，其基本功能就是可以通过整合刑事类措施与非刑事类措施来维护秩序，同时协调秩序与自由（以及效率和公正）的关系。就我国现阶段状况而言，其中最典型的范例就是我国现阶段所奉行的社会治安综合治理刑事政策（方针）与宽严相济刑事政策，深刻体现了刑事政策的整合功能。

所谓导向功能，是指刑事政策对刑事立法与修正起指导方向的作用。具体内容是：（1）其对刑事实体法的导向功能，主要体现在打击

---

[1] 杨春洗主编：《刑事政策论》，北京大学出版社1994年版，第24—30页。

[2] 符号功能的观点内容，参见侯宏林《刑事政策的价值分析》，中国政法大学出版社2005年版，第114—115页；严励《中国刑事政策的建构理性》，中国政法大学出版社2010年版，第176—177页。规制功能的观点内容，参见谢望原、卢建平等著《中国刑事政策研究》，中国人民大学出版社2006年版，第607页。控制功能与保卫功能的观点内容，参见许秀中《刑事政策系统论》，中国长安出版社2008年版，第60—61页；处置功能与预防功能的观点内容，参见李卫红《刑事政策学》，北京大学出版社2009年版，第98—101页。

[3] 参见刘仁文《刑事政策初步》，中国人民大学出版社2004年版，第151—155页。

范围的划定、打击重点的确定、打击程度的设定、打击方式的选定等方面。(2) 其对刑事程序法和刑事执行法的导向功能，虽然没有对实体法那样明显，但是在诸如确定"宁错勿纵"与"宁纵勿错"两种不同指导思想等方面也具有重要作用；其对组织法也具有导向功能，如是否成立假释委员会、专门惩治腐败的机构等。

调节功能，则是指刑事政策具有对刑事立法与刑事司法、刑事法律与社会状况之间进行调配和节制的作用。具体表现为两个方面：一是内部调节，刑事政策成为刑事立法与刑事司法之间的中介与调节器，运行模式是"立法←→刑事政策←→司法"，即立法通过刑事政策调节司法，其突出表现在刑罚方面；司法也通过刑事政策调节立法，其突出表现在立法修改方面。二是外部调节，运行模式是"社会状况（犯罪态势）←→刑事政策←→刑事法律"。[1] 可见，调节功能与整合功能的区别在于：前者是微观调节刑事法律之内外关系，即刑事立法与刑事司法之间、刑事法律与社会状况之间的关系，因而总是以刑事法律为核心；而后者是宏观整合全体公共政策中有关犯罪防控的刑事类措施与非刑事类措施之间的关系，但并不以刑事法律为核心。

---

[1] 杨春洗主编：《刑事政策论》，北京大学出版社1994年版，第24—30页。

第三章

刑事政策史：古代与现代

一 古代刑事政策思想

近现代意义上之刑事政策观念，萌芽于近代社会初期，形成于启蒙时代，发达于科学主义时代和现代人文社会。古代社会刑事政策思想并不具有近现代意义，仅仅由于"犯罪防止对策对于社会共同生活来说是必不可少的，因此，可以说，刑事政策在人类社会生活的起始之初便已存在"。[①] 因此，中外古代均有防控犯罪的社会实践和经验总结，其中总结提炼出来的有关防控犯罪的一些思想，可谓"古代刑事政策思想"。

以中国古代为例，有据可查的刑事政策思想主要有以下几方面：[②]（1）刑期于无刑、以德去刑。中国古代是典型的伦理社会，崇尚"德"、"礼"治国，主张威服四海，反对报复犯人和刑杀。作为确证，刑杀须得有道德伦理根据，于是产生了刑期于无刑、以德去刑的刑事政策思想。（2）德主刑辅。同"刑期于无刑"相照应，中国古代社会强调"德"、"礼"治国，始终坚持了"德礼为政教之本，刑罚为政教之用"这一"尊德礼卑刑罚"的刑事政策思想。（3）明刑弼教。以儒家思想作为理论指导，强调"以礼治国""先教后诛"，反对"不教而诛"与"滥杀无辜"，从而形成所谓"去礼入刑""明刑弼教"的刑事政策思想。（4）"刑罚世轻世重"与"刑罚中"。《周礼·秋官司寇》载明的"三典治国论"阐释了"刑罚世轻世重"的刑事政策思想，宣称"一曰刑新国用轻典，二曰刑平国用中典，三曰刑乱国用重典"；《论语·子路》记载

[①] ［日］大谷实：《刑事政策学》，黎宏译，法律出版社2000年版，第7页。
[②] 参见卢建平主编《刑事政策学》，中国人民大学出版社2007年版，第111—118页。

"礼乐不兴，则刑罚不中；刑罚不中，则民无所措手足"，则诠释了"刑罚中"的刑事政策思想。(5)矜恤省刑。矜恤省刑政策思想作为中国古代社会统治者标榜的重"德礼"和施"仁政"的重要方面，得到了特别强调，内容十分丰富。如《尚书·大禹谟》记载的"宥过无大，刑过无小；罪疑惟轻，功疑为重；与其杀不辜，宁失不经"，以及《周礼·秋官司寇》记载的"一宥曰不识，再宥曰过失，三宥曰遗忘。一赦曰幼弱，再赦曰老耄，三赦曰蠢愚"（即"三宥三赦"）等。(6)五服治罪。五服制度应用于定罪量刑，对于亲属相犯案件，或依服制关系渐次加重，或依服制关系递次减轻，充分体现了宗法制度下刑事政策思想的特点。

应当说，古代刑事政策思想中有许多闪光点，甚至有十分丰富的政治智慧；但是，其核心可能在于其不具有近现代人文思想内核和人权保障价值。即是说，尽管古代刑事政策思想中针对打击和防控犯罪的政治策略可能已经十分丰富，甚至其中还包含有丰富的民本思想，但是，这些刑事政策思想的出发点和落脚点并不在于人权保障，而在于维护某种既成的政治统治秩序与社会秩序，甚至不惜牺牲人权、罪刑擅断、大量适用死刑和其他身体刑来达成其维护继承统治秩序的目的。因而，古代刑事政策思想在根本上不符合近现代刑事政策（思想与理论）的特质。

二　近现代刑事政策形成

近现代刑事政策形成是西方资产阶级启蒙思想和启蒙运动的伟大成果之一，具有突出鲜明的时代特色。"以理性、自由、法治、人道主义为核心内容的资产阶级启蒙思想是其近代以来刑事法律制度的政治、哲学原则，罪刑相适应思想具有深刻影响。"[1] 一般认为，刑事政策的历史演变与刑法学派的发展有着密切的关系，刑事政策的萌生与刑罚目的理论相联系，刑事政策的成熟与犯罪原因论相联系；伴随着刑法学派的发展，西方刑事政策的历史演变经历了理性主义、实证主义和人道主义三个阶段。[2] 因此，有的学者对近现代刑事政策的学术考察，按照刑事古典学派的刑事政策思想、刑事新派的刑事政策思想、第二次世界大战后刑法改革运动

---

[1]　杨春洗主编：《刑事政策论》，北京大学出版社1994年版，第410页。
[2]　卢建平主编：《刑事政策学》，中国人民大学出版社2007年版，第33—34页。

"法治"与"人权"的刑事政策思想的演进脉络,[①] 依次对各相应阶段的刑事政策思想与刑事政策基本面貌进行归纳和梳理。

(一) 刑事古典学派与近代理性主义刑事政策

刑事古典学派亦称旧派,其创始于贝卡利亚而完善于费尔巴哈,其刑法理论是指欧洲文艺复兴以后,资产阶级自由经济时期,资产阶级刑法学者建立的刑法理论体系。其主要内容是以下五方面的刑法理论:[②] 其一,意志自由论,认为人的意志是自由的,每个人都是根据自己的意志自由地选择做什么或者不做什么,其所以实施犯罪,也是根据其意志自由选择的结果;其二,道义责任论,认为按照自由意志进行选择,不选择为善而选择犯罪,违反了道义,就形成道义上的责任(道义责任论);其三,报应刑论,认为犯罪是恶,为恶是必然会有报应的,刑罚就是对犯罪的报应(报应刑论);其四,罪刑均衡论,认为以刑对罪报应,刑罚的轻重必须与罪的大小相等(罪刑均衡主义原则),从而使人形成心理上的强制而不去实施犯罪(心理强制说与一般预防主义);其五,行为中心论与客观主义,认为以刑作为对罪的报应,必须以犯罪行为事实作为根据,没有犯罪行为事实,就不能适用刑罚(行为中心论与客观主义)。

刑事古典学派代表人物,有意大利的贝卡利亚,德国的康德、黑格尔、费尔巴哈和英国的边沁等。作为启蒙思想家,他们从"追求传统和权威之下的个人解放,强调理性至上的个人主义或合理主义"立场出发,对中世纪的权威主义刑法观和刑罚制度进行了彻底批判,主张"从对于犯罪防止来说,所有的刑罚制度,只有是有效并且必要的时候才能被看作正当的,超过了基于心理强制说的一般预防限度的刑罚是不正当的刑罚的观念出发,提倡树立合理主义的、功利主义的刑罚观,主张以消除不合理的非人道的犯罪人处遇为基本宗旨的刑事政策"。[③] 上列这些刑事政策思想,在欧洲国家刑事政策实践中亦得到了贯彻实现,比如在以法国、德国、英国等为代表的西方国家刑法实务上,强调废除以死刑为中心的残酷刑罚体系并代之以改造为目的的自由刑为中心的刑罚体系,死刑被废止或

---

① 杨春洗主编:《刑事政策论》,北京大学出版社1994年版,第410—426页。
② 详见宁汉林、魏克家:《大陆法系刑法学说的形成与发展》,中国政法大学出版社2001年版,第9—18页。
③ [日]大谷实:《刑事政策学》,黎宏译,法律出版社2000年版,第9页。

者限制，肉刑与流放刑被废止，关注犯罪人处遇并改良监狱等。

但从总体上观察可以发现，与刑事古典学派相对应的近代理性主义刑事政策，突出强调了反对和防范封建刑法神秘诡异、罪刑擅断、残酷不人道等反理性内容，因而特别强调了刑事古典学派的三个基本原则：一是罪刑法定主义，二是罪刑均衡主义，三是刑罚人道主义。理性思辨色彩浓，人文关怀充分，但是科学实证不足，是刑事古典学派以及与其相对应时期的刑事政策的共同特点。

（二）刑事新派与科学实证主义刑事政策

刑事新派又称近代刑法学派或者新派刑法理论，是刑事人类学派和刑事社会学派的合称，其理论是在不断反思与否定刑事古典学派刑法理论中逐步形成的。其主要内容是以下五方面的刑法理论：[①] 其一，行为决定论（意志必至论）。认为犯罪是行为人基于其意志必至而实施的（意志必至论），不是基于意志自由选择犯罪。其二，社会责任论。认为既然人是基于意志必至而实施犯罪的，而人负有为社会谋利益的责任，不为社会谋利益，却实施危害社会的犯罪，是违背社会责任的，基于其违背社会责任而必须追究其刑事责任（社会责任论）。其三，教育刑论、目的刑论。认为犯罪是罪犯的意志行为，因此，对罪犯适用刑罚不是对犯罪的报应，而是对罪犯的矫正。其四，行为人中心论与主观主义。认为刑罚的目的是矫正罪犯而不是报应犯罪，因此，刑罚的轻重不应当和犯罪事实的大小成等价，而应当与犯罪的危险状态相适应（主观主义）。其五，刑罚个别化论。认为既然罪犯本身所固有的危险状态的大小决定刑罚的轻重，而各个犯罪人所固有的危险状态是不同的，对于危险状态不同的犯罪人，刑罚的轻重也应当各不相同（刑罚个别化）。

刑事新派主要代表人物有意大利的龙勃罗梭、菲利、加罗法洛和德国的李斯特等。在他们的推动和论证之下，刑事政策的科学实证主义特点获得了极端强调，刑事政策的主体包括国家和社会；刑事政策的手段包括刑罚和各种社会性方法，并且更侧重于社会性方法的运用；刑事政策的对象侧重于行为人；刑事政策的防卫包括立法政策、司法政策和行刑政策，并

---

① 详见宁汉林、魏克家《大陆法系刑法学说的形成与发展》，中国政法大学出版社 2001 年版，第 19—26 页。

且更侧重于司法政策和行刑政策。① 因此，刑法和刑事政策就由形而上学的"思辨理性"而发展成为"科学的理性"和"实证的理性"。

（三）第二次世界大战后强调"法治"与"人权"的人道主义刑事政策

科学实证主义的刑事政策不但在防控犯罪方面招致失败，而且在人权保障方面也面临重大风险，尤其是第二次世界大战期间德国希特勒执政当局假借法律之名行侵犯人权之实，给人类社会造成了空前绝后的人权灾难，成为反思和改革科学实证主义刑事政策的重大契机。意大利的格拉玛提卡主张的激进社会防卫论和法国的安赛尔倡导的新社会防卫论成为社会防卫运动的重要理论武器，以反对法西斯、反对死刑、改良监狱、"非犯罪化、非刑罚化、非监禁化"以及合理地组织对犯罪的反应等为主要内容的社会防卫运动和刑法改革运动恰逢其时地成为时代主旋律，标志着西方刑事政策的发展进入人道主义阶段。

迄今为止，作为当今世界刑事政策学的重要流派，新社会防卫论代表了当今西方刑事政策运动的发展方向，极大地推动了当代刑法改革和监狱改良运动，并对第二次世界大战后世界各国的刑事政策的制定、刑事政策的具体内容及其实施产生了深远影响。② 当今西方国家推行的两极化刑事政策，我国实施的宽严相济刑事政策，以及世界各国开展的刑事法律制度改革、监狱改良和其他防控措施探索，均在相当意义上吸纳了新社会防卫论的基本思想。

三　现代刑事政策发展趋向

现代刑事政策发展趋向，主要内容就是刑事政策的现代化。

现代化概念尽管是一个仁者见仁、智者见智的问题，但是现代化命题却是现代各门科学所关注的重要命题，作为人文社会科学的刑事政策学同样如此。一般认为，所谓现代化，是指人类社会自近代以降在价值体系和技术体系上所实现的文明状态及其不断创新发展的优化过程。学者们针对

---

① 卢建平主编：《刑事政策学》，中国人民大学出版社2007年版，第71页。
② 同上书，第84页。

现代化概念界定所做的不懈努力，无不是围绕着这样一种静态与动态相结合的内涵进行阐释。塞缪尔·亨廷顿主张"现代化是一个包含了人们思想和行为各个领域变化的多方面进程"，[①] C. E. 布莱克则主张现代化可以定义为"反映着人控制环境的知识亘古未有的增长，伴随着科学革命的发生，从历史上发展而来的各种体制适应迅速辩护的各种功能的过程"，[②]还有戴维·波谱诺、G. 罗兹曼、M. J. 列维等学者均对现代化给出了定义，这些学者均明确强调：现代化不能等同于工业化或者西化、欧化，"现代化"一词既是一个静态的概念，又是一个动态的过程。从静态而言，现代化是指人类社会在最新阶段所达到的文明状态，是对传统的决裂和变革，因而现代化是与各民族传统相对的一个世界性发展潮流；从动态看，现代化又是在传统的基础上，通过对传统的不断扬弃而进行的文明价值体系的创新，是对传统的否定之否定，也是民族传统在现代社会的延续。所以，现代化就是传统与现代、世界性与民族性的统一。[③] 综合上述观点可以认为，现代化的核心是强调了人类社会在价值体系和技术体系上的文明与创新。

按照现代化命题的上述解读，可以将刑事政策现代化范畴所关注的核心问题概括为以下三个：一是基于刑事政策学作为一种公共政策科学缺乏科学系统的本体理论之现状，刑事政策现代化必然强调重构综合哲学基础及完善刑事政策学本体理论；二是基于现代化价值体系的文明与创新特征，刑事政策现代化必然强调现代刑事政策价值权衡中所倾注的现代人文因素，即现代人文观；三是基于现代化技术体系的文明与创新特征，刑事政策现代化必然强调现代刑事政策实体整合中所体现的现代科学因素，即现代科学观。

（一）重构综合哲学基础及刑事政策学本体理论

刑事政策现代化的首要前提应当是建立完善符合自身实际需要的哲学基础及刑事政策学理论体系。这一点，可以从公共政策学理论研究成果中

---

① ［美］塞缪尔·P. 亨廷顿：《变动社会中的政治秩序》，王冠华等译，上海译文出版社1988年版，第32页。

② ［美］C. E. 布莱克：《现代化的动力》，段小光译，四川人民出版社1988年版，第11页。

③ 田宏杰：《中国刑法现代化研究》，中国方正出版社2000年版，第1—6页。

获得知识经验以资借鉴。

公共政策学界认为,[①] 当代公共政策研究的中心问题在于提高公共政策的质量。政策科学尽管在形式上显得比较庞大,但在独特的学科内容的构建上却显得不够丰富,尤其在学科的理论基础和方法论方面更是如此,而这首先与学科的哲学基础有关。哲学的贫困是造成公共政策质量不高的根本性原因之一。现代公共政策因其对象的广泛性和复杂性而要求为自身建立起具有综合特征的哲学基础。这种综合哲学内在要求有三个方面:一是在价值观方面,构建一种能够作为各种政策途径、政策方法和政策技术基础的哲学,这种哲学同时能够为具有时空纵深的政策构想或政策战略提供富有哲理、富有启发性的指导,对世界的开放态度和兼容态度是这一价值观的特征之一;二是在认识论方面,构建一种非实用主义的科学哲学,并广为吸收已有的认识论的方法,包括在系统条件下认识现实的先验图式、类比图式,重视客观依据的思想方法,寻求因果关系的论证方法等;三是在相关哲学的选择上,继承和发展行动哲学的研究成果,包括对行动理论和决策逻辑的探讨,对实践理性、存在理性、合理性的探讨等。与综合哲学基础相联系,未来的公共政策还需要在现有理论的基础上构筑一种具有公共政策学科特征的一般性的理论,这种理论应当通过对广泛的政策实践的较为准确的描述,经验性地概括公共政策的理念、思想和方法,进而通过思辨式的思考,归结为具有原则指导意义的较为系统的理论体系,这一体系可以称为公共政策学科的主体理论或本体理论。

以此观察刑事政策,重构刑事政策学的综合哲学基础,尤其在价值观、认识论以及继承和发展行动哲学的研究成果方面,以及在完善刑事政策学本体理论体系等方面,应当说都是理论空白,都需要借鉴公共政策学创新发展理论研究成果,展开刑事政策学理论创新性研究,为实现刑事政策科学化奠定理论基础。

(二) 现代刑事政策价值权衡中的人文观念

刑事政策价值权衡中的现代人文观,是指现代刑事政策突出强调以现代人文观为根本指针,在全面关怀刑事政策价值的基础上,承认并检讨刑事政策内含的各种价值之间的矛盾性和关联性,系统探讨刑事政策各项价

---

① 张国庆:《现代公共政策导论》,北京大学出版社 1997 年版,第 357、362—364 页。

值范畴相互之间的辩证关系原理，从而进行刑事政策的价值权衡并恰当确定刑事政策的价值取向问题。因为应当承认，犯罪防控与人权保障是一对具有对立统一紧张关系的刑事政策价值范畴，并且社会发展价值（效率价值）与公正价值也是一对具有对立统一紧张关系的刑事政策价值范畴，应当将它们放在一起加以思考并探讨它们之间恰当的价值权衡。

从上述立场出发，我们认为，现代刑事政策价值权衡中的现代人文观，根本上就是要特别重视和强调现代刑事政策的谦抑宽容价值理念，以突出现代刑事政策对人权和自由的保障。需要说明的是，此处所谓现代刑事政策的谦抑宽容价值理念，实际上是指现代刑事政策的价值取向（即价值理念）问题。因为如前所述，价值取向问题在根本上就是指针对具有矛盾和冲突的多种价值目标，如何处理它们之间的关系和如何实现它们之间的整合与有机统一问题。例如，刑事政策学上的犯罪防控价值（秩序价值）与人权保障价值之间、社会发展价值（效率价值）与公正价值之间就经常性地存在冲突，到底怎样处理它们的关系呢？我认为，随着人类社会人文观念的进步和政治文明的发展，可以将现代刑事政策的基本价值取向（即价值理念）总体上简要地概括为现代刑事政策的谦抑宽容价值理念，其具体内容可以概括为"三大一小理念"，即：最大限度地保障人权、最大限度地促进社会发展、最大限度地体现相对公正、最小限度地维持秩序（必要秩序）。这种"三大一小理念"应当成为现代刑事政策的基本品格、基本理念与基本价值取向。

这种现代刑事政策的谦抑宽容价值理念需要我们全面理解，尤其应当强调以下两点：

第一，应特别强调"人权保障至上"、反对"犯罪防控至上"的刑事政策理念。

在"人权保障至上"与"犯罪防控至上"的刑事政策理念上，到底是选择前者还是选择后者，是一个至关重要的问题。过去国民党针对人民群众的革命活动所提出的口号是"宁可错杀一千，也不放走一个"，这在当年的国民党当局看来是选择了"犯罪防控至上"理念；有的现代西方国家针对刑事犯罪所提出的口号是"宁可错放一万，也不冤枉一人"，可以看作是"人权保障至上"理念。我们今天某些人对待犯罪现象的根深蒂固的观念，恐怕仍然是停留在"宁可错杀一千，也不放走一个"这种传统思维层面，从而在其思想上和行为上都得到了充分反映。但是，这种传统思维和行为方式可能并不符合现代刑事政策的基本理念。笔者认为，现代刑事政策理念应当是"人权保障至上"，反对"犯罪防控至上"。国际社会普遍认为，《世界人权宣言》、《经济、社会、文化权利国际公约》和《公民权利和政治权利国际公约》被合称为"国际人权法案"，共同构成了国际人权宪章体系，成为国际社会人权保障机制的核心。① 笔者认为，这些国际性法律文件，以及现代社会刑事法治领域占主导地位的民权主义刑法观、罪刑法定主义等观念，都是这种"三大一小"刑事政策理念的真切反映。

第二，应特别强调"公正至上"、反对"效率至上"的刑事政策理念。

在"公正至上"与"效率至上"的刑事政策理念上，到底是选择前者还是选择后者，也是一个至关重要的问题。笔者注意到，在我国今天学者的论述中，不少人认为我国现阶段应当坚持"效率优先、兼顾公正"的原则来处理公共事务，甚至包括刑事法制领域也应当如此。应当说，这是一种非常危险、非常有害的观念，尤其在刑事法领域，这种立场可以说是祸害无穷。我国现在的许多做法，大致也是基于这种非理性立场进行的制度设计，应当引起我们的警惕和反思。笔者认为，现代刑事政策理念应当是"公正至上"，反对"效率至上"。这种理念至少包括以下内容：（1）强调程序公正优先。理想状态当然是程序公正与实体公正并重，但是，在二者发生冲突时一般强调的是程序优先。在这方面，我们现在还有不少学者强调效率优先、兼顾公正，实在是很遗憾的事情。有的学者反对无罪推定，反对赋予被告人沉默权、反对严格的非法证据排除规则甚至反对刑讯逼供，其很大一个借口就是强调"效率优先"。我们的刑事司法实践中，还有按照经济建设模式制定目标量化管理的做法，打击人头数、处理人头数、劳教人头数、批捕人头数等，样样都有数量目标，很不合理。众所周知，2004年前后，我国刑事法学界广泛开展了死刑复核权是否该由最高人民法院收回的大论战，当时部分学者坚持反对立场，其作为有力论据的理由是什么？竟是最高人民法院可能会忙不过来，这样大的一个国家，仅仅靠最高人民法院来复核死刑，它忙得过来吗？以效率论是非，连

---

① 朱晓青、柳华文：《〈公民权利和政治权利国际公约〉及其实施机制》，中国社会科学出版社2003年版，第23—24页。

杀人的大事也要以效率、而不是以公正和克制态度来确定是非，以最高人民法院复核死刑就可能存在"忙不过来"为重大理由来反对死刑复核权收回最高人民法院，实在是荒唐，也是地地道道的忽视人权保障、忽视公正优先。（2）主张无罪推定、被告人沉默权、强化被告人自我保护权（辩护权等）。西方国家这些有益成果，被我们部分人当作垃圾和糟粕来批判和拒绝，其根本原因仍然是违背了现代刑事政策上的"公正至上"理念，错误地坚持了"效率至上"的陈旧观念。（3）反对刑事类领域任何形式的刑讯逼供。国际反酷刑公约不但反对刑事诉讼程序的酷刑行为，而且反对纪律程序中的酷刑行为，并且要求所有成员国一体遵行。我国这方面应当说取得了显著进步，有的在法律上已经明确予以禁止。但是，我国在这方面还需要进一步解决思想观念问题，进一步完善相关法律政策措施，不但要在制度层面上杜绝酷刑，更要在实务层面上加大反酷刑力度，真正把人权保障放在首位。（4）主张必要秩序，反对过剩秩序。有的简化为"小政府、大社会"。众所周知，犯罪防控在本质上是维持社会秩序，如果控制过严，势必导致过剩秩序、侵犯人权（自由）；如果控制过松，势必导致秩序混乱（不足），最终也将侵犯人权。因此，理想状态是维持必要秩序（既不过剩、也不混乱），以最大限度地保障人权。应当说，刑事政策的个性品格就是犯罪防控以维持秩序，因此其天然倾向是易于制造过剩秩序和侵犯人权，从而决定了我们需要防范的重点是它侵犯人权的一面。正是基于这种特殊性，现代各国在刑事政策上更多的是强化人权保障观念、程序公正观念、反对过剩秩序观念。

（三）现代刑事政策实体整合中的时代科学观

现代刑事政策实体整合上的时代科学观，是指现代刑事政策不但突出强调价值取向上的现代人文观念，而且突出强调以现代科学发展观为指导，系统研究刑事政策的主体、客体、行为、环境等四项基本实体要素的有机整合和科学运行原理，实现刑事政策决策、制定、执行与评估监控的科学化。

有学者指出，现代刑事政策的孕育与发展，与科学主义具有天然的联系。科学原则强调，刑事政策的制定和实施，必须建立在经验科学的实证研究成果基础上，尤其依赖犯罪学实证经验以及生物学、遗传学、心理学、精神病学、行为科学等科学原理；"在刑罚制度的效果的研究上，必须运用统计学的技术。在犯罪人的分类处遇上，则必须运用心理学和精神医学的测验或者诊断鉴别等技术"。[1] 安塞尔强调，作为一门科学，刑事政策学，尤其是从社会防卫论的角度去看，是介于犯罪学与刑法学二者之间的中间科学，从一开始社会防卫论就与犯罪学的普遍发展建立了必要的联系。[2] 日本学者大谷实指出，19世纪后半期以来的刑事政策思潮是科学主义，尤其在欧洲，经验科学的方法论渗透到所有的科学领域，刑事政策学的研究也莫能例外，用经验科学的方法来解明犯罪原因并寻求其根本对策的倾向极为明显；可以说，科学的犯罪预防对策的研究逐渐占据了刑事政策学的中心地位，并且现在的研究也仍然处在其延长线上。[3]

可见，刑事政策决策、制定、执行与评估监控等内容都是一系列十分复杂的系统工程，涉及刑事政策的客体与环境等众多方面的自然科学与社会理论智识及其综合考量，关涉刑事政策主体以及其他各种利益主体的力量对比和智力博弈，从而需要切实坚持刑事政策实体整合中的现代科学主义立场。

（四）西方"两极化刑事政策"中的人文观与科学观

我国学者在讨论现代刑事政策走向的时候，总是以现代西方国家实行两极化刑事政策为依据，提出我国应当坚持传统的刑乱世用重典、决不废除死刑、坚持严打方针等观点。但是，笔者深切地感受到，我国学者在一些基本问题上还是存在一些重大误解和片面性，这些学术见解对我国刑事政策的现代化、科学化建设产生了极其严重的负面影响，需要正本清源。

现代西方国家采取两极化刑事政策，应当说是经过理性反思之后所实行的一种比较科学的社会公共政策，这种理性反思主要体现在其首先坚持了现代刑事政策的基本理念、严格限制重重政策的界限范围、进一步保持对重重政策的再反思等方面。

---

[1] 梁根林：《刑事政策：立场与范畴》，法律出版社2005年版，第119页。
[2] [法]马克·安塞尔：《新刑法理论》，卢建平译，香港天地图书有限公司1990年版，第31—41页；转引自梁根林《刑事政策：立场与范畴》，法律出版社2005年版，第119页。
[3] [日]大谷实：《刑事政策学》，黎宏译，法律出版社2000年版，第10—11页。

1. 现代西方国家两极化刑事政策的基本含义

西方国家刑事政策的总体发展趋势应当说是"刑罚总体上趋于缓和，同时出现了'轻轻重重'的战略调整"。[①] 应当说，这就是两极化刑事政策的基本含义。对此，有的学者表述为"整体趋轻，两极走向"。[②] 我国台湾学者认为，两极化刑事政策实际上是一种"复合性刑事政策"，包括严格刑事政策、宽松刑事政策和中间刑事政策三个有机组成部分。"所谓两极化刑事政策，亦即是对于重大犯罪及危险犯罪者，采取严格对策之严格刑事政策；对于轻微犯罪及某种程度有改善可能性者，采取宽松对策之宽松刑事政策。如此之刑事政策，亦称刑事政策之二极分化。严格刑事政策，即从维持法社会秩序观点为出发点，以压制重大犯罪，且对重大犯罪者采取严格处遇为目的之刑事政策；相对地，宽松刑事政策，即从刑法谦抑性思想为出发点，对于轻微犯罪事件处理，尽可能避开正常刑事司法处遇程序。且对某种程度有改善可能性犯罪者，采取谦和及社会内处遇等对策，以达到防止再犯及使犯罪者能重新复归社会为目的之刑事政策。""惟事实上，在此两极化刑事政策之间，亦有称为中间刑事政策领域存在。此种中间刑事政策，即对犯罪防止及犯罪者处遇，依据向来刑事制裁程序为之（如刑罚、保安处分）。""目前针对重大犯罪与组织性犯罪，纷纷采取严格立法措施。"[③]

2. 现代西方国家两极化刑事政策的大前提、大背景

其大前提、大背景是特别注重人权保障、促进社会公正和社会发展的"三大一小"现代刑事政策理念，强调"刑罚总体上趋于缓和""整体趋轻"。例如，非犯罪化、非刑罚化、非监禁化仍然是西方刑事政策的基本特色，单面责任主义、恢复性司法运动、社区矫正政策、刑事犹豫制度（包括警察微罪不举处分制度、起诉犹豫制度、宣告犹豫制度、执行犹豫制度、假释制度等）、转向处分等改良犯罪者处遇政策等，仍然是西方刑事政策中的主流政策。这些人道化、教育性政策措施大家都很熟悉。这里，笔者介绍几个大家可能不太熟悉的问题：（1）单面责任主义。现在刑法上普遍实行的责任主义，"无责任即无刑罚"就是责任主义的经典表

[①] 何秉松主编：《刑事政策学》，群众出版社2002年版，第4页。
[②] 储槐植：《刑事一体化与关系刑法学》，北京大学出版社1997年版，第169页。
[③] 许福生：《刑事学讲义》，台湾国兴印刷厂2001年版，第29页。

达。但是，责任主义在理论上还有双面责任主义与单面责任主义的区分。这种划分由德国学者提出，认为在20世纪60年代以前德国处于双面责任主义盛行时期，其后逐渐转向单面责任主义。双面责任主义基于报应主义思想，主张责任主义包含以下两层意思：一是无责任即无刑罚，责任是刑罚之前提；二是刑罚必须为责任之抵偿，刑罚之种类和轻重必须根据责任程度决定。而单面责任主义基于矫正回归主义思想和刑法谦抑思想，主张责任主义包含以下两层意思：一是责任为刑罚之前提，刑罚轻重不得逾越责任之范围；二是基于预防之考虑，有责任行为并非一律必须科予刑罚。也就是说，单面责任主义强调：责任仅仅是单面地作为刑罚之必要条件，而非充分条件，并非一有责任就必须科处刑罚。（2）转向处分。转向处分起源于20世纪60年代的美国，1965年美国政府成立"总统执法与司法委员会"以专门研究犯罪控制对策。该委员会深入警察局和下级法院调查，发现刑事案件之多，已经远远超出其负荷极限，导致侦查与审判质量十分低下，严重漠视被告权利，整个兴盛司法制度"病入膏肓"，即使充实、强化刑事司法机构和人员设备，都无法突破极限。因此，为了减轻刑事司法机构案件负担，缩小传统司法方式处理案件的范围，就建议将不需要复杂处理的案件剥离出刑事司法机关的正规程序而进行转向处分。所谓转向处分，就是对初犯或者青少年犯比较轻微的犯罪，不予审判，更不予处罚，而代之以教育性辅助措施，以辅助代替刑罚，即对于案件不以正常的刑事司法程序处理，而改为另一种方式加以处理。因此，转向处分是一种介于刑罚追诉与完全不干涉之间的中间路线。理论上认为，转向处分具有以下积极功能：一是实现"以教代刑"少年刑法功能；二是避免标签化副作用；三是减轻法院负担以提高办案质量；四是推行刑法人道化，并避免不必要社会控制。① （3）韩国的缓刑制度。根据韩国学者介绍，韩国在司法实践中，原则上对判处轻刑的犯罪者要实行缓刑，可以在判决书中不说明任何理由；但是，对于判处轻刑的犯罪人不适用缓刑，则必须在判决书中充分说明原因。韩国的这种做法刚好与我国的司法实践做法相反，值得我们反思。

3. "重重政策"的领域与对象

"重重政策"的领域与对象只能局限于重大犯罪与组织性犯罪，即针

---

① 许福生：《刑事学讲义》，台湾国兴印刷厂2001年版，第50—53页。

对重大暴力犯罪、黑社会组织犯罪、恐怖主义犯罪等实行"重重政策";而不是针对所有刑事犯罪或者大范围的刑事犯罪领域,即对于普通刑事犯罪、一般违法行为,仍然实行中间刑事政策或者轻缓化政策。例如:(1)美国。1994年通过《暴力犯罪控制暨执法法案》(Violent Crime Control and Law Enforcement Act of 1994)。(2)英国。1994年制定《刑事司法及公共秩序法》(Criminal Justice and Public Order Act)。(3)德国。1992年和1994年两次公布实施《组织犯罪对抗法案》。(4)日本。由于受1995年3月20日发生东京地铁沙林毒气杀人事件以及连续发生枪械案件的影响,即在1995年4—6月公布实施《防止以沙林毒气等物质伤害人体之法律》和《枪炮刀剑类之持有等取缔法》。可见,西方国家实行所谓"重重政策"的领域,基本上都局限于重大暴力犯罪、有组织性犯罪领域,而没有扩张到经济犯罪领域或者其他普通刑事犯罪领域。

4. 实行"重重政策"的根本原因

现代西方学者一般认为,西方国家实行"重重政策"的根本原因,除了教育医疗模式失效、顺应国民因安全恐惧增加而要求严格控制治安局势的意愿、犯罪问题政治化等因素之外,主要是为了集中刑事司法资源和力量以有力对付重大犯罪和组织性犯罪。例如美国,根据1994年通过的《暴力犯罪控制暨执法法案》的"三振出局"(three strikes and you are out)规定,对极其严重暴力犯罪者在科刑处遇上设计了一套长期监禁且不得假释或缓刑的量刑政策。"三振出局"规定:犯罪者若先前已触犯两次可能判处十年的暴力犯罪,或者一次严重毒品犯罪及严重暴力犯罪,如果再次(即第三次)犯联邦暴力重罪,将被科处终身监禁且不得假释;只有监禁超过30年和年龄达到70岁的犯罪人,经过联邦监狱证明无再犯危险的,才可以被释放出来。但是,"三振出局"的适用条件很严格。如,"先前的两次犯罪"必须是谋杀、义愤杀人、意图杀人或者强奸的攻击行为、性虐待、劫持车辆、纵火等犯罪,即使是未遂也包括在内;并且,在"是否使用暴力"问题的举证责任上实行举证责任倒置,由被告负责,即是说,被告必须证明其犯罪时没有使用诸如枪械之类的威胁,从而其不能适用"三振出局"的规定;同时,第三次犯罪必须是触犯了联邦暴力犯罪,如果第三次触犯的犯罪不是联邦暴力犯罪,即使触犯毒品犯罪，仍然不能适用"三振出局"的规定。①

5. 现代西方两极化刑事政策的限制

学术界一般认为，现代西方两极化刑事政策仍然有所限制，即仍然强调罪刑法定原则和刑事程序公正，反对滥用刑事司法权和法外用刑。如我国台湾学者指出：在犯罪控制问题上，对于"加重实体刑罚"与"牺牲程序正义"须分别看待。纵使人民厌恶"黑金政治"、极力支持严厉扫黑，但是针对重大犯罪者一律实行由侦控机关行使羁押权和禁止会见等非法程序性措施，仍然遭受严厉批评。②这说明，即使实行"重重政策"，也只能在实体法意义上依法从重并给予适当的程序性照顾，但在根本上仍然反对滥用刑事司法权和法外用刑。

6. 两极化刑事政策不等于"刑乱世用重典"

我国学者动辄以"刑乱世用重典"这一传统刑事政策思想来概括西方国家的两极化刑事政策，并以此来为我国的严打政策、决不废除死刑政策等进行辩护，应当说这种见解是存在理论上的重大问题的。"刑乱世用重典"政策思想的基本点应当说是普遍从重、从严的"重典"，强调报复与吓阻犯罪者，其前提是针对"乱世"。而西方国家实行两极化刑事政策，虽然确实与严重暴力犯罪和累犯再犯突出、与国民犯罪恐惧症和缺乏安全感、与犯罪问题政治化等因素相关，但是，应当说西方国家的两极化刑事政策仍然是以整体上刑罚轻缓、人道和注重法治精神为基本特征的，是在充分尊重现代刑事政策理念的大前提下针对极其有限的领域实行有限的"重重政策"，而不是实行一味扩张刑法网、强化刑罚强度、破坏程序公正的"普遍重重政策"，这与"刑乱世用重典"的根本政策取向不同。

7. "重重政策"仍然遭到严厉批评，其合理性和可行性仍然存在重大争议

例如，美国1994年通过的《暴力犯罪控制暨执法法案》采取了增加犯罪人痛苦的严格刑事政策，就遭受了国内外严厉批评，这些批评包括以下内容：(1) 导致要求"认罪协商"（即一种为寻求诉讼经济而设计的便宜措施）的人数减少，以至增加审判的过度负担；(2) 会产生"刑事司

---

① 许福生：《刑事学讲义》，台湾国兴印刷厂2001年版，第48页。
② 同上书，第36—37页。

法热力学效应",即在立法严格上,司法机关在处理案件时会产生"重罪轻判"的现象,以避免严刑峻法的适用,以及担心监狱会因为严刑峻法而导致过度拥挤的疑虑;(3)投入重大经费于治安之上,将对其他社会福利的支出产生排挤效应,导致更大的社会不公;(4)对于重大犯罪者采取严厉措施,只不过是政治斗争下的一种政治工具而已,若不从社会结构上加以改善,并不能解决真正的犯罪问题。①

(五)我国宽严相济刑事政策中现代人文观与科学观

我国宽严相济刑事司法政策所包含的现代人文观与科学观是什么?我们认为,就是前面我们所反复强调的现代刑事政策人文理念与科学主义原则,即:宽严相济刑事司法政策强调"人权保障至上",反对"犯罪防控至上";强调"公正至上",反对"效率至上";强调刑法科学,反对刑法迷信。

有人认为,所谓宽严相济刑事政策,就是指我们的刑事工作中有宽有严、该宽则宽、该严则严、宽严结合;我们的部分文件也是这样来阐述的宽严相济刑事政策。但是,笔者认为,对宽严相济刑事政策的这种"该宽则宽、该严则严"的认识和阐述过于抽象和模糊,因而不是十分妥当,应当说还没有真正深刻领会到宽严相济刑事政策的精神实质。

如前所述,我们认为,宽严相济刑事政策是基于建设社会主义和谐社会的需要、是基于对我国多年来一直实行的严打政策的一种深刻反思的需要,也是基于借鉴和实行当前全世界普遍实行的两极化刑事政策的需要而提出的政策策略。宽严相济刑事政策的基本含义,应当是指除了对于那些严重暴力犯罪和严重经济犯罪坚持严厉打击的政策之外,对于其他普通犯罪、尤其是其中的轻罪,应当侧重于实行宽缓政策(而不是严厉打击)。因此,宽严相济刑事政策首先考虑的选择是"宽",才叫宽严结合、宽严相济;否则,就不叫宽严相济,而叫严宽结合。宽严相济,是把宽放在第一位的。显然,这种政策精神并不是所谓的"该宽则宽、该严则严"的意思,实际上我们过去的严打政策也是"该宽则宽、该严则严",因此,这样理解宽严相济政策,基本上不能体现其与过去我国实行的严打政策相区别。

---

① 许福生:《刑事学讲义》注释"9",台湾国兴印刷厂2001年版,第34—35页。

笔者认为,只有思想上搞清了和谐社会大局、社会主义法治理念、宽严相济刑事政策等政策精神,我们才能正确认识当前我国刑事政策发展的基本趋向。

第 四 章

刑事政策价值:权衡与目标

如前所述,我们认为刑事政策学的本体价值范畴体系应当包括犯罪防控(秩序)、人权保障(自由)、社会发展(效率)、相对公正等四项。因此,关于自由、秩序、效率、公正这四项价值范畴的内涵界定与关系权衡,自然成为刑事政策学关注的重要方面。

一 秩序(犯罪防控)

犯罪防控,意即对犯罪的防范和控制。在刑事政策语境中,犯罪防控与秩序保护具有相当性,犯罪防控的实质与目的就是秩序保护,因此,犯罪防控价值与秩序价值二者的实质内容是一致的,即在刑事政策语境中可以将犯罪防控价值等同于秩序价值。在没有限定刑事政策语境的场合,"秩序"不限于犯罪防控,还包括其他众多的非犯罪领域的规制有序以及通过各种方法手段达成"非无序、非脱序"的状态。

法理学认为,秩序的存在是人类一切活动的必要前提,秩序构成了人类理想的要素和社会活动的基本目标,秩序的核心是安全,秩序的需要实质上就是安全的需要。例如,奴隶社会和封建社会所建立的秩序核心就是维护剥削阶级对劳动人民的统治秩序,控制社会流动或者把社会流动限定在统治阶级利益容许的范围内;而资产阶级上升时期,曾经强调要建立一种使自由而平等的竞争和人道主义的生活成为可能的秩序。因此,"秩序总是意味着某种程度的关系的稳定性、结构的一致性、行为的规则性、进程的连续性、事件的可预测性以及人身财产的安全性",[1] 意味着"在自

---

[1] 张文显:《法哲学范畴研究》(修订版),中国政法大学出版社2001年版,第195—196页。

然进程和社会进程中都存在某种程度的一致性、连续性和确定性"。① 但在限定了刑事政策语境的场合，秩序的主要内容和方法手段都可以概括为犯罪防控。犯罪防控既是秩序内容，也是实现秩序的方法手段，因而犯罪防控作为一种价值存在，是秩序内容与手段的有机统一体。②

刑事政策毫无例外地需要关注犯罪防控价值。但单纯考察作为方法手段的犯罪防控，其基本要素具体包括防控对象、防控主体、防控措施（第四、五、六章中有详细安排论述）。首先，防控对象是犯罪，而犯罪是犯罪人的犯罪行为，因而防控对象就具体包括防控犯罪人与防控犯罪行为。其次，防控主体是国家和社会，具体可以包括国家和社会公共权力机构、公民个人。最后，防控措施主要包括打击、矫正、补救、预防等方面。我们国家有力强调了针对犯罪人的打击方面，但是考虑针对犯罪人的矫正、针对被害人的补救等方面做得不够，针对犯罪人和犯罪行为的预防意识比较强但是措施落实并不到位。因此，刑事政策在关注犯罪防控价值的时候，必须综合关注其内在各主体要素的利益权衡，包括国家和社会利益、作为公民个人的被害人利益、作为公民个人的犯罪人利益。

尽管犯罪防控作为刑事政策价值之一具有价值内容规定上的确定性与重要性，但是应当明确其价值定位仍然具有相对性。犯罪防控不是终极价值目标（而只是方法论价值、手段价值），更不是唯一价值目标（而只是众多价值目标中的一种），甚至在其同人权保障价值（自由价值）的紧张关系比较中还不是权重更大的价值目标。

二 自由（人权保障）

人权保障价值在本质上就是自由价值。人权是公民在国家和社会生活

---

① ［美］博登海默：《法理学——法律哲学与法律方法》（中译本），中国政法大学出版社1999年版，第219页。
② 但有学者认为，应当对秩序价值与秩序事实做明确区分。秩序事实，即作为事实的秩序，是一种客观状态，是一种客观的、不依赖于主观意志的独立存在；作为一种客观存在，秩序事实对人的价值是多方面的，其中包括秩序价值、自由价值等。而秩序价值，即作为价值的秩序，则是秩序事实所具有的多种价值的一种，是秩序事实在主体需要的互动关系中产生的能够满足人对社会生活的稳定性、一致性、连续性、可预期性等需要的属性；并强调秩序价值是对人的社会性需要的满足，是对人对个体性需要的限制（从而与自由价值相对立），是社会性价值的核心（所实现的是人的社会利益）。参见侯宏林《刑事政策的价值分析》，中国政法大学出版社2005年版，第167—173页。

中所享有的被当作人来对待的基本权利自由。因此，人权保障价值在法理学上一般可以简要地概括为"自由"价值。一般认为，自由，无论是作为哲学中的概念，还是作为政治学和法学中的概念，都源自西方文化，如古希腊和古罗马时期的自由民、自由权概念即能说明问题。在拉丁语中，自由意味着"从束缚中解放出来"；在罗马法中，"凡得以实现其意志之权力而不为法律所禁止者，是为自由"。但自由概念是一个在本质上存有争议的难题。张文显教授指出，近代以来一些西方学者认为自由分为两个方面：一是自由指所谓"免于……的自由"（be free from…），即自由就是不受他人干预和限制，因此这种意义上的自由有的学者又称为消极自由（negative liberty）；二是自由指所谓"从事……的自由"（be free to do…），即自由就自己依赖自己且自己决定自己，因此这种意义上的自由有的学者又称为积极自由（positive liberty）。张文显教授进而认为，自由的实质在于，一方面它标志着主体的意志与客观必然性之间的某种统一性，即自由必须是对客观规律的认识和对必然的驾驭，同时自由也是对客观规律的认同；另一方面它标志着个人与社会之间的某种统一性，即自由表示个人与社会之间的一种对立统一的社会关系，或者说自由的实质就是个人与社会、个人的独立与社会的整合、个人的发展与社会的发展的关系，因而也是个人与社会之间双向的权利和义务配置，是"社会所能合法施于个人的权利"。法学所关注的主要是社会生活中的自由，特别是社会政治生活、经济生活和文化生活中的自由，即在社会关系中可以按照自己的意志活动的权利。①

　　我们大致可以说，有权利自由就有人权，区别仅在于权利自由的范围大小、保障强弱。应当说，权利自由意识是人类自身天然所具有的本能倾向，"追求自由是人类固有的本性"，因而即使在原始野蛮的早期人类社会，都总有权利自由的蛛丝马迹。当然，刑事政策对人权保障价值的关注程度，也随着人类社会的进步而同步深化：古代刑事政策总体上不重视人权保障价值，而近现代刑事政策总体上高度重视人权保障价值。

　　在当今时代，人权保障状况是区别法治国家与非法治国家的显著标志，"法治国家的重要特征之一是对个人权利和自由的现实保证。人权是

---

① 张文显：《法哲学范畴研究》（修订版），中国政法大学出版社2001年版，第206—209页。

法治国家的精髓，也是社会整体发展的重要因素"。① 但是，"法治国家与非法治国家的区别，不是法治国家中没有侵犯人权的事件发生，而仅是在于：法治国家侵犯人权的事件相对较少；侵犯人权的事件一旦发生，即能获得依法处理——侵权者必然受到应有制裁，受害者必能依法获得应有保护。也就是说，在法治国家中，人权能够获得相对较好的法律保障"。② 可见，现代法治国家不同于过去时代国家的地方仅仅在于：现代法治国家公开宣称人权保障，因而侵犯人权事件相对较少，人权遭受侵犯后能够获得较好救济。

需要明确的是：无论我们如何强调人权保障作为刑事政策价值之一具有价值内容规定上的确定性与特别重要性，都应当明确其价值定位同样具有相对性。道理很简单：人权保障（自由）仍然必须有其最低限度的秩序基础，没有秩序就没有自由和人权；同时，人权保障（自由）还必须有充分的社会发展（效率），没有社会发展就没有相当的自由和人权，等等。因此，人权保障（自由）尽管可以说是终极价值目标，但是自由不是空穴来风或者空中楼阁，而是需要前提基础以及相当的实现方法与手段，这种前提基础就是秩序价值；在这种意义上，人权保障（自由）仍然不是唯一刑事政策价值目标（而只是众多价值目标中的一种）。

三　效率（社会发展）

社会发展是刑事政策价值诉求之一，但这里社会发展的核心意旨是效率价值。

理论界一般认为，效率或者效益一词可以在多种意义上使用，其基本内涵是指从一个给定的投入量中获得最大的产出，即以最少的资源消耗取得同样多的效果，或以同样的资源消耗取得最大的效果。因此，效率大致可以分解为经济效益和社会效益两类。经济效益意旨"价值极大化"或者"以价值极大化的方式配置和使用资源"，能够以同样的投入取得比别的社会更多的有用产品，创造出更多财富和价值。社会效益意义上的效率

---

① ［俄］B. B. 拉扎列夫主编：《法与国家的一般理论》，王哲等译，法律出版社1999年版，第349页。

② 卓泽渊：《法治国家论》，中国方正出版社2001年版，第49页。

则意味着根据预期目的对社会资源的配置和利用的最终结果做出的社会评价，即社会资源的配置和利用使越来越多的人改善境况而同时又没有人因此而境况变坏，则意味着效率提高了。① 应当说，刑事政策价值体系中的效率价值是上述两种意义上的效率价值的统一体，即刑事政策的效率价值意味着它必须有利于实现一定社会的经济效益和社会效益，这种统一体的简要概括就是"社会发展价值"。

有学者指出：效率价值属于经济学范畴，其他价值如公平、正义、自由则属于道德范畴，因而按照历史唯物主义的观点，作为经济范畴的效率应当优先于作为道德范畴的其他价值，效率优先就是发展优先，发展才是硬道理，法律的其他价值均应当服从和服务于效率价值；法律资源配置上应当坚持效率优先，即在整个法律价值体系中效率价值居于优先位阶，是配置社会资源的首要价值标准；效率和公平相冲突时，为了效率之价值目标，公平可以退居第二位，直至暂时做出必要的自我牺牲。② 但是笔者认为，上述结论本身只具有相对的合理性价值，并不能作为刑事政策价值权衡的唯一合理标准。因为我们在进行价值权衡时应当兼顾更多更复杂的因素，尤其是需要考虑价值关系原理中的对立统一辩证法则、价值系统论原理以及价值关怀的终极因素。如果将刑事政策价值关怀的终极因素界定为"人的自由"最大化，那么，无论是针对"一般人"还是"特定人"，即使刑讯逼供（程序性刑事政策选择）或者死刑适用（实体性刑事政策选择）可以有利于某种"效率"，但是我们仍然可以论证其最终不利于实现社会真切需要的整体效率、最终不利于人权保障，而应反对这种效率优先理论。因此，正如本书在后面将要论证的刑事政策价值取向立场，在刑事政策价值权衡中应当反对效率优先论，坚持人权保障优先至上论。只有人权保障优先的刑事政策才在根本上有利于彻底实现人权保障和公正价值，才能够实现社会整体的全面健康发展，其中包括实现社会发展的整体效率价值。正因为如此，笔者将刑事政策论域中的效率价值表述为"社会发展价值"，它突出强调了人权保障和公正价值基础上的效率价值。

---

① 张文显：《法哲学范畴研究》（修订版），中国政法大学出版社2001年版，第212—213页。

② 同上书，第214—217页。

因此，只有正确恰当地把握社会发展的价值定位，社会发展价值（效率）才具有"价值"。尽管社会发展价值作为刑事政策价值之一具有价值内容规定上的确定性与重要性，但是应当明确其价值定位仍然具有相对性。社会发展价值既不是完全意义上的终极价值目标（而只是方法论价值、手段价值），更不是唯一价值目标（而只是众多价值目标中的一种），甚至在其同人权保障价值（自由价值）和公正价值的紧张关系比较中不是权重更大的价值目标。当然，如果我们把社会发展价值理解为包含"人"的发展价值因素在内的一种综合价值，则在这种特定语境中因为赋予了其更为特殊的含义，才可以提升其价值位阶与价值权重。

四　公正（相对公正）

刑事政策必然以"相对公正理性"为基本界限。这里的相对公正理性明确涉刑事政策的公正价值范畴，它是一种国家理性和社会理性，是对人权保障、社会发展和犯罪防控等多种价值进行的历史性的中立的"价值权衡"和价值取向，因而它具有鲜明突出的历史局限性和时代特征。公正不但意味着公平，而且还必须同时意味着正义，必须是公平和正义的有机和谐统一；公正，既要求形式公正，又要求实质公正，必须是形式公正和实质公正的有机和谐统一。因此，在绝对意义上（即在纯粹理想和思维逻辑上），只有同时体现公平和正义的有机和谐统一、形式公正和实质公正的有机和谐统一的公正才是真正的公正理性。当然，由于这种绝对意义上的公正理性（即"绝对公正理性"）只是一种根本无法实现的理想境界，因此，人类只能追求一种相对合理的、可以在一定程度上实现的相对公正理性（接近"绝对公正理性"）；正因为绝对公正理性的可望而不可即，才导致人类追求相对公正理性的努力永无止境。为此，人类为公正理性设计了一系列理想模式，如形式公正与实质公正的理论界分，形式公正与实质公正不能兼顾时的多种优先选择命题，都是基于人类追求相对公正理性的政策理想模式。

论及公正，有必要检讨"公正报应主义"政策法律思想。历史上存在的公正报应主义有两个核心问题尤其值得关注：一个是"报应主义"问题；另一个是"公正"问题。

"报应主义"思想到底起源于何时何地，到底有何正当性？这是一个很值得我们深思的理论问题。迄今为止的所有法律思想家无不坚决地主张刑事政策领域（尤其是刑法领域）的报应主义，其差别只是对于报应主义的报应内容、具体标准的看法有所不同。历史上存在过以下三种报应主义思想：一是绝对报应主义（同态复仇主义，以眼还眼、以牙还牙）。康德就主张一种近乎同态复仇的绝对报应主义，不过康德是基于启蒙思想以反对封建罪刑擅断主义、主张罪刑法定主义所提出的哲学命题，主张国家必须将犯罪人作为一个有理性的人予以对待，从而康德赋予罪刑法定主义具体明确的内容，因此，康德当时提出绝对报应主义思想是具有其特有的重要的历史意义的，这种历史意义就在于，它吹响了向封建主义罪刑擅断的战斗号角；二是黑格尔的相对报应主义（等值报应主义）。黑格尔作为观念论大师，将否定之否定规律应用于刑事法律领域，提出犯罪是对法的否定，而刑罚则是否定之否定，因此，刑罚就是犯罪人自身的法则；同时，黑格尔强调刑罚与犯罪只能是"值"的相等性，而不是绝对的"量"的相等性；三是贝卡利亚绝对确定的均衡报应主义。即贝卡利亚的报应主义思想强调了刑罚质与量的绝对确定性，还强调了刑罚同犯罪的均衡性，不允许司法权具有丝毫的自由裁量权，法官只能成为比对犯罪与刑罚阶梯的中性机器。以上三种主张就是刑事古典学派在报应主义问题上的基本立场。在刑事古典学派的基础上，报应主义思想后来又有所发展，出现了法律报应主义、规范报应主义和人道报应主义等。

　　公正的内涵是什么，公正与报应主义是一种怎样的联系？这更是一个值得深刻检讨的问题。尽管几乎所有学者都对公正问题感兴趣，我们研究政策学、哲学、社会学、宪法以及实体法和程序法的学者都要研究公正问题，还出现了以美国罗尔斯为代表的终身研究公正问题的大师级学者，但是，笔者仍然觉得公正问题是一个非常模糊、十分混乱、从来没有得到"公正"解决的问题。罗尔斯写了两本关于正义问题的书，一本是《正义论》，另一本是《作为公平的正义——正义新论》，因此，罗尔斯的正义观一般称作"公平的正义观"。罗尔斯正义观的基本内容是：（1）将正义区分为实质正义与形式正义，而且这两种正义都离不开法律，实质正义的具体内容由法律来规定，而形式正义就是法治，即对法律或实质正义的严格坚持。（2）正义的实质或者主要问题是社会的基本结构问题，是一个社会合理地分配权利和义务的基本原则或制度。但是，怎样才能找到或者获得这些原则与制度呢？罗尔斯认为，这就要借助于社会契约概念，并且只能是在社会原初状态里所签订的社会契约;即人们对自己本身一无所知(不知道自己的社会地位、先天资质、能力、智力、体力、运气,甚至不知道自己的特定的善的观念和心理倾向等),因而在毫无私心的状态下,通过公平的协商或契约,才能产生真正的正义原则,而且这种正义原则才能够成为其他一切正义原则的基础。(从这种假设看,正义真的是很难!)(3)罗尔斯解释说,作为公平的正义是:所有的社会基本价值或基本善,如自由和机会、收入和财富以及自尊的基础等,都要平等地分配,除非其中一种或所有价值的一种的不平等分配合乎每个人的利益。这种正义观可以具体化为两方面不同的原则,即首先是政治方面的"平等的自由原则",经济方面的"差别原则和机会平等原则或地位开放原则"。(4)罗尔斯明确将实质正义的种类划分为政治正义(宪法正义)、经济正义(分配正义)、个人正义、程序正义。其中,政治正义和经济正义又统称为社会正义;而程序正义又可分为完善的、不完善的、纯粹的程序正义三种。之所以提出程序正义的分类,是因为罗尔斯认为,"一种正义的宪法是一种不完善的程序正义",分配正义是"包含了较大成分的纯粹程序正义";"只有在一种正义的社会基本结构的背景下,在一种正义的政治结构和经济和社会制度安排的背景下,我们才能说存在必要的正义程序"。[①] 美国的另一位学者罗伯特·诺齐克提出了"权利正义观",它是与罗尔斯"作为公平的正义"观念相对立的一种正义学说。诺齐克的《无政府、国家与乌托邦》一书,也在世界上产生了深刻反响。诺齐克主要以个人权利保障为出发点,从国家权力的道德基础上提出了正义问题,认为个人权利是国家权力的界限,保护个人权利是国家权力的目的,如果国家权力的使用超出了此界限和违背了此目的,就失去了道德基础,因而就不是正义的;因此,诺齐克提出了最弱意义上的国家即"守夜人"式的国家(即乌托邦)的概念,这种国家除了保护性功能外再无其他功能,否则当其再扩大其功能,如企图干预人们的经济活动和利益分配,人为地使人们之间的经济收入趋于平等,像西方福利国家现在所做的那样,则它就会越出应有范围而侵犯个人权利而成为非正义;诺齐克批判了分配正义,提出了"持有正义"概念,持有正义即占有正义,根据占有的两种途径(占有无

[①] 严存生:《论法与正义》,陕西人民出版社1997年版,第115—125页;[美]约翰·罗尔斯:《正义论》,何怀宏等译,中国社会科学出版社1988年版,第82、211、293页。

主物、从别人那儿转让过来）提出了持有正义的三原则，即获取的正义原则、转让的正义原则、对获取和转让中不正义行为进行矫正的矫正正义原则；国家应当消极不作为，国家有作为的只是矫正正义。[①] 可见，诺齐克主张的正义是"矫正正义"，而不是"分配正义"，更不是"报应主义正义"。

法理学界普遍认为，政策、法律与正义的关系问题是研究法的价值问题中一个很重要的问题，也是很复杂的问题。尽管我们可以笼统地说政策和法律的价值目标包括秩序、自由、平等、人权、效益、正义等，但是，我们又必须承认"正义"不是一个与其他价值目标相并列的一般性的价值目标，而是一个能综合、包容和指导、调整其他价值目标的全局性的价值目标，正所谓"正义乃百德之总"（古希腊格言），正义价值对其他价值观念都具有制约作用。例如，秩序价值对于社会的稳定性和统一性固然重要，但是如果没有正义观念来指导秩序，则会牺牲个人和地方的利益，甚至可能导致专制和独裁；自由价值对于个人权利很重要，但是如果没有公正观念介入，则自由价值会导致个人之间彼此权利的冲突和难以实现；效益价值对于经济发展有意义，但是没有公正价值，则会导致片面追求经济价值、严重拜金主义并且严重破坏各种效益之间的平衡与统一，从而最终难以保持经济的持续增长。因此，政策和法律的其他所有价值目标都必须统一在正义这个总目标之中，其他价值目标才能真正有效实现，也才具有合理性而不致成为一种祸害。[②] 从这种认识出发，我个人认为，所谓公正应当是一种"和谐的善"，是各种善良美好的价值追求如自由、秩序、效益等价值的中道权衡，是一种"价值中立"。值得关注的是，当代分析实证主义制度法学的主要代表人物魏因贝格尔提出了"分析—辩证的正义论"。他归纳和分析批判了已有的种种正义理论，将它们归纳为六种，即作为形式原则的正义、作为一种先验的实质正义、人类学上假定的正义原则、衡量正义的功利主义标准、作为公平的正义观、传统的实证主义正义观（按照规范性秩序的标准来看的正义观）；进而认为，正义不是一个事实，而是一项任务，正义产生于任务关系中，着眼于对各种任务的平衡，从而将正义与效用统一，形式正义与实质正义相结合，以达到所谓的

---

① 严存生：《论法与正义》，陕西人民出版社1997年版，第129—137页。
② 同上书，第12—13页。

辩证统一,因此,正义就是对各种任务的平衡,追求一种和谐、合作的制度。① 笔者认为,这种见解是很有道理的。

笔者注意到一种很特别的现象,那就是在刑事政策学界和法学界(其实还包括法理学以及其他学科学者)基本上毫无例外地主张:公正在刑事政策法律领域的基本体现就是坚持报应主义,或者强调报应主义就是公正(尤其是刑法公正),论及公正都离不开以报应主义作为观念基础。因此,前面所述的报应主义思想都可以在头衔上加上一个"公正"的限定语,通称为"公正报应主义";其区别仅仅在于对公正的不同解读:绝对报应主义的公正,是同态复仇性质(强调等量性)的公正;相对报应主义的公正,是强调等值性的公正;绝对确定的均衡报应主义的公正,是强调罪与刑均衡性和确定性的公正;法律报应主义、规范报应主义、人道报应主义的公正,是分别强调所谓法律性、规范性、人道性的公正。但是,实际上,这些理论根本没有一个普遍适用的真正公正的"公正"标准。

笔者认为,在理论上以报应主义(包括任何一种报应主义)论证公正(尤其是刑法公正),把"刑法公正必然内在要求报应主义"这个命题作为一个"不言自明"的公理,是存在很大疑问的。②（1）报应主义在本质上就是一种"罪有应得"式的报复主义,它并不具有成为正义和人类公理的充分根据。例如,作为人类社会善良愿望体现的宗教,就有明确反对报应(报复)、主张宽容和挽救的思想观念。"在教会法中,正义意味着纠正和拯救,而不是复仇";"报复的意图和仇恨的心态与基督教之爱控制下的正义是全不相容的"。③（2）报应主义作为一种观念性的存在,其本身的合理性值得论证。因为,任何观念都是主观性的东西,是特定历史条件下人类社会实践的反映,而这种反映本身是否正确、是否需要发展、是否需要改弦更张,都应当检讨。同理,报应主义观念也应当接受时代的检讨,它不可能当然地成为公正的内容。（3）人类实践逐渐修正报应主义,例如绝对报应主义、相对报应主义、绝对确定的均衡报应主义、法律报应主义、规范报应主义、人道报应主义等的相继出现和不断修正,

---

① 严存生:《论法与正义》,陕西人民出版社1997年版,第137—148页。
② 魏东:《论犯罪构成理论的背景知识与中国化改良思路》,载左卫民主编《四川大学法律评论（2003）》,四川大学出版社2004年版。
③ 彭小瑜:《教会法研究——历史与理论》,商务印书馆2003年版,第104页。

应当看作报应主义本身存在的内在谬误所致，但是，报应主义的这种内在谬误是否能够在其"体系内"得到真正有效的修正，值得怀疑。（4）报应主义并没有在刑法实践中得到有效贯彻，有罪不罚、重罪轻罚、无罪受罚成为人类刑法实践中的基本现象，尤其是有罪不罚、重罪轻罚的现象往往能够获得法律和社会的普遍认同。（5）报应主义无法解释刑事政策上的死刑存废之争、终身监禁刑存废之争、缓刑制度、假释制度等刑事政策现象。（6）报应主义在根本上与现代刑事政策价值理念相违背。现代刑事政策的本体价值范畴（刑事政策价值定位）包括犯罪防控、相对公正、人权保障、社会发展四个范畴，其中无法找到报应主义的落脚点。（7）报应主义严重妨害人类社会进步，尤其对于刑法人道化、刑事政策科学化进程制造了观念上的障碍。因此，笔者认为应当反对报应主义公正观。[①]

相对公正理性的价值定位在于，它是一切公共政策的逻辑起点和归宿点。社会公共政策的人权保障价值和社会发展价值都必须以公正理性为基础，没有体现公正理性的社会公共政策所追求的人权保障和社会发展必然是不全面的和错位的，即人权保障与社会发展本身也必须接受公正理性的检验；同理，社会公共政策所追求的人权保障和社会发展价值必须以人类社会公正理性为归宿和目标，只有以人类社会公正理性为目标和归宿的社会公共政策才能达到公正的人权保障和公正的社会发展之理想境界，否则只能导致不公正的人权保障（如只保障了部分人的人权或者人类的部分人权）与不公正的社会发展（如社会的扭曲发展或者毁灭性发展）。因此，相对公正理性是一个政治哲学和法哲学十分关切的命题，是包括刑事政策在内的所有社会公共政策自身所必然内含的基本特质。相对公正理性不但意味着可分配性与可调整性，而且意味着相对性与批判性；它既是所有社会公共政策所共同具有的特质，同时又在不同的类别政策中表现出具体生动的类别差异性。在刑事政策意义上的相对公正理性，应当内含以下基本内容：一是对犯罪规律（特别是犯罪原因、犯罪机能）的基本认识；二是对犯罪态势（犯罪挑战）的基本判断；三是对人性假设的基本立场；四是对人权尊重的基本态度；五是对社会发展的基本考量；六是对可资利用的现实物质基础和精神文化资源的基本估价；七是在特定历史条件下的

[①] 魏东：《和谐社会的刑事法治理性探讨》，《现代法学》2007年第1期。

价值权衡和价值取向（人权保障、社会发展与犯罪防控的理性权衡）。因此，根本不顾及人权保障和社会发展从而片面强调犯罪防控的所谓刑事政策，由于其无法体现公正理性，从而就不是真正理性的刑事政策；虽然考虑了人权保障和社会发展的价值要求，但是缺乏对犯罪规律、犯罪态势以及人类社会所处特定历史条件等因素的科学认知，缺乏对人性的正确认知，并因此而进行的谬误的刑事政策选择，这样的刑事政策也同样不是真正以相对公正理性为基本界限的刑事政策。

五　刑事政策的价值权衡与目标选择

刑事政策的价值权衡本身应当是针对全部价值，如自由、秩序、效率、公正等四项基本价值，进行全面的权衡。但是，由于价值多样性与价值多元性所带来的理论复杂性，导致在理论逻辑上难以实现价值权衡的周延性与文字表述的准确性。因而，笔者这里拟将刑事政策四项基本价值拆分为自由与秩序的价值权衡、效率与公正的价值权衡两组，并在此基础上论证应然的价值目标选择。至于自由与效率、自由与公正、秩序与效率、秩序与公正以及其他更为复杂多元的价值权衡，则暂不予特别分析阐述。

同时，还有必要交代一下论题语境与大前提问题。如前所述，作为社会公共政策有机组成部分的刑事政策，必然与特定历史时期的特定国家的社会公共政策相一致、相匹配。那么，当下中国奉行的社会公共政策是什么的问题，就值得特别关注。

应当说，建设和谐社会是我国在新时期提出的基本的社会公共政策。

我国对社会治理模式的不断思索和尝试有一条潜在的主线，就是：从"依法治国"到"实行法治也要实行德治"再到"建设社会主义和谐社会"，整个摸索过程的趋向是：我国正在逐步实现从国家本位向社会本位、权利本位的转变，从依靠暴力强制的管理型社会向依靠社会各种力量协调治理的自治型社会的转变。这些社会治理模式与思路，鲜明而集中地体现了我们国家在公共政策抉择中的一种理性定位和模型选择，也为我们的犯罪防控工作指明了方向。和谐社会的基本内涵包括：民主法治、公平正义、诚信友爱、安定有序、人与自然和谐相处等诸多方面。和谐社会大局，应当成为我们一切工作的出发点和落脚点，是核心和精髓。社会主义法治理念，是实现和谐社会大局的基本方略，是建设和谐社会的基本内容和必要保障，也是我们犯罪防控工作不可突破和逾越的基本边界。当然，我们这里可以把社会主义法治理念具体化为"刑事法治理念"。而宽严相济刑事政策，是我们实现和谐社会大局与坚持社会主义法治理念的基本政策，是指导我们各项犯罪防控工作的直接政策依据。可见，从和谐社会大局、到社会主义法治理念、再到宽严相济刑事法政策，此三者的关系是从宏观到具体的逻辑关系：宏观上的和谐社会大局与社会主义法治理念、微观上的宽严相济刑事政策，层层推进、环环相扣，值得我们好好把握。

因此可以说，我国现阶段的基本刑事政策就是：社会主义和谐社会目标及社会主义法治理念指引下的社会治安综合治理政策与宽严相济刑事政策。它真切地反映了我国在新的历史时期的基本刑事政策总体价值目标和宏观实体策略的有机统一。"宽严相济刑事政策"取代"惩办与宽大相结合刑事政策"的价值观变化，最核心的内容是强调了现代刑事政策的谦抑宽容价值取向（即价值理念）。价值取向问题，在根本上就是指针对具有矛盾和冲突的多种价值目标，如何处理它们之间的关系和如何实现它们之间的整合与有机统一问题。例如，犯罪防控价值与人权保障价值之间就经常性地存在冲突，到底怎样处理它们的关系呢？人类历史上曾经存在的处理模式大致可以概括为两种典型：一种模式，是犯罪防控优先、兼顾人权保障，古代社会的情况就是如此；另一种模式，是人权保障优先、兼顾犯罪防控，今天多数西方国家就是如此。笔者认为，随着人类社会的进步和政治文明的发展，可以将现代刑事政策的价值权衡或者说基本价值取向（即价值理念）总体上简要地概括为现代刑事政策的谦抑宽容价值理念，其具体内容为"三大一小"理念，即：最大限度地保障人权、最大限度地促进社会发展、最大限度地体现相对公正、最小限度地维持秩序（必要秩序）。这种"三大一小"理念应当成为现代刑事政策的基本品格和基本理念，并成为现代刑事政策价值权衡的基本特点。

在贯彻宽严相济刑事政策的语境下，现代中国刑事政策价值权衡的核心有两点：一是在人权保障与犯罪防控两者之间的价值权衡，应强调"人权保障至上"，反对"犯罪防控至上"，坚持"人权保障优先并兼顾犯罪防控"的价值立场;二是在公正与效率二者之间的价值权衡,应强调"公正至上",反对"效率至上",坚持"公正优先并兼顾效率"的价值立场。

第一,特别强调"人权保障至上"的刑事政策理念。

在"人权保障至上"与"犯罪防控至上"的刑事政策理念上,到底是选择前者还是选择后者,是一个至关重要的问题。过去国民党针对人民群众的革命活动所提出的口号是"宁可错杀一千,也不放走一个",这在当年的国民党当局看来是选择了"犯罪防控至上"理念;有的现代西方国家针对刑事犯罪所提出的口号是"宁可错放一万,也不冤枉一人",可以看作"人权保障至上"理念。我们今天某些人对待犯罪现象的根深蒂固的观念,恐怕仍然是停留在"宁可错杀一千,也不放走一个"这种传统思维层面,从而在其思想上和行为上都得到了充分反映。但是,这种传统思维和行为方式可能并不符合现代刑事政策的基本理念。笔者认为,现代刑事政策理念应当是"人权保障至上",反对"犯罪防控至上"。国际社会普遍认为,《世界人权宣言》《经济、社会、文化权利国际公约》和《公民权利和政治权利国际公约》被合称为"国际人权法案",共同构成了国际人权宪章体系,成为国际社会人权保障机制的核心。[1] 笔者认为,这些国际性法律文件,以及现代社会刑事法治领域占主导地位的民权主义刑法观、罪刑法定主义等观念,都是这种"三大一小"刑事政策理念的真切反映。因此,在人权保障与犯罪防控二者之间的价值权衡,应强调"人权保障至上",反对"犯罪防控至上",坚持"人权保障优先并兼顾犯罪防控"的价值立场。

第二,特别强调"公正至上"的刑事政策理念。

在"公正至上"与"效率至上"的刑事政策理念上,到底是选择前者还是选择后者,也是一个至关重要的问题。笔者注意到,在我国今天学者的论述中,不少人认为我国现阶段应当坚持"效率优先、兼顾公正"的原则来处理公共事务,甚至包括刑事法制领域也应当如此。应当说,这是一种非常危险、非常有害的观念,尤其在刑事法领域,这种立场可以说是祸害无穷。我国现在的许多做法,大致也是基于这种非理性立场进行的

---

[1] 朱晓青、柳华文:《〈公民权利和政治权利国际公约〉及其实施机制》,中国社会科学出版社2003年版,第23—24页。

制度设计，应当引起我们的警惕和反思。我认为，现代刑事政策理念应当是"公正至上"，反对"效率至上"。这种理念至少包括以下内容：（1）强调程序公正优先。理想状态当然是程序公正与实体公正并重，但是，在二者发生冲突时一般强调的是程序优先。在这方面，我们现在还有不少学者强调效率优先、兼顾公正，实在是很遗憾的事情。有的学者反对无罪推定，反对赋予被告人沉默权、反对严格的非法证据排除规则甚至反对刑讯逼供，其很大一个借口就是强调"效率优先"。我们的刑事司法实践中，还有按照经济建设模式制定目标量化管理的做法，打击人头数、处理人头数、劳教人头数、批捕人头数等，样样都有数量目标，很不合理。大家知道，2004 年前后，我国刑事法学界广泛开展了死刑复核权是否该由最高人民法院收回的大论战，当时部分学者坚持反对立场，其作为有力论据的理由是什么？竟是最高人民法院可能会忙不过来，这样大一个国家，仅仅靠最高人民法院来复核死刑，它忙得过来吗？以效率论是非，连杀人的大事也要以效率、而不是以公正和克制态度来确定是非，以最高人民法院复核死刑就可能存在"忙不过来"为重大理由来反对死刑复核权收回最高人民法院，实在是荒唐，也是地地道道的忽视人权保障、忽视公正优先。（2）主张无罪推定、被告人沉没权、强化被告人自我保护权（辩护权等）。西方国家这些有益成果，被我们部分人当作垃圾和糟粕来批判和拒绝，其根本原因仍然是违背了现代刑事政策上的"公正至上"理念，错误地坚持了"效率至上"的陈旧观念。（3）反对刑事类领域任何形式的刑讯逼供。国际反酷刑公约不但反对刑事诉讼程序的酷刑行为，而且反对纪律程序中的酷刑行为，并且要求所有成员国一体遵行。我国这方面应当说取得了显著进步，有的在法律上已经明确予以禁止。但是，我国在这方面还需要进一步解决思想观念问题，进一步完善相关法律政策措施，不但要在制度层面上杜绝酷刑，更要在实务层面上加大反酷刑力度，真正把人权保障放在首位。（4）主张必要秩序，反对过剩秩序。有的简化为"小政府、大社会"。大家知道，犯罪防控在本质上是维持社会秩序，如果控制过严，势必导致过剩秩序、侵犯人权（自由）；如果控制过松，势必导致秩序混乱（不足），最终也将侵犯人权。因此，理想状态是维持必要秩序（既不过剩、也不混乱），以最大限度地保障人权。应当说，刑事政策的个性品格就是犯罪防控以维持秩序，因此其天然倾向是易于制造过剩秩序和侵犯人权，从而决定了我们需要防范的重点是它侵犯人权的一面。正是基于这种特殊性,现代各国在刑事政策上更多的是强化人权保障观念、程序公正观念、反对过剩秩序观念。总之,在公正与效率两者之间的价值权衡,应强调"公正至上",反对"效率至上",坚持"公正优先并兼顾效率"的价值立场。

第 五 章

刑事政策原则:体系与贯彻

刑事政策的基本原则,是指贯穿于整体刑事政策过程始终并对所有刑事政策活动参与者均具有指导和制约作用的一系列准则。

一 刑事政策的基本原则体系

关于刑事政策的基本原则,我国学者已有一些归纳值得关注。如:我国台湾学者许福生提出了刑事政策三个基本原则:人道主义原则、法治主义原则、科学主义原则。① 我国大陆有学者提出了刑事政策五原则:法治原则——罪刑法定原则、人道原则、科学原则、谦抑原则、教育改造原则。② 有学者提出,刑事政策的基本原则应当包括:法治原则、民主原则、人道原则、科学原则、国际原则。③ 有学者提出了刑事政策的七项基本原则:正确处理政策与法律关系原则(核心即罪刑法定原则)、处遇个别化原则、教育改善原则、统筹兼顾原则、谦抑原则、人道原则、科学原则。④ 还有学者认为,刑事政策原则可以具体分为刑事政策制定应遵循的基本原则与刑事政策执行的基本原则,前者包括科学原则、法治原则、人权原则,后者包括目标与手段相统一的原则、原则性与灵活性相结合的原则、监控与执行同步的原则。⑤ 应当说,这些学者都是从现代刑事政策价

---

① 许福生:《刑事政策学》,中国民主法制出版社2006年版,第19—22页。
② 卢建平主编:《刑事政策学》,中国人民大学出版社2007年版,第170—200页。
③ 严励:《中国刑事政策的建构理性》,中国政法大学出版社2010年版,第237页。
④ 谢望原、卢建平等:《中国刑事政策研究》,中国人民大学出版社2006年版,第608页。
⑤ 刘仁文:《刑事政策初步》,中国人民公安大学出版社2004年版,第171—179、211—214页。

值目标出发来归纳总结刑事政策的基本原则的,这是首先应当明确的一个基本的原则立场。从这一原则立场来看,法治主义原则、谦抑原则、人道主义原则、教育改造原则、科学主义原则等原则,尽管在具体归纳分析上可以存在不同的逻辑整合,但是应当说都可以成为刑事政策基本原则的基本内容。

正是基于对刑事政策基本原则共性认识的归纳总结,我们提出了以下四项现代刑事政策的基本原则:法治原则、刑法谦抑原则、人道主义矫正原则、科学主义综合治理原则。

(一) 法治原则

刑事政策之法治原则,是指所有刑事政策活动必须在法治国观念下依法进行的原则。

法治原则成为现代宪政国家的基本政治原则,也是现代刑事政策的基本原则。法治原则作为刑事政策的基本原则,最集中、最核心的内涵表达就是罪刑法定原则,因而在相当意义上也可以说,罪刑法定原则是现代刑事政策的基本原则。当然,罪刑法定原则不但是现代刑事政策的基本原则,也是现代刑法的基本原则;而法治原则的全部内涵,还不应当仅仅停留于罪刑法定原则的层面,而是应当辐射于法治国家建设的各个方面(如法治政府建设等)。

1. 法治原则的基本要求

作为规范国家和政府行为的一项根本宪政原则,法治原则体现于对国家和政府行为的全过程、各方面的全面规制和约束过程中,并且表现为不同的内容。如在规制和约束政府行为的过程中,法治原则派生出依法行政原则。在刑事政策领域,法治原则要求国家和社会对犯罪做出的一切公共反应,无论是以国家公权力运作为内容的国家正式反应,还是市民社会组织对犯罪做出的有组织的反应,无论是以国家刑罚权的运作为核心的刑罚反应,还是以其他国家公权力的运作为内容的非刑罚的正式反应,都必须受到法律的严格约束。[①] 因此可以说,以广义刑事政策立场而论,刑事政策关涉刑事法律领域和非刑事法律领域等多层次政策内容,均应以法治原则为基本原则,但具体政策内容的不同亦将对法治原则的具体要求有不同

---

① 卢建平主编:《刑事政策学》,中国人民大学出版社2007年版,第173页。

的解读。

一般而论，刑事政策上法治原则的基本要求，是必须坚持宪法至上原则、法律面前人人平等原则、刑事法律原则和社会主义法制原则等。① 具体而论，刑事政策中的刑事措施（如刑法、刑事诉讼法和监狱法等）领域，其法治原则的主要内容可以同罪刑法定原则相当，因而在此意义上也可以说，罪刑法定原则是现代刑事政策的基本原则；而刑事政策中关涉的非刑事措施（如治安管理处罚法、行政处罚法、劳动教养规定以及其他行政法律法规等）领域，其法治原则的内容则并非罪刑法定原则可以完全囊括在内，尚包括有依法立法、依法行政、依法办事等法治内容在内。

2. 罪刑法定原则的基本要求

罪刑法定原则是近代资产阶级反对封建社会的罪刑擅断的斗争中提出来的一项重要的刑法基本原则，是刑事法治化进程中的一项重要成果。其基本含义是："法无明文规定不为罪，法无明文规定不处罚。"我国刑法第三条的规定是："法律明文规定为犯罪行为的，依照法律定罪处刑；法律没有明文规定为犯罪行为的，不得定罪处刑。"我国刑法的这一规定，具有极其重大的历史的进步意义，可以说是我国刑法步入文明现代化刑法的根本标志。②

有学者指出，罪刑法定原则的理论基础有一个发展变化的过程。③ 作为罪刑法定原则原始（早期）理论基础的三大理论是：其一，自然法理论，主张以制定法来限制刑罚对个人权利的干预；其二，洛克和孟德斯鸠的"权力制衡理论、三权分立学说"，即立法、司法、行政三权的分立，只有实现了三权分立，才有可能真正实现罪刑法定，才可能为实行罪刑法定原则提供政治制度的保障；其三，费尔巴哈的心理强制说理论，即趋利避害的原理。而作为罪刑法定原则现代理论基础的三大理论是：民主论、人权论、秩序论。民主论要求：刑法必须体现人民群众的意志，由人民选

---

① 严励：《中国刑事政策的建构理性》，中国政法大学出版社 2010 年版，第 242 页。
② 从理论逻辑上分析，学者认为仍然可以从罪刑法定原则的不同规定方式上发现一些细微的差异：近代资产阶级刑法所主张的罪刑法定原则，是从"否定意义上"来规定该原则的，即规定"法无明文规定不为罪，法无明文规定不处罚"。而我国刑法第三条的规定是从"肯定意义上"来规定该原则的，即首先强调的是"法律明文规定为犯罪行为的，依照法律定罪处刑"，因此，依照该规定，有罪而不予追诉的话，就属于违法；在此基础上，刑法才补充说明"法律没有明文规定为犯罪行为的，不得定罪处刑"。这两种规定方式，仍然能够反映出各自细微的差异。
③ 参见张明楷《刑法学》（第二版），法律出版社 2003 年版，第 51—53 页。

举的立法机关来制定刑法,然后由司法机关来适用。人权论要求:刑法必须以保护人权和扩大公民自由为目标。实行罪刑法定原则后,公民才可能在事先预知自己行为的法律后果,自由才不受到非法的限制。程序论要求:国家要维护和实现特定的社会秩序,必须让全体公民都知晓,使全体公民遵守并维护。

应当说,罪刑法定原则的本质是限制司法权的,其中包括对侦查权、公诉权和审判权等的限制,防止随意出入人罪,以有效保护、并且是最大限度地保护公民的人身自由权利。因此,罪刑法定原则的内在要求必然是刑法谦抑主义,以及有利于被告的精神。

大体上说,罪刑法定原则内部有五大派生原则:成文法原则、禁止事后法原则、禁止类推解释原则、法定刑的明确性原则、刑罚法规正当原则。就刑事政策而言,这样几项"派生原则",对于刑事立法政策与刑事司法政策均具有全面指导作用,意义十分重大。其中面前三项派生原则(成文法原则、禁止事后法原则和禁止类推解释原则),主要针对刑事司法政策而言的,强调了实质正义与形式正义的有机统一,尤其需要在刑事司法中严格遵守。

一是成文法原则,又叫法律主义原则、排斥习惯法原则。这一派生原则的基本含义,是要求作为处罚根据的刑法必须是成文法,从而当然排斥习惯法的适用。根据成文法主义,如果不存在处罚行为的刑罚法规,就不能处罚该行为。因此,我们在寻找办案依据时,基本上都是在找"文字依据",即法律法规、司法解释的明文规定。

二是禁止事后法原则,又称禁止重法溯及既往原则。这一派生原则的含义是,刑法只能适用于其施行之后的犯罪,而不能追溯适用于其施行之前的犯罪,这样才能适应国民预测可能性的要求。一般认为,刑法的溯及适用会破坏法的安定性,不当地侵害个人的自由,因为任何行为时合法的行为都有可能被将来的刑法规定为犯罪的危险。不过,出于有利于被告人的原则考虑,多数刑法在规定刑法溯及力问题时,都规定了"从旧兼从轻原则"。

三是禁止类推解释原则。其基本含义是,根据严格罪刑法定主义要求,对犯罪规范尤其是总体上不利于被告的规范不允许类推适用,且无论是根据法律的一般原则进行的类推,还是根据最相类似条文进行的类推,都在禁止之列。这是因为,类推适用在本质上是为填补法律漏洞而形成的一种"补充性立法",从而违背了只有立法机关才能制定刑法的要求。但是,这一原则近年来有所发展变化,就是允许进行有利于被告的类推即无罪或罪轻的类推,因为,这种类推有利于被告,有利于保障个人自由,从而符合罪刑法定原则的精神实质。同时,由于"扩张解释"容易与"类推解释"相混淆,因此,在部分国家里,连"扩张解释"也在禁止之列。但实际上,我们的执法人员是每时每刻都在解释法律,这是客观存在的事实,而且,合理地、科学地解释法律也是我们执法人员的神圣职责;但问题是:什么叫作"合理地、科学地解释法律"?这值得我们高度重视、谨慎把握。

而最后两项派生原则(法定刑的明确性原则和刑罚法规正当原则),则主要是针对刑事立法政策而言的,更多强调了实质正义的侧面。

(二) 刑法谦抑原则

刑事政策上所谓刑法谦抑原则,就是指立法者和司法者应当尽量以最小的支出、少用甚至不用刑罚(而用其他处罚措施或者教育措施代替),来获得最大的社会效益并有效地预防和抗制犯罪。因此,刑法谦抑原则,又叫刑法经济原则、刑法节俭原则。

为什么要求实行刑法的谦抑性?因为:(1)犯罪基本上是人类社会必然伴随的现象,社会应当在一定程度上对犯罪予以宽容,并寻求综合的救治办法。意大利学者菲利说:"犯罪是由人类学因素、自然因素和社会因素相互作用而成的一种社会现象。"菲利提出了著名的犯罪饱和论:"犯罪饱和论,即每一个社会都有其应有的犯罪,这些犯罪的产生是由于自然及社会条件引起的,其质和量是与每一个社会集体的发展相应的。"[1] (2)刑罚本身兼具有积极与消极的两重性。甚至有学者认为,刑罚本身也是一种恶害,是以暴制暴。德国学者耶林指出:"刑罚如两刃之剑,用之不得其当,则国家与个人两受其害。"(3)刑罚不是万能的,人类有历史实践、特别是酷刑实践已经证明:不可能通过刑罚来消灭犯罪。因此,"那种迷信刑罚的威慑力,尤其是迷信重刑对未然之犯罪的遏制效果以及对已然之犯罪人的矫正功能的观点,是不足取的"。[2]

---

[1] [意] 菲利:《实证派犯罪学》,中国政法大学出版社1987年版,第43页。
[2] 陈兴良:《刑法哲学》,中国政法大学出版社1992年版,第6页。

刑法谦抑原则的基本要求是：对于某种危害社会的行为，国家只有在运用民事的、经济的、行政的法律手段和措施，仍然不足以抗制时，才能在不得已的情况下运用刑法方法，即将其规定为犯罪，并处以刑罚。一般认为，在下列三种情况下，就不应当动用刑法：一是无效果；二是可替代；三是太昂贵。因此，刑事政策上应当自觉地贯彻刑法谦抑原则。尤其是我们司法工作者，应当准确、全面地理解刑法的有关规定和立法精神，严格贯彻罪刑法定原则，谨慎发动刑事追诉程序，特别是启动刑事侦查权和提起公诉活动。

（三）人道主义矫正原则

刑事政策上所谓人道主义矫正原则，是指在我国现行法律框架内防控犯罪时，坚持人道主义、矫正正义、权利保障的价值立场，以实现对违法犯罪人实行人道主义矫正为宗旨的原则。我们这里强调的人道主义矫正原则，主要涉及三个基本问题：一是人道主义；二是刑法价值取向（或者价值定位）；三是刑法公正观问题。这三个问题中，刑法公正观问题已在前面做了较为深入的论述，这里阐述人道主义和刑法价值取向问题。

1. 人道主义

人道主义的基本点是对人的态度上的一种伦理原则和道德规范。中国的儒家的中心价值观是仁被认为是人道主义，是一种朴素的观念。而仁的其中一个重要意义是爱。按照孟子的说法，仁爱的其中一个基础是人皆有之的不忍人之心或恻隐之心：所以谓人皆有不忍人之心者，有人看见孺子快掉进井里，都会产生怵惕恻隐之心，而恻隐之心，是仁的发源。仁爱的基础是推己及人，首先有怵惕，是因为见到危险，自己害怕，其次才有恻隐，因为发现不是自己有危险，而是其他人，故由己及人，产生不忍之心。在中国这个差序格局的社会，仁是有等差的，是推己及人的。在这种富于伸缩性的网络里，随时随地是有一个"己"作为中心的[①]。因此，中国古代的仁不能算是近现代意义上的人道主义。

一般认为，人道主义源于犹太教——基督教传统。在圣经里，上帝让亚当和夏娃修理和看守伊甸园时，告诫他们除了善恶果以外可任意取食树上的果子，因此人是万物的尺度这句话在西方文化里是有着根深蒂固的基

[①] 费孝通：《乡土中国　生育制度》，北京大学出版社2002年版，第28页。

础的。西方哲学素来有崇尚理性的传统，人道主义就是人类主义、理性主义。人道主义发展于文艺复兴时期，"人道主义是一种以人为中心和目的，关于人性、人的价值和尊严、人的现实生活和幸福、人的解放的学说"。① 人道主义是视人本身为最高价值从而主张把任何人都首先当作人来爱、来善待的思想体系。② 由此可见，人道主义是一种博爱主义。

因此，从人道主义出发，刑事政策必须以人为本，理解人、关心人、帮助人，满足和解决人的需要，尊重人性尊严，促进人的发展，注重人权保障，实现刑事政策的人文关怀。③ 相应地，刑事政策上应尽量避免人（主要针对犯罪人）受到非人的或降低人尊严的待遇。

2. 刑法价值取向（价值定位）

人类理性业已发现：刑法在是否将某种行为规定为犯罪、是否规定刑罚和规定什么样的刑罚，在打击犯罪与维护秩序、保障人权之间，总是充满了矛盾和冲突，实在是难以两全而只有进行中庸兼顾、中道权衡。④ 系统科学认为，"只有较好、没有最好"。这在实质上就涉及刑法价值取向问题。庞德曾言："在法律史的各个经典时期，无论在古代和近代世界，对价值准则的论证、批判或合乎逻辑的适用，都曾是法学家们的主要活动"，因此，"价值问题虽然是一个困难的问题，却是法律科学所不能回避的"。⑤ 因此，刑事政策及其紧密相关的刑法研究本身必然涉及价值判断，具有深刻检讨的必要。

关于刑法的价值问题，我国刑法学者一般从两种意义上进行探讨和阐释：一种是应然的刑法价值，如将刑法哲学追求的价值目标归结为公正、谦抑和人道三种；⑥ 另一种是实然的刑法价值，如根据刑法具有保护机能和保障机能的应然价值内容，分析并阐明我国 1979 年刑法的价值定位是社会保护优先，而 1997 年刑法的功能选择是突出权利保障等实然刑法的

---

① 陈兴良：《刑法的价值构造》，中国人民大学出版社 1998 年版，第 431 页。
② 王海明：《公平 平等 人道——社会治理的道德原则体系》，北京大学出版社 2000 年版，第 130 页。
③ 卢建平主编：《刑事政策学》，中国人民大学出版社 2007 年版，第 190 页。
④ 魏东：《现代刑法的犯罪化根据》，中国民主法制出版社 2004 年版，第 1 页。
⑤ 庞德：《通过法律的社会控制》，商务印书馆 1984 年版，第 55 页。
⑥ 见陈兴良《刑法哲学》，中国政法大学出版社 1997 年版，第 4 页。另外，我国学者也有以公正与功利相结合为法律的价值取向的观点。再如，西方学者认为，秩序、公平和自由是西方社会法律制度中的最基本法律价值，严格讲也是从应然角度而言的。

价值取向。① 然而，在我们看来，现代刑法的价值定位应该是符合理性要求的最佳的价值整合状态，即便是存在严重的价值冲突——这种冲突的根源当然是社会冲突，也应该如此。因为，就刑法价值而言，其评判的视角可以是多棱的，对公正、自由和秩序等刑法所求的价值目标的肯定，以及对保护机能和保障机能等刑法价值的机能性认识，都蕴含着真知灼见；但这些价值目标内容和机能性冲突需要理性化的重新整合，以使其呈现出一种最佳的价值整合状态——我们称之为价值定位。而这种价值定位之所以必须是理性的，是因为它既要全面（但并不彻底）实现各种价值目标内容，又要综合协调各种价值目标相互之间的矛盾关系，从而实现整体价值目标的最大化。这种理性的法律价值定位就应该是法律价值中立。②

所谓法律价值中立，是与价值非中立或者价值倾斜性相对立的价值定位，即指法律不倾向于任何个人、集团、党派、阶级的价值好恶，而是忠实地表达社会所有主体的共同价值需求，是对矛盾着的主体需求以共存为原则所作的共同化的抽象。③ 现代法律的价值定位之所以必须是中立的，这是由现代法律的本质特征所决定的。现代法律作为社会主体共同需求的规范化，是现代社会中一种最普通、最基本、最高的社会规则；现代法律作为政治社会与市民社会为了平衡矛盾、减少摩擦而订立的"契约"，作为用以协调社会关系、平衡社会利益、社会价值和社会行为冲突的社会规则，应该是立法者以正义为界而对主体需求及其行为所定的宽容规则，是社会据以限制国家权力和国家据以管理社会的基本规则，也是以主体自觉自愿的法律意识确保、并以国家强制力为后盾通过义务的履行以实现权利的社会规范，总之，现代法律是反映社会正义的价值中立的社会规则。④

法律价值中立集中体现为法益价值中立（即法益整体价值的平衡）。因此，在深入论述法律价值中立的时候，有必要引入"法益"概念。所谓法益，是指法律所确认和保护的价值与利益。在现代法治理念上，法益

---

① 陈兴良、周光权：《困惑中的超越与超越中的困惑——从价值观角度和立法技术层面的思考》，载陈兴良主编《刑事法评论》（1998年第二卷），中国政法大学出版社1998年版，第1—103页。
② 我国已有学者提出，现代法律价值的理想定位，应该是在工具价值和目的价值合一基础上的法律价值中立。参见谢晖《法律信仰的理念与基础》，山东人民出版社1997年版，第229—230页。
③ 谢晖：《价值重建与规范选择》，山东人民出版社1998年版，第34—39页。
④ 同上。

价值中立是法通过合乎公平正义的、毫无偏私的、中道的权衡，从而使法所保护的价值或利益在整体上成为全社会所有主体的共同价值需求，因此，法益价值中立必须得到经常一贯的强调。例如，公法益与私法益之间，或者国家法益、社会法益与个人法益之间，总的来说是一种对立统一的关系，它们相互之间有矛盾，但也有统一和协调，因而就存在一个法益的最佳整合状态问题，亦即我们所强调的法益价值中立。假如法益价值中立被破坏，那就可能出现片面强调一种法益而忽视另一种法益的情况，其效果必定是不理想的，甚至造成严重后果。例如，如果片面强调国家法益而削弱社会法益与个人法益，其结果正如片面强调秩序而忽视自由与公正一样，必然是灾难性的；反之亦然。20世纪90年代以来的一段时间，我国法学界正在热烈进行公法优位还是私法优位的讨论。① 这种讨论是有深远意义的，尤其对于启发人们的思维，正确认识法律价值中立和法益价值中立，实现法律价值观的更新与转变，将产生深刻的影响。从讨论的观点看，有主张私法优位论的，也有坚持公法优位论的，各执一词。② 有学者认为，19世纪末20世纪初，工业革命又推出了一种新的有别于公法和私法的法律类别——社会法。如果说公法主要是有关国家（权力）的法律，私法主要是有关个人（权利）的法律的话，那么社会法则是有关社会的法律（平衡权力与权利）。如果说现代法律均应是中立的话，那么社会法则是在法律体系内部的中立，即针对公法和私法各自调节公权和私权的特征，在两者之间设立中立的制约规则，这种规则就是社会法，因此，社会法在现代法律体系中的平衡地位又可概括为中立地位。这是一种动态的中立，即当权力扩张时，以社会法制约公法及公权力；当权利泛滥时，以社会法限制私法及私权利。可见，在法制现代化过程中，不但需要明确的公法、私法、社会法的分工，而且需要恰当地解决三者间的关系，这种关系的基本点是：私法基础及自治、公法优位及干预、社会法综合及平衡。③ 但在我们看来，公法优位论与私法优位论都是与法律价值中立的命题相悖的。公法固然主要是调整非平权的"管理与被管理"或"监控与被监控"为特征的社会关系的法律，私法是用来调整平权的以相互协作为特征的社

---

① 谢晖：《价值重建与规范选择》，山东人民出版社1998年版，第274页。
② 同上书，第274—288页。
③ 参见谢晖《价值重建与规范选择》，山东人民出版社1998年版，第274—288页。

会关系的法律，但是，公法和私法所保护的法律价值仍然应该是立体的、全方位的，其价值取向仍然是价值中立，不应该是私法优位，也不应该是公法优位。从法律价值取向的合目的性角度来看，在公法、私法、社会法的划分中，或许居于"中立地位"的社会法优位更有说服力。在2004年和2005年的国家社科科研项目和司法部科研项目中，都将社会法或者公法的理论研究作为重要选题，由此可见社会法的重要地位。可以说，法律价值中立与法益价值中立，犹如以法律理性为中心所形成的坐标，实定法律都可以在坐标中找到自己的位置，只是不同的法律距离法律理性的中心的远近不同而已。

一般而言，政治国家都格外强调政治国家的利益，体现在价值取向上就是重心倾斜——以保护国家利益为重点。但是，即使是蒙昧落后的奴隶制国家或者专制残暴的封建制国家，法及其所保护的法益都顽强地表现出一种趋向中立的特性，突出地反映在法必须保护一定的社会整体利益和社会成员利益，而不是一边倒地、排他地保护政治国家利益。理由很简单，正如恩格斯所言："政治统治到处都是以执行某种社会职能为基础，而且政治统治只有在它执行了它的这种社会职能时才能持续下去。"[1] 恩格斯在这里强调的是，政治职能必然要体现出社会职能的某些特征。反映在法上，无论是愚昧的立法或者科学的立法，也无论是政治立法或者市民立法，法及其所保护的法益都必然反映价值中立的内在规定性；区别只在于：有的是正面的、较为充分的反映，因而具有科学性和生命力；而有的则是反面的、曲折的反映，因而具有反动性，缺乏生命力。当然，这种评价必须以历史唯物主义的态度来进行，特别是要考虑到人类对自然和社会的认识规律是一个循序渐进的过程。人类对法律的认识与实践，不仅是一个漫长的过程，更是一个由蒙昧的自然王国走向理性的自由王国的过程。但是，在现代权利法治观的时代，任何单方面强调国家利益、社会利益而忽视个人利益的观点立场都是没有正当存在根据的，都必定为世人所唾弃；反之，任何单方面强调个人利益而不顾国家利益和社会利益的无政府主义观点立场，由于其无助于个人利益的根本保障和彻底实现，其无法体现起码的社会正义，因而也是有害的，也必定为世人所否定。

---

[1] 《马克思恩格斯选集》第3卷，人民出版社1972年版，第219页。

因此，现代刑法作为现代法律体系中的基本法律，其价值定位必然遵循并充分反映和体现现代法律价值定位的一般规律，这就是刑法价值中立。我们认为，现代刑法价值中立，其题中之意应当包括以下三方面的基本内容：一是公正和功利的有机和谐，而不是只强调其一而不顾其他；二是保护机能与保障机能的合理兼顾，而不是顾此失彼或者重此轻彼；三是工具主义和目的主义的理性统一，而不是只注重世俗实用的工具主义。

刑法应该"中立地"对公正和功利给予关注和平衡，并且力求使两者处于一种理性和谐的整合状态。古希腊亚里士多德讲："要使得事物合于正义，须有毫无偏私的权衡；法律恰恰是这样一个中道的权衡。"① 我国刑法学者储槐植教授指出：公正和功利是人类的社会活动一直追求的两种价值，二者的结合是终极目标；要功利又要公正，这是国家被迫的选择。② 这里的"功利"，在我们看来主要有两项基本内容：一项是从个人角度看，功利意味着自由；另一项是就国家角度而言，功利意味着秩序。因此，公正和功利的平衡，主要指公正、自由和秩序的理性和谐。

现代刑法如何进行这种"中道的权衡"？我们认为，首先，刑法公正要无害于刑法功利（自由和秩序）。刑法若是公正的，则它必然是在不损害社会整体利益的前提下充分有效地赋予和保护了公民自由。美国学者甚至认为，在一个正义的社会里，基本的自由被看成是理所当然的。③ 因此，从实证主义角度讲，刑法的公正价值要求国家及其代表者在刑事立法和司法的整个过程中始终给予公民自由以极大关怀，赋予并尊重公民的自由权利，不得非法限制和剥夺、侵蚀公民自由。另外，如果公民无限制地扩大甚至滥用自己的自由权利而损害他人或者整个社会的利益，那么就会造成"过限的"自由损害公正价值的"不和谐"状态，因而公正对公民自由有制约的必要，但这种制约又必须以正义的法律所规定的范围为限。可见，刑法公正对公民自由是既给予充分保护又予以正当合法的制约，体现刑法价值中立。同时，刑法公正对于社会秩序而言，既有制约也有依赖。托夫勒认为，世界上既存的秩序有两种，即"社会必要秩序"和

---

① ［古希腊］亚里士多德：《政治学》，吴寿彭译，商务印书馆1965年版，第169页。
② 储槐植：《刑事一体化与关系刑法论》，北京大学出版社1997年版，第258页。
③ ［美］约翰·罗尔斯：《正义论》，何怀宏等译，中国社会科学出版社1988年版，第25页。

"剩余秩序",其中后者是专为当权者谋利益的滥用秩序,它无益于社会。① 因而,刑法所保护之秩序,应该是"社会必要秩序",并摒弃"剩余秩序",以秩序的最小化去换取公民自由权利的最大化,② 唯其如此,才符合现代刑法公正的要求。与此相适应,保护"社会必要秩序"的刑法,通过规范公民行为,惩治违法犯罪,才能保障公正的实现。

而就功利本身而言,自由与秩序两者之间也是一种辩证统一的关系,也需要刑法予以不偏不倚的"中道的权衡"。"自由就是没有拘束,有多种抉择,不受固定的行为进程的限制",③ 但"这自由的第一步实际是要求法治"④ 或者"一定程度的普遍限制",这种限制就是法律。⑤ 这里的"普遍限制"和"法治",正是在"秩序"意义上而言的。这些基本思想,反映在刑法价值上可以归结为两层意思:⑥ 一则秩序是自由的保障,刑法通过对侵害公民自由行为的禁止,维持一定秩序,确保公民自由的实现;二则自由以秩序为限,因为"政治上自由的个人仍必须服从规定其自由的法律上的约束"。⑦ 亦即刑法既是对公民自由的保护,同时也为公民自由范围划定一条最后界限。

同时,刑法功利也要求力求无损于公正。这种公正突出地体现在如下的命题之中:刑法必须"中立地"兼顾好保护机能和保障机能,促使两种机能协调和谐。刑法两种机能的冲突,在本质上与刑法公正和功利价值的冲突是具有同一性的,因此总的来说,刑法对这种冲突的解决,必须进行"中道的权衡",而不应该是厚此薄彼的选择。但有学者指出,国家意志在本性上是功利性的,因而不可能在国家活动中形成功利与公正不偏不倚的对等局面;因此,功利优先,兼顾公正,这是刑法的功利与公正相结

---

① [美]阿尔温·托夫勒:《权力的转移》,刘江等译,中共中央党校出版社1991年版,第486—489页。
② 谢望原:《刑罚价值关系论》,载《法学家》1998年第3期。
③ [美]里奇拉克:《发现自由意志与个人责任》,许泽民等译,贵州人民出版社1994年版,第8页。
④ [苏]G.G.阿列克谢耶夫:《法的一般理论》,黄良平译,法律出版社1988年版,第9页。
⑤ [英]霍布豪斯:《自由主义》,朱曾汶译,商务印务书馆1996年版,第9页。
⑥ 谢望原:《刑罚价值关系论》,载《法学家》1998年第3期。
⑦ [美]里奇拉克:《发现自由意志与个人责任》,许泽民等译,贵州人民出版社1994年版,第8页。

合的可能实现的唯一最佳方案。① 还有学者认为,"刑法两大机能时常发生冲突……在权利保障机能和社会保护机能不能同时得到实现的情形下,恰当地安排它们的次序与确定它们的重要性便是十分必要和无可避免的"。② 论者甚至以我国现行刑事立法为实例,认为我国 1979 年刑法的价值定位是社会保护优先,而 1997 年刑法的功能选择是突出权利保障,在修订后的刑法中,权利保障的刑法价值被突出到一个极其显要的位置上。③ 但是,这些看法似有不妥。何谓刑法两种机能"不能同时"得到实现? 何谓"恰当的"次序与重要性? 这些疑问,无法在论者的叙述中找到令人满意的答案。我们认为,现代刑法价值中立的根本要求,反映在刑法机能性认识上,就是必须理性地兼顾刑法两种机能,实现刑法两种机能协调和谐的最佳整合状态。这种最佳整合状态既是可能的,也是必要的。

所谓刑法机能,是指刑法在社会中可能并且应该发挥的作用或者效果。关于刑法机能的学理分类,一般存在彼此相通的两种分类法:一是将刑法机能分为三种,即行为规制机能、秩序维持机能(法益保护机能)、自由保障机能。一般认为,行为规制机能是刑法的形式机能,而秩序维持机能和自由保障机能则是刑法的价值机能。二是将刑法机能分为两类,即刑法的保护机能与保障机能。④

刑法的行为规制机能,是指刑法具有对人们的行为进行规范、制约的机能。这种机能的基本原理是:刑法通过否定评价(即评价机能)和命令人们做出不实施犯罪行为的意思决定(即意思决定机能),来规范、制约人的行为。

---

① 储槐植:《刑事一体化与关系刑法论》,第 258 页。
② 陈兴良、周光权:《困惑中的超越与超越中的困惑》,载《刑事法评论》(第 2 卷),第 1—103 页。
③ 同上。
④ 参见张明楷《刑法学》(上),法律出版社 1997 年版,第 21 页。同时,我认为,张明楷教授所谓"法益保护机能",宜于表述为"秩序维持机能",以与刑法的自由保障机能相区别。因此,在后文中,笔者所谓"秩序维持机能",其基本含义与张明楷教授所称"法益保护机能"的含义相同。对此,在理论上也有如下的概括:刑法的机能有限制机能和社会秩序维持机能,而后者又分为法益保护机能与人权保障机能。其中,法益保护机能又可再分为一般预防机能和特别预防机能,而人权保障机能又称为大宪章的机能。参见马克昌、杨春洗、吕继贵主编《刑法学全书》,上海科学技术文献出版社 1993 年版,第 605 页。

另外需要说明的是,在理论上也存在将刑法机能直接区分为保护机能与保障机能的二分法,这种分类法尽管忽略了刑法规制机能,但是其合理性仍然可以从价值评价意义上得到论证。因此,本书在后文关于刑法机能价值评价问题的论述中,同时也采用了这种两分法。

刑法的秩序维持机能，是指刑法具有维持社会公共秩序的机能。这种机能的原理包括两个方面：一是对法益的保护，刑法依靠剥夺生命、自由和财产权利等强制手段来发挥法益保护机能。二是对犯罪的抑制和预防。

刑法的自由保障机能，是指刑法具有限制国家刑罚权的发动、从而保障国民个人自由的机能。这种机能的原理是：刑法通过明确规定何种行为是犯罪、对犯罪科处何种刑罚，从而有力地限制了国家刑罚权的肆意发动。在此意义上，刑法是"善良公民的大宪章"，是"犯罪人的大宪章"，也是"受刑人的大宪章"。我国曾有学者抱怨说：资产阶级国家一直都坚持这样的立场，即"法治的本质特征在于限制官方权力"；但是，我们的社会主义国家却似乎更多地强调了"专政、严打、规范老百姓"，政府和司法机关在相当程度上是为所欲为，随意不执行法律甚至超越法律、违法执法。这个问题确实值得我们思考。

从基本法理上讲，刑法机能有两个显著特性：一是刑法机能是矛盾的对立统一体；二是刑法机能是相对的有限机能。一般认为，刑法机能存在内在的矛盾性和对立统一性。如前所讲，秩序维持机能和自由保障机能则是刑法的价值机能。那么，问题就出在刑法的这两个价值机能上：它们虽然是密切联系、互为表里的，但是它们又难免相互矛盾、相生相克。尽管在不同时代、不同社会状况之下，刑法机能可以有所偏重；[①] 然而，如何实现秩序维持机能与自由保障机能的协调和谐，却永远是刑法理论和刑法实践的核心问题。学者普遍认为：应当以最小限度的社会秩序来保障最大限度的公民自由；应当消除任何形式的"过剩秩序"，实现"小政府、大社会"。关于刑法机能的相对性和有限性问题，一般认为，刑法能够现实发挥的机能，都是相对的、有限的，而不可能是绝对的、无限的。因为：第一，刑法虽然是遏制犯罪的最强有力的手段，但是并不是唯一手段，更不一定是决定性手段。因为，为了消灭犯罪，就必须消除犯罪原因，而消除犯罪原因是社会政策的任务，正如德国刑法学家李斯特所言，"最好的社会政策就是最好的刑事政策"。第二，由于刑罚具有"恶"、"痛苦"的属性，所以必须实行"刑法谦抑主义"，即应该、也只能在必要并且人道

[①] 如我国在社会动荡转型时期，实行"严打"政策，其本意就在于侧重或者强调秩序维持机能，这是可以理解的。但是，我国现实中的"严打"斗争确实也存在一些不足：一是过于注重形式，往往是打了许多"小鱼"、小案犯，而漏掉了一些"大鱼"、大案犯；二是在部分情况下确实存在"在实体上破坏刑法、在程序上破坏刑事诉讼法"之弊端。

的限度内适用刑罚,刑法只能以严重的危害行为作为自己的制裁对象,只能是在其他手段不足以抑制犯罪行为的情况下(即非常不得已的情况下),作为"最后手段"才能动用刑罚手段。第三,有些犯罪,特别是一些激情犯罪、政治性或者信仰性犯罪、许多愉悦性犯罪(如部分电脑犯罪)、部分无被害人犯罪等,对于刑法机能的正常发挥通常具有明显的抵消作用。例如,有学者提出了"无被害人犯罪"概念(Crimes Without Victims; Victimless Crimes),即认为对于成年人之间基于个人合意而实施的同性恋、堕胎、卖淫、吸毒、赌博等行为,就没有必要进行刑事处罚(当然,这些行为多数在我国不构成犯罪)。但是对此问题也有重大分歧,例如有学者主张,由于这些行为大多数是针对社会法益的犯罪,极大地侵害了社会风化、社会心理健康,因而仍然应当将其犯罪化,而不能简单地认为其不可罚。

可见,刑法保护机能与保障机能是一种相互制约、相互协调和对立统一的关系。我们认为,从刑法价值中立的立场出发,刑法两种机能同等重要,而且都必须同时得到实现。我们不能只重保护机能,忽视保障机能。要不然,法西斯主义、专制主义就仍然有理论支撑,最终结果恐怕是"国将不国","人将不仁",整个社会自身难保。我们也不能只重保障机能而削弱保护机能,否则,整个社会将陷入灾难性的混乱之中,秩序无有,公理不存,人权和自由又从何谈起?所以,刑法两种机能有如鸟之两翼、车之两轮,缺一不可,同等重要。就我国1979年刑法与1997年刑法而言,我们不能简单地认为,前者的价值定位是社会优先,后者的价值定位是突出权利保障;而应该看到,两部刑法在实现刑法价值中立的"程度上"有比较明显的差异。1979年刑法不但保障机能受到压抑(如规定了类推制度、刑法过度模糊等内容),而且保护机能的弘扬也不充分(如其后颁行20余个单行刑法所规定的犯罪以及其他尚未犯罪化的大量严重危害行为等,在1979年刑法中都没有规定,而且也无法运用"类推制度"予以解决);当然,相比较而言,1979年刑法对保障功能的压抑更为突出。1997年刑法则明显前进了一大步,保护机能和保障机能都同时得到了强调,并且都在较大程度上得到体现,但仍然远不是完美无缺的。例如,刑法有些条文的规定(尤其是寻衅滋事罪和非法经营罪等罪名的规定)还不够明确,还存在相当的模糊性,另外在刑法分则罪名设置上未能实现一罪名一法条,等等,使刑法的明确性受到责难,而这是与体现保障机能的罪刑法定原则旨趣不相容的；再如刑法对"特殊防卫权"的限定不严、对部分罪刑关系规定不科学等，都潜存一种对良好社会秩序的不利影响。当然，刑法两种机能的充分实现和协调和谐，只是一种价值定位的理想状态，在现实生活中难免存在差距；但我们仍然不能因此否认，现代刑法"应该"中立地兼顾好两种机能。

还需要说明的是，我们所提出的刑法价值定位中立命题，与现代法治国家刑法在基本立场上坚持权利本位刑法观的立场是一致的，二者并不矛盾。刑法观问题是制约刑事立法与刑事司法的一个根本问题。从表面上看，刑法价值中立与权利本位刑法观似乎矛盾，因为，权利本位刑法观立足于刑法的人权保障机能，因而极端强调保障公民自由，但是权利本位刑法观并没有直接强调秩序、公正等保护机能。其实，这只是表面现象。道理很简单：第一，权利本位只是表明保障权利成为刑法的立足点、出发点、核心点，但是，权利只能是以秩序为限的自由，而不存在绝对自由，因为"政治上自由的个人仍必须服从规定其自由的法律上的约束"，辩证法的基本原理能够证明成为权利保障的"保障"的秩序价值须臾不可缺失，只有均衡兼顾了自由和秩序的权利本位刑法才是符合基本正义要求的刑法。而这些内容正是刑法价值中立命题的题中应有之义。第二，权利本位刑法观是针对国权主义刑法观忽视权利保障、片面强调秩序价值的极端立场，所做出的均衡兼顾权利保障和秩序保护，符合社会正义的价值选择，而这种价值选择，正是我们所说的刑法价值中立。

可以说，我们在许多案件中的定性处理分歧，在本质上就是由于刑法价值取向上的根本差异所致。

(四) 科学主义综合治理原则

科学主义综合治理原则，是指刑事政策活动必须立足于犯罪学等经验科学的实证研究成果，坚持对犯罪进行科学的、立体的综合治理的原则。因此，科学主义综合治理原则具体包括相互关联的两方面内容：一是刑事政策的科学主义原则，二是刑事政策的综合治理原则。

科学主义原则强调，刑事政策的制定和实施等活动，均须建立在经验科学的实证研究成果基础上，根据对犯罪现象、犯罪原因、犯罪趋势的规律性认识，探求有效而合理地对犯罪的反应方式，以达到预防犯罪和矫正犯罪人的目的。① 因此，有效的刑事政策，必须以各科学有关犯罪之研究为基础，例如在阐明犯罪原因上，必须依赖生物学、遗传学、心理学、精神医学、教育学、社会学等诸科学的研究；再如在刑罚制度效果之评估上需运用统计学之知识，在犯罪人分类处遇上需运用心理学、精神医学之测验或诊断鉴别等技术，等等。② 如果说启蒙时期的刑事政策方法是以人道主义、合理主义为特征的，则与此相对，19世纪后半期以来的刑事政策思潮是以科学主义为特征，科学地犯罪预防对策的研究逐渐占据了刑事政策学的中心地位，且现在的刑事政策研究也仍处在其延长线上。③ 可见，刑事政策科学主义立场，是刑事政策理论和实践发展的基本趋向，也是现代刑事政策的突出共识和显著特点。

综合治理原则，是指基于对违法犯罪的发生具有政治的、经济的、社会的、文化的等多方面原因综合影响所致这样一种认识，动员全社会各种力量齐抓共管，综合运用政治的、经济的、社会的、文化的等多种手段，以实现治理社会治安、减少违法犯罪和保障社会稳定发展的目标。社会治安综合治理，主要是我国自改革开放以来，在中国共产党的领导下进行社会主义建设过程中逐渐摸索和总结出的解决我国社会治安问题的根本出路，已经成为我国新时期社会治安工作的总方针，它具有广泛的社会性、措施手段上的综合性和鲜明的政治性；社会治安综合治理的主要实践经验，是将落实责任制作为综合治理的"龙头"，将群众参与作为综合治理的力量源泉，提高打击严重刑事犯罪的效率，将基层基础工作作为落实综合治理各项措施的关键，将基层安全创建活动作为落实综合治理各项措施的有效载体，将加强教育作为综合治理的战略性措施，将社区作为新时期社会治安综合治理工作重要的落脚点；社会治安综合治理实践面临的问题，主要是在综合治理的方式上计划经济色彩仍然较重，在综合治理的推动上过于依赖以权威政治作为保证，在综合治理任务的落实上仍然是以身份制作为运转前提。④ 因此，社会治安综合治理尚需展开深入理论研究和实践探索，进一步总结、发展和完善。

---

① 参见卢建平主编《刑事政策学》，中国人民大学出版社2007年版，第195—197页。
② 参见许福生《刑事政策学》，中国民主法制出版社2006年版，第21页。
③ 参见［日］大谷实《刑事政策学》，黎宏译，法律出版社2000年版，第10—11页。
④ 参见卢建平主编《刑事政策学》，中国人民大学出版社2007年版，第373—385页。

二 刑事立法政策原则

刑事政策基本原则必须在刑事立法活动中得到贯彻，具体可以表现为刑事立法政策原则。当下我国，刑事立法活动十分活跃，[①] 刑事立法政策在刑事立法实践中客观上发挥着深刻而巨大的影响。而形成突出反差的现象是，我国学界对刑事立法政策的理论研究还不十分到位，相关的学术研究成果不多且学术见解肤浅、陈旧。这种现象值得深刻反思和检讨。

刑事立法政策的伟大实践深切呼唤着理论研究的深刻性、创新性，因而考察刑事立法政策的学术立场具有重大意义。我国已经颁布了1979年刑法和现行刑法（1997年刑法）两部刑法典，在1979年刑法之后颁布了单行刑法20余部，在现行刑法之后颁行了刑法修正案8个以及若干单行刑法，应当说这些单行刑法和刑法修正案的制定与颁行都是在一定的刑事立法政策指导之下的刑事立法政策实践活动，其功过得失与褒贬评说，无不在深刻地拷问着刑事立法政策理论研究的问题意识与创新意识，值得刑事立法政策理论研究予以特别关注和有效回应。近期，学界对我国已出台刑法修正案的总体评价是正面肯定的，同时也提出了一些反思，甚至比较严厉的学术批评，这些学术批评关涉刑法修正案的形式合理性、刑法观、犯罪政策、刑罚政策、学术立场等诸问题。[②] 而以刑事立法政策立场观察，近期学界针对8个刑法修正案提出的学术批评大体上关涉刑事立法政策中以下诸方面的"政策问题"：一是刑事立法政策的内涵界定；二是刑事立法政策的价值定位；三是刑事立法政策的功能整合；四是刑事立法政策与刑法立法的关系界定；五是刑事立法政策与刑法司法的关系界定，等等。应当说，针对上列刑事立法政策问题，学界的理论研讨本身还存在一些较为突出的就事论事、循环论证、自说自话、缺乏共同学术话语平台的问题，"问题意识"不强、问题把握不准、问题解决的"创新意识"不够是其突出特点。有鉴于此，学界不少人呼吁增强创新意识，强化刑事立法政策研究的知识论创新与方法论创新。刑事立法政策研究的知识论创新，

---

① "刑事立法"本义包括刑事实体法和刑事程序法两个部分，本书这里重点论述刑事实体法，仅在特别提及时论及刑事程序法。特此说明。

② 参见魏东《中国刑法修正案的形式与内容》，载《第10届中韩刑法国际学术大会——中韩学术交流的回顾与展望》（中文版），韩国比较刑事法学会2012年8月印制，第61—68页。

就是要将刑事立法政策问题归入"政策问题"展开政策知识性的创新，而不能将刑事立法政策研究简单地等同于刑事立法研究。刑事立法政策研究的方法论创新，就是要在刑事立法政策研究的宏观、中观、微观等不同层面上进行政策研究方法的创新，[1] 避免那种停留于针对现实刑事政策措施的浅层次图解式的研究方法。

（一）刑事立法政策的内涵界定

关于刑事立法政策的内涵界定，首先涉及的问题就是刑事政策的类型学区分。借鉴公共政策学分类理论，刑事政策的类型学区分大致有以下两种视角：一是刑事政策的位阶层面分类，可以将刑事政策分为基本刑事政策与具体刑事政策两类；二是刑事政策的表现领域分类，可以将刑事政策分为刑事立法政策、刑事司法政策和刑事执行政策三类。[2] 以此而论，可以发现刑事立法政策是在刑事政策的具体表现领域层面上所作的类型学区分。

我们认为，所谓刑事立法政策，是指在刑事立法领域中所奉行的基本刑事政策和具体刑事政策的总和。[3] 因此，刑事立法政策只是我国基本刑事政策和具体刑事政策的一种特殊表现领域的体现，而并不是一种独立的"刑事政策"。[4] 而过去学者对刑事立法政策另有阐释，如认为"刑事立法政策，指在刑法上如何制定犯罪、刑罚以及刑罚的适用起指导作用的政策。它是制定、修改、补充和完善我国刑法的重要依据"，[5] "刑事立法政策，是指在进行刑事立法时所奉行的政策"，[6] "刑事立法政策，即进行刑事立法时所奉行的政策，它不仅指刑法立法政策，也包含刑事诉讼立法政策等"。[7] 这些特别的表达方式尽管本身并没有明显错误，但却仍然给人一种似是而非的感觉，似乎在基本刑事政策与具体刑事政策之外还存在一种"另类刑事政策"，而没有明确揭示出刑事立法政策本身就是国家总体

---

[1] 详见魏东《再论刑事政策的研究方法》，载《山东警察学院学报》2011年第1期。
[2] 魏东主编：《刑事政策学》，四川大学出版社2011年版，第37页。
[3] 同上书，第40页。
[4] 刑事政策在位阶层面上可以区分为基本刑事政策与具体刑事政策。
[5] 马克昌主编：《中国刑事政策学》，武汉大学出版社1992年版，第74页。
[6] 刘仁文：《刑事政策初步》，中国人民公安大学出版社2004年版，第49页。
[7] 谢望原、卢建平等著：《中国刑事政策研究》，中国人民大学出版社2006年版，第238页。

刑事政策在刑事立法领域中的贯彻、体现与表达等实质内容。

由于刑事立法政策实质上就是我国基本刑事政策和具体刑事政策在刑事立法领域的一种特殊体现，因而，刑事立法政策的类型学划分价值在于：我们的每一项刑事立法内容都必须接受国家基本刑事政策所确定的刑事政策总体价值目标与宏观实体策略的指导与拷问，并且体现国家最高权力机关所确认的部分具体刑事政策内容。例如，我国现阶段的刑事立法，首先必须充分体现我国现阶段所奉行的"社会主义和谐社会目标及社会主义法治理念指引下的社会治安综合治理政策与宽严相济刑事政策"这样两项基本刑事政策所确定的刑事政策总体价值目标与宏观实体策略，同时，还应当充分体现我党中央及国家最高权力机关自己确立的有关反腐倡廉政策、坚持少杀慎杀限制死刑适用政策等具体刑事政策内容。为此，我国现行刑法规定了罪刑法定原则、罪刑相适应原则、刑法适用平等原则以及相应的刑法制度，我国现行刑事诉讼法规定了侦查权、检察权、审判权由专门机关行使原则，人民法院、人民检察院依法独立行使职权原则，依靠群众原则，以事实为依据、以法律为准绳原则，对一切公民在适用法律上一律平等原则，公检法分工负责、互相配合、互相制约原则，人民检察院依法对刑事诉讼实行法律监督原则，使用本民族语言文字进行诉讼原则，审判公开原则，犯罪嫌疑人、被告人有权获得辩护原则，未经人民法院依法判决不得确定有罪原则，保障诉讼参与人的诉讼权利原则，具有法定情形不予追究刑事责任原则，追究外国人刑事责任适用我国刑事诉讼诉法原则等原则内容以及相关诉讼制度，[1] 以充分体现我国基本刑事政策精神和我党中央、全国人大确立的具体刑事政策要求。

刑事立法政策的构成要素包括刑事立法政策客体、刑事立法政策主体、刑事立法政策行为、刑事立法政策环境四项，需要分别加以阐述。

刑事立法政策客体是刑事政策客体的有机组成部分。一般认为，刑事政策客体是指刑事政策所需要防控的违法犯罪现象问题及其关联发生作用的被害人问题、防控主体与防控措施问题，即具体包括违法犯罪现象问题（犯罪活动与犯罪人）、被害人问题、防控主体与防控措施问题。[2] 以此而

---

[1] 陈光中、徐静村主编：《刑事诉讼法学》（第四版），中国政法大学出版社2010年版，第71页。

[2] 魏东主编：《刑事政策学》，四川大学出版社2011年版，第68页。

论，刑事立法政策客体，是指在刑事立法领域中需要考量的刑事政策客体，具体包括刑事政策所需要防控的违法犯罪现象问题及其关联发生作用的被害人问题、防控主体与防控措施问题，即具体包括违法犯罪现象问题（犯罪活动与犯罪人）、被害人问题、防控主体与防控措施问题。例如"醉驾"问题，由于其成为一个公共政策问题（刑事政策问题）而引起了刑事政策关注，社会公众较多地呼吁将醉驾入刑，从而渐次地成为一个刑事立法政策问题，立法者最终决定将"醉驾"入刑，那么，"醉驾"及其关联的公共安全、罪状与法定刑等具体规范内容等即相应地成为了刑事立法政策客体。

刑事立法政策主体也是刑事政策主体的有机组成部分。刑事政策学认为，刑事政策主体是刑事政策行为的参加者和参与者，具体包括直接或间接地参与刑事政策制定、执行、评估监控的政治组织、利益团体与个人；相应地，刑事政策主体包括刑事政策的决策（制定）主体、执行主体与评估主体。[1] 从类型学立场具体分析，刑事立法政策主体仅仅是刑事政策的决策（制定）主体中的一部分。刑事政策的决策主体在理论上具体可以分为以下三类：一是国家基本刑事政策之决策主体，只能是国家最高权力机关，在我国只能是全国人民代表大会及其常务委员会；二是关涉刑事类措施的全部刑事政策（包括基本刑事政策与具体刑事政策）之决策主体，也只能是国家最高权力机关，在我国只能是全国人民代表大会及其常务委员会；三是关涉非刑事类措施的具体刑事政策之决策主体，可以是国家最高行政机关、最高司法机关、最高检察机关，当然还包括国家最高权力机关。[2] 因为刑事立法政策主体强调针对刑事类措施立法主体的权限，其主体范围显然仅限于前面两类。因此，刑事立法政策主体，是指关涉刑事类措施立法的刑事政策的决策者与制定者，其只能是国家最高权力机关，在我国只能是全国人民代表大会及其常务委员会。

刑事立法政策行为必然是刑事政策行为的有机组成部分。刑事政策行为是指刑事政策的决策（与制定）、执行、评估与终结。[3] 以此而论，刑事立法政策行为，是指刑事立法政策的决策与制定，即刑事立法政策的决

---

[1] 魏东主编：《刑事政策学》，四川大学出版社2011年版，第69—70页。
[2] 同上书，第71—72页。
[3] 同上书，第76页。

策主体根据特定条件和环境，而在多个可能的行动方案中依法选取一个符合自己价值目标理念的行动方案的决策形成过程。

刑事立法政策环境同时还是刑事政策环境之下的一个重要范畴，是指作用和影响刑事立法政策的外部条件的总和，具体包括自然与经济资源环境、政治制度资源环境、社会文化资源环境和国际综合资源环境四个基本方面。以政治制度资源环境为例，我国建设社会主义人民民主国家、和谐社会和社会主义市场经济秩序等政治立场，决定了我国刑事立法政策上充分体现了立法为民、民生立法、人权立法等刑事立法政策特点。再以国际综合资源环境为例，随着现代国际社会人权政治和废除死刑等国际综合资源环境的逐步生成，直接影响甚至决定了我国刑事立法政策上较好地坚持了充分保障人权、严格限制并逐步废除死刑的基本立场。

（二）刑事立法政策的价值定位

防控犯罪是刑事政策最明显的个性价值追求。但是，刑事政策的防控犯罪价值追求必须限定在谋求"公正合理的人类福祉"的界限范围内，因为，刑事政策是社会公共政策的有机组成部分。作为整体的社会公共政策，其共性目标价值可以定位于相对公正的人类福祉，即相对公正理性、人权保障和社会有序发展，其具体内容可以细化为自由、秩序、公正、效率。从正当性、合理性和合法性根据而言，刑事政策的个性价值必须完全契合社会公共政策的共性价值，即刑事政策的个性价值必须受到社会公共政策的共性价值的限制和约束，在根本上不能突破社会公共政策的共性价值界限。

刑事政策学认为，关于自由、秩序、公正、效率这四项价值范畴的内涵界定与关系权衡，是刑事政策价值权衡的基本方面。而且，由于价值多样性与价值多元性所带来的理论复杂性，导致在理论逻辑上难以实现价值权衡的周延性与文字表述的准确性，因而，通常可以将刑事政策四项基本价值拆分为自由与秩序的价值权衡、效率与公正的价值权衡两组，并在此基础上论证应然的价值权衡与价值目标选择。[1] 价值理念与价值取向问题，在根本上就是指针对具有矛盾和冲突的多种价值目标，如何处理它们之间的关系和如何实现它们之间的整合与有机统一问题。在我国现阶段建

---

[1] 参见魏东主编《刑事政策学》，四川大学出版社2011年版，第51页。

设社会主义和谐社会目标及社会主义法治理念指引下施行社会管理综合治理政策与宽严相济刑事政策的基本刑事政策之下，我国现阶段刑事立法政策价值权衡的基本立场可以概括为两个理念：

1. "三大一小理念"

我国现代刑事政策的基本价值取向（即价值理念）总体上可以概括为"三大一小"理念，即：最大限度地保障人权、最大限度地促进社会发展、最大限度地体现相对公正、最小限度地维持秩序（必要秩序）。这是我国现代刑事政策的基本品格和基本理念。

2. "两个至上理念"

我国当下刑事政策同时也充分体现了现代刑事政策的人权保障至上（自由至上）和公正至上的两个至上理念。即：在人权保障与犯罪防控二者之间的价值权衡，特别强调了"人权保障至上"，反对"犯罪防控至上"，坚持"人权保障优先并兼顾犯罪防控"的价值立场；在公正与效率二者之间的价值权衡，突出强调"公正至上"，反对"效率至上"，坚持"公正优先并兼顾效率"的价值立场。

刑事立法政策的"三大一小理念""两个至上理念"，应当说是一个整体协调一致的价值权衡立场。它要求现代刑事立法政策在系统安排价值排序时，尤其是在人权与秩序的价值排序之中，必须优先将人权（自由）放置于全部价值的首位和核心，秩序等价值只能服务和服从于人权，凡是贬低人权或者与人权价值相冲突的价值考量都是有违现代刑事政策价值权衡理念的。可以说，现代刑事政策特别强调"人权保障至上"，反对"犯罪防控至上"，坚持"人权保障优先并兼顾犯罪防控"的价值立场，正是现代刑事政策的根本特点。同时，在公正与效率的价值排序之中，现代刑事政策价值权衡的基本立场只能"公正至上、兼顾效率"，而不能反其道而行，这与经济领域价值权衡中"效率优先、兼顾公正"的基本立场是存在较大区别的。因而同样可以说，现代刑事政策突出强调"公正至上"，反对"效率至上"，坚持"公正优先并兼顾效率"的价值权衡的基本立场，也是现代刑事政策的重要特点。

（三）刑事立法政策的功能整合

刑事立法政策的功能属于刑事政策功能的有机组成部分。刑事政策学认为,刑事政策的功能主要有整合功能、导向功能与调节功能三项。① 所谓整合功能,是指刑事政策具有对刑事类措施与非刑事类措施予以系统整合的作用。刑事政策作为社会公共政策的一个有机组成部分,其基本功能就是可以通过整合刑事类措施与非刑事类措施来维护秩序,同时协调秩序与自由(以及效率和公正)的关系。就我国现阶段状况而言,其中最典型的范例就是我国现阶段所奉行的社会治安综合治理刑事政策(方针)与宽严相济刑事政策,深刻体现了刑事政策的整合功能。所谓导向功能,是指刑事政策对刑事立法与修正起指导方向的作用。具体内容包括其对刑事实体法的导向功能,主要体现在打击范围的划定、打击重点的确定、打击程度的设定、打击方式的选定等方面,以及其对刑事程序法和刑事执行法的导向功能,虽然没有对实体法那样明显,但是在诸如确定"宁错勿纵"与"宁纵勿错"两种不同指导思想等方面也具有重要作用。所谓调节功能,则是指刑事政策具有对刑事立法与刑事司法、刑事法律与社会状况之间进行调配和节制的作用。具体表现为内部调节与外部调节两个方面。其内部调节是指刑事政策成为刑事立法与刑事司法之间的中介与调节器,运行模式是"立法←→刑事政策←→司法",即立法通过刑事政策调节司法,其突出表现在刑罚方面;司法也通过刑事政策调节立法,其突出表现在立法修改方面。其外部调节的运行模式是"社会状况(犯罪态势)←→刑事政策←→刑事法律"。② 可见,调节功能与整合功能的区别在于:前者是微观调节刑事法律之内外关系,即刑事立法与刑事司法之间、刑事法律与社会状况之间的关系,因而总是以刑事法律为核心;而后者是宏观整合全体公共政策中有关犯罪防控的刑事类措施与非刑事类措施之间的关系,但并不以刑事法律为核心。

那么,就刑事立法政策而言,刑事立法政策在国家整体刑事政策的整合功能、导向功能与调节功能三者之间同样必须进行某种功能整合。首先,刑事立法政策必须切实有效地担当起国家整体刑事政策的导向功能。其次,刑事立法政策必须有效切合国家整体刑事政策的整合功能和调节功能的需要。最后,刑事立法政策必须有效地对其导向功能、整合功能和调节功能三者进行功能整合,而不能顾此失彼。

---

① 参见魏东主编《刑事政策学》,四川大学出版社2011年版,第42—43页。
② 杨春洗主编:《刑事政策论》,北京大学出版社1994年版,第24—30页。

（四）刑事立法政策与刑法立法的关系界定

刑事政策与刑事法律二者之间的关系一般可以从三个层面上进行概括：一是在价值取向上，刑事政策与刑事法律是指导与被指导的关系；二是在对策系统上，刑事政策与刑事法律是整合与被整合的关系；三是在具体措施上，刑事政策与刑事法律是校正与被校正的关系。[①] 以此原理观察，我们认为，刑事立法政策与刑法立法的关系可以概括为：刑事立法政策对于刑法立法、刑法修正具有直接指导的关系。这种直接指导关系，在我国刑法修正案的立法、修法实践过程之中得到了较为充分的体现。

有学者指出，回顾从 1979 年到《刑法修正案（七）》的刑法改革之路，我们会发现，在犯罪圈的划定与刑罚量的调整方面，我国的刑事立法一直在延续着传统的权力刑法思维，即着眼于权力统治与强化社会管理，以"秩序"为价值中心，试图将犯罪预防与治理的所有细节纳入权力的控制范围之内；直到《刑法修正案（八）》这种状况才有所改善，虽然其仍带有权力刑法思维的印记，但是其削减死刑罪名、加强对特殊群体的权利保护以及引入社区矫正等内容，才"体现出了权利刑法思维及对之的侧重"。[②] 另有学者认为，综观八部刑法修正案，新增罪名三十余个，它们无不以扩大国家刑罚权力、缩小或限制公民之自由为内容，这体现了我国刑事立法仍然在工具主义的轨道上前行，国权刑法的观念仍然深深根植在立法者的脑海中，民权刑法的观念离我们仍很遥远。[③] 这些评价的共同点是，认为中国刑法修正案在修法观念上存在一定程度上的错位，即体现国权本位刑法观色彩过浓而体现民权本位刑法观色彩不足。在刑法观问题上，笔者认为，现代刑法在基本立场上应该都是坚持民权本位刑法观的，中国刑法当然不能例外。[④] 在刑法史上，刑法观大致有国权本位刑法观与

[①] 魏东：《刑事政策与刑事法律关系的三个层面》，载《四川警官高等专科学校学报》2005 年第 1 期。

[②] 参见周振杰《〈刑法修正案（八）〉：权利刑法思维之体现与侧重》，载《山东警察学院学报》2011 年第 3 期。

[③] 参见刘艳红《我国应该停止犯罪化的刑事立法》，载《法学》2011 年第 11 期。

[④] 参见魏东《保守的实质刑法观与现代刑事政策立场》，中国民主法制出版社 2011 年版，第 15 页。

民权本位刑法观、权力本位刑法观与权利本位刑法观的区分。[①] 国权本位刑法观又叫权力本位刑法观、国权主义刑法观、权威主义刑法观，主张刑法是体现国家权力并且以实现国家刑罚权为核心的法律，其目的任务就是保护国家整体利益，其显著特点是以国家利益为出发点而极端限制公民自由、刑罚严酷，尤其强调死刑适用；其立足于刑法的社会保护机能，因而极端强调国家利益，它所针对的对象就是公民个人，它所限制的主要内容就是公民的自由，公民只是刑法的客体与对象。而民权本位刑法观又叫权利本位刑法观、民权主义刑法观、自由主义刑法观，主张刑法是以保护国民的权利和自由为核心的法律，因而应当严格限制国家刑罚权并使之成为个人自由的有力保障，其目的是最大限度地保障公民自由，因而极端强调严格限制国家公权行为；其立足于刑法的人权保障机能，因而极端强调公民自由价值，它所针对的对象是国家，它所限制的主要内容是国家刑罚权。这样两种刑法观的简要对比，无疑可以清晰地展示出其各自立足点、出发点和归宿点等基本立场上的巨大差异，孰是孰非不言自明。那么，历史发展到今天，我们中国应当旗帜鲜明地、义无反顾地擎起民权主义刑法观的大旗，同时应当彻底批判国权主义刑法观的陈旧观念。而作为反映有关刑法的价值、机能、目的、任务与基本原则等根本观点和基本态度的刑法观问题，其本身是一个十分深刻而抽象的"立场观念"问题，其基本内容必然体现在具体的犯罪政策与刑罚政策及其相应的刑法规范之中，因而其基本内容的考察与讨论应当结合刑法及刑法修正案的罪刑规范来展开。大体而言，在刑法修正案中，我们应当大力张扬民权主义刑法观，恰当处理好人权保障和犯罪防控的关系权衡，继续深化限制并逐步废除死刑、深化限缩犯罪圈和刑罚量，适时适度地开启非犯罪化、轻刑化的大门，促进中国刑法沿着现代、科学、人文的道路前进。

有学者指出，中国历次刑法修正都贯穿着决策机关过于依赖刑罚，不注重通过加强权利保护，减少矛盾根源，对犯罪进行合理治理的一贯思维方式，其具体体现在通过增加新的罪名或者修改罪状，致力于扩大犯罪圈，而对于造成上述违法行为的深层次尤其是体制性原因视而不见，这种

[①] 陈兴良教授认为："民权刑法这个概念，是李海东先生首先在我国提出的。李海东根据国家与公民在刑法中的地位把历史上的刑法划分为两种类型：国权主义刑法与民权主义刑法。"陈兴良：《刑法学者的使命——许道敏〈民权刑法论〉序》，载许道敏《民权刑法论》，中国法制出版社2003年版，第1页。

状况直到《刑法修正案（八）》才有所转变。① 而另有学者提出了更为尖锐的批评，认为对于包括《刑法修正案（八）》在内的所有刑法修正案而言，犯罪化成为"现行刑法颁布以来刑事立法的绝对主导方向"，"综观八部刑法修正案，新增罪名三十余个，它们无不以扩大国家刑罚权力、缩小或限制公民之自由为内容"，中国迄今为止"以平均每一年半一部刑法修正案的速度、以共八部刑法修正案的数量不断地实现着我国刑法犯罪化的进程"。② 这些批评表明，中国刑法修正案在犯罪化与非犯罪化的发展方向的具体权衡上存在较大争议。在犯罪政策问题上，笔者认为，中国刑法修正案的犯罪化步伐应当逐步减缓甚至暂停，在保持中国刑法典稳定性的前提下，更多地并且坚定不移地开启非犯罪化之门，将那些并非必要的、可以通过非刑法措施防控的"犯罪行为"逐步予以非犯罪化，如危险驾驶罪、持有伪造的发票罪等抽象危险犯、持有犯以及部分"无被害人犯罪"与行政犯等，并在将这些已有"犯罪"逐步予以非犯罪化处理的同时，通过探索社会管理创新和加强行政执法的努力来逐步防控这些非犯罪化的违法行为的发生和泛滥。刑法修正案在逐步开启非犯罪化的前提下，对于某些极个别严重危害民生和人权的行为，才可以个别地进行犯罪化修订，如同性强奸与强奸男性的行为，由于其发生频率逐步增多且社会危险性极大，宜于通过刑法修正案形式将其做出犯罪规定。但是，这种犯罪化修订不能成为刑法修正案的主导方向，而只能是个别的并且是极其不得已的、十分慎重的"例外"。

有学者对《刑法修正案（八）》在轻刑化方面的努力给予了十分肯定的评价，认为《刑法修正案（八）》进一步完善了从宽处理的法律规定，更好地体现了中国特色社会主义刑法的文明和人道主义以及对宽严相济刑事政策的进一步贯彻落实，既有从严的一面，又有从宽的一面，尤其是"《刑法修正案（八）》削减了13种犯罪的死刑，并对相关的刑罚制度作了配套性的改革，这是中国共产党执政以来我国立法机关首次从立法上较大幅度地削减死刑，意义重大"；③ "废除这13项罪名的死刑，释放出了

---

① 参见周振杰《〈刑法修正案（八）〉：权利刑法思维之体现与侧重》，载《山东警察学院学报》2011年第3期。
② 刘艳红：《我国应该停止犯罪化的刑事立法》，载《法学》2011年第11期。
③ 高铭暄：《中国共产党与中国刑法立法的发展——纪念中国共产党成立90周年》，载《法学家》2011年第5期。

两个积极的信号：第一，废除死刑不再是理论中的设想，已经变成了立法中的现实，我们已经走上了废除死刑之路，虽然以后的路程仍然会非常漫长，但是毕竟有了一个良好的开端；第二，我国的刑法修正有望摆脱过度依赖刑罚，一味提高刑罚量的模式，而进入根据社会形势与预防犯罪的需要，进行相应的轻重调节的时代"。① 但是，也有不少学者批评《刑法修正案（八）》仍然延续了重刑化特色，"以往刑法修改的严刑轨迹，除死刑的扩大适用得到遏制与进一步矫正外，几乎均在修正案（八）中得到了延伸"，"以加重诸如寻衅滋事之类所谓涉黑犯罪的法定刑、提高数罪并罚情况下的合并执行刑期等为内容的修正或增补条款，延伸着加重刑罚分量的'严厉'的轨迹；以限制缓刑对象、提高死刑缓期2年执行的减刑上限并授权法官对被减为无期徒刑或者20年有期徒刑后可以决定不得再减刑等为内容的修正条款，延伸着限制有利于犯罪人的制度的适用的'严格'的轨迹"。② 因此，在一定意义上可以说，中国刑法修正案在重刑化与轻刑化两级措施选择上仍然存在着失衡的重刑化倾向。显然，这些批评均涉及刑事立法政策对于刑事立法的指导关系问题。就法定刑及刑罚制度整体设置而言，刑事立法存在重刑化与轻刑化两种修正发展方向，此两种发展方向亦需要立足于一定的刑法观立场予以适当权衡。在刑罚政策问题上，笔者认为，刑法修正案应当坚持现代刑事政策科学理性和宽严相济刑事政策基本精神，要继续探索严格限制死刑并最终废除死刑，适当纠正重刑主义传统文化文思方式，在法定刑配置、刑罚制度设置上适当扭转"趋重"的修正方向，探索改良监狱管理教育措施、保安处分措施、社区矫正措施等。同时，针对基本刑罚制度的修正，应当更加慎重和严格，原则上应当反对由全国人民代表大会常务委员会来决定，而改由全国人民代表大会依照更加严格的修法程序予以修订颁行。

  刑事立法是一个立法行为，而不是仅仅停留于一个刑事立法政策的决策与制定。如果说刑事立法政策仅仅是立法政策及其合法化，那么，刑事立法就是刑事立法政策合法化的最终成果，或者说就是刑事立法政策的法律化。因为，刑事立法政策本身并不一定表现为刑事立法，它仅仅要求刑

---

① 周振杰：《〈刑法修正案（八）〉：权利刑法思维之体现与侧重》，载《山东警察学院学报》2011年第3期。
② 邢馨宇、邱兴隆：《刑法的修改：轨迹、应然与实然——兼及对刑法修正案（八）的评价》，载《法学研究》2011年第2期。

事立法政策"合法化",即它仅要求刑事立法政策方案"获得合法地位,具有执行效力"。① 因此,刑事立法的本质是政策法律化,即指将刑事立法政策转化为具体的法律规范。

(五) 刑事立法政策与刑法司法的关系界定

刑事立法政策与刑法司法的关系问题,具体涉及刑事立法政策与刑法司法政策、刑事立法政策与刑法司法和刑法司法解释之间的关系考量。

1. 刑法立法政策对于刑法司法政策具有综合指导关系。

所谓刑事司法政策,是指在刑事司法领域中所严格执行的基本刑事政策和具体刑事政策的总和。刑事司法政策与刑事立法政策之间的关系界定中有一些特殊性值得斟酌。第一,两者之间具有一定的一致性。这就是同属于国家基本刑事政策和具体刑事政策之下,同属于国家总体刑事政策的有机组成部分。第二,两者表现领域存在差异。刑事立法政策是表现于刑事立法领域的国家刑事政策,而刑事司法政策则是表现于刑事司法领域的国家刑事政策。第三,刑事立法政策的具体内容在基本层面上具有指导刑事司法政策的意义。因为,刑事司法政策必须充分体现国家基本刑事政策所确定的刑事政策总体价值目标与宏观实体策略的指导,必须充分体现国家立法机关所确定的具体的刑事立法政策的指导,同时还必须充分体现国家最高司法机关依法所确定的其他具体刑事政策的指导。例如,我国现阶段的刑事司法,首先必须充分体现我国现阶段所奉行的"社会主义和谐社会目标及社会主义法治理念指引下的社会治安综合治理政策与宽严相济刑事政策"这样两项基本刑事政策所确定的刑事政策总体价值目标与宏观实体策略,其次,还应当充分体现宽严相济刑事立法政策、未成年人刑事立法政策、死刑立法政策等具体的刑事立法政策的内容,在这些具体的刑事立法政策指导下形成了诸如宽严相济刑事司法政策、未成年人司法政策、限制死刑适用司法政策等。

2. 刑事立法政策对于刑事司法和刑法解释的具体活动具有间接校正关系。

刑事立法政策尽管主要是对应和关照刑事立法领域的刑事政策,但是

---

① 陈振明主编:《政策科学——公共政策分析导论》,中国人民大学出版社2003年版,第231页。

由于其本身属于国家最高权力机关决策和制定的基本刑事政策与具体刑事政策，因而，其对于刑事司法和刑法解释的具体活动必然具有间接校正的关系，这种间接指导关系通常是通过其对刑事司法政策的指导关系而间接实现。换言之，刑事司法和刑法解释在基本立场上不得背离刑事立法政策。

三 刑事司法政策原则

刑事政策基本原则必须在刑事司法活动中得到贯彻，具体可以表现为刑事司法政策原则。刑事司法政策是刑事政策系统的一个有机组成部分，具体是指在刑事司法领域中所遵行的基本刑事政策和具体刑事政策的总和。这是从刑事政策的表现领域观察所得出的逻辑结论，亦即，刑事政策依其表现领域而可以区分为刑事立法政策、刑事司法政策、刑事执行政策三类。因此，依刑事政策理论逻辑而论，刑事司法政策不同于刑事立法政策与刑事执行政策，但是刑事司法政策必须充分体现国家基本刑事政策所确定的刑事政策总体价值目标与宏观实体策略、国家立法机关刑事立法所坚持的具体刑事政策以及国家最高司法机关依法所确定的其他具体刑事政策等的综合指导。[①] 例如，我国现阶段的刑事司法，首先必须充分体现我国现阶段所奉行的社会主义和谐社会目标及社会主义法治理念指引下的社会综合治理政策与宽严相济刑事政策这样两项基本刑事政策所确定的刑事政策总体价值目标与宏观实体策略，其次，还应当充分体现我党中央及国家最高权力机关、最高司法机关所确立的有关具体刑事政策内容，如宽严相济刑事司法政策、未成年人司法政策、限制死刑适用司法政策等。

刑事司法政策必然坚持刑事政策系统的基本原则体系，因而刑事司法政策的基本原则必然是对刑事政策基本原则体系的具体化体现。这是从刑事司法政策基本原则与刑事政策基本原则二者关系原理观察所得出的基本结论。刑事政策的基本原则，是指贯穿于整体刑事政策过程始终并对所有刑事政策活动参与者均具有指导和制约作用的一系列准则。基于对刑事政策基本原则共性认识的归纳总结，我们认为现代刑事政策的基本原则主要包括法治原则、刑法谦抑原则、人道主义矫正原则、科学主义综合治理原

---

① 魏东主编：《刑事政策学》，四川大学出版社2011年版，第41页。

则等四项。① 由此，我们认为：刑事司法政策的基本原则，是指贯穿于刑事司法政策中对所有刑事司法政策活动参与者均具有指导和制约作用的一系列准则，其具体内容是对现代刑事政策四项基本原则的具体化体现，包括法治原则、刑法谦抑原则、人道主义矫正原则、科学主义综合治理原则。

（一）刑事司法政策之法治原则

刑事司法政策之法治原则，是刑事政策之法治原则的具体化体现。而刑事政策之法治原则，是指所有刑事政策活动必须在法治国观念下依法进行的原则。法治原则成为现代宪政国家的基本政治原则，也是现代刑事政策的基本原则。法治原则作为刑事政策的基本原则，最集中、最核心的内涵表达就是罪刑法定原则，因而在相当意义上也可以说，罪刑法定原则是现代刑事政策的基本原则。当然，罪刑法定原则不但是现代刑事政策的基本原则，也是现代刑法的基本原则；而法治原则的全部内涵，还不应当仅仅停留在罪刑法定原则的层面，而是应当辐射于法治国建设的各个方面（如法治政府建设等）。

作为规范国家和政府行为的一项根本宪政原则，法治原则体现于对国家和政府行为的全过程、各方面的全面规制和约束过程中，并且表现为不同的内容。如在规制和约束政府行为的过程中，法治原则派生出依法行政原则。在刑事政策领域，法治原则要求国家和社会对犯罪做出的一切公共反应，无论是以国家公权力运作为内容的国家正式反应，还是市民社会组织对犯罪做出的有组织的反应，无论是以国家刑罚权的运作为核心的刑罚反应，还是以其他国家公权力的运作为内容的非刑罚的正式反应，都必须受到法律的严格约束。② 因此可以说，以广义刑事政策立场而论，刑事政策关涉刑事法律领域和非刑事法律领域等多层次政策内容，均应以法治原则为基本原则，但具体政策内容的不同亦将对法治原则的具体要求有不同的解读。一般而论，刑事政策上法治原则的基本要求，是必须坚持宪法至上原则、法律面前人人平等原则、刑事法律原则和社会主义法制原则

---

① 魏东主编：《刑事政策学》，四川大学出版社 2011 年版，第 54 页。
② 卢建平主编：《刑事政策学》，中国人民大学出版社 2007 年版，第 173 页。

等。① 具体而论，刑事政策中的刑事措施（如刑法、刑事诉讼法和监狱法等）领域，其法治原则的主要内容可以同罪刑法定原则相当，因而在此意义上也可以说，罪刑法定原则是现代刑事政策的基本原则；而刑事政策中关涉的非刑事措施（如治安管理处罚法、行政处罚法以及其他行政法律法规等）领域，其法治原则的内容则并非罪刑法定原则可以完全囊括在内的，尚包括依法立法、依法行政、依法办事等法治内容在内。

罪刑法定原则是近代资产阶级反对封建社会的罪刑擅断的斗争中提出来的一项重要的刑法基本原则，是刑事法治化进程中的一项重要成果。其基本含义是："法无明文规定不为罪，法无明文规定不处罚。"我国刑法第三条的规定是："法律明文规定为犯罪行为的，依照法律定罪处刑；法律没有明文规定为犯罪行为的，不得定罪处刑。"我国刑法的这一规定，具有极其重大的历史的进步意义，可以说是我国刑法步入文明现代化刑法的根本标志。② 有学者指出，罪刑法定原则的理论基础有一个发展变化的过程。③ 作为罪刑法定原则原始（早期）理论基础的三大理论是：其一，自然法理论，主张以制定法来限制刑罚对个人权利的干预；其二，洛克和孟德斯鸠的"权力制衡理论、三权分立学说"，即立法、司法、行政三权的分立，只有实现了三权分立，才有可能真正实现罪刑法定，才可能为实行罪刑法定原则提供政治制度的保障；其三，费尔巴哈的心理强制说理论，即趋利避害的原理。而作为罪刑法定原则现代理论基础的三大理论是民主论、人权论、秩序论。民主论要求：刑法必须体现人民群众的意志，由人民选举的立法机关来制定刑法，然后由司法机关来适用。人权论要求：刑法必须以保护人权和扩大公民自由为目标。实行罪刑法定原则后，公民才可能在事先预知自己行为的法律后果，自由才不受到非法的限制。程序论要求：国家要维护和实现特定的社会秩序，必须让全体公民都知晓，使全体公民遵守并维护。

---

① 严励：《中国刑事政策的建构理性》，中国政法大学出版社2010年版，第242页。

② 从理论逻辑上分析，学者认为仍然可以从罪刑法定原则的不同规定方式上发现一些细微的差异：近代资产阶级刑法所主张的罪刑法定原则，是从"否定意义上"来规定该原则的，即规定"法无明文规定不为罪，法无明文规定不处罚"。而我国刑法第三条的规定是从"肯定意义上"来规定该原则的，即首先强调的是"法律明文规定为犯罪行为的，依照法律定罪处刑"，因此，依照该规定，有罪而不予追诉的话，就属于违法；在此基础上，刑法才补充说明"法律没有明文规定为犯罪行为的，不得定罪处刑"。这两种规定方式，仍然能够反映出各自细微的差异。

③ 参见张明楷《刑法学》（第二版），法律出版社2003年版，第51—53页。

应当说，罪刑法定原则的本质是限制司法权的，其中包括对侦查权、公诉权和审判权等的限制，防止随意出入人罪，以有效保护、并且是最大限度地保护公民的人身自由权利。因此，罪刑法定原则的内在要求必然是严格限制刑事司法活动、刑法谦抑主义，以及有利于被告的精神。大体上说，罪刑法定原则内部有五大派生原则：成文法原则、禁止事后法原则、禁止类推解释原则、法定刑的明确性原则、刑罚法规正当原则。就刑事政策而言，这样几项"派生原则"，对于刑事立法政策与刑事司法政策均具有全面指导作用，意义十分重大。其中前面三项派生原则（成文法原则、禁止事后法原则和禁止类推解释原则），主要针对刑事司法政策而言的，强调了实质正义与形式正义的有机统一，尤其需要在刑事司法中严格遵守；而最后两项派生原则（法定刑的明确性原则和刑罚法规正当原则），则主要是针对刑事立法政策而言的，更多强调了实质正义的侧面。

就此而论，刑事司法政策之法治原则，其主要内容就是罪刑法定原则之下的成文法原则、禁止事后法原则和禁止类推解释原则。一是成文法原则，又叫法律主义原则、排斥习惯法原则。这一派生原则的基本含义，是要求作为处罚根据的刑法必须是成文法，从而当然排斥习惯法的适用。根据成文法主义，在刑事司法政策上如果不存在处罚行为的刑罚法规，就不能处罚该行为；如果不存在升格处罚情节的刑罚法规，就不能升格处罚该行为。因此，我们在寻找办案依据时，基本上都是在找"文字依据"，即法律法规、司法解释的明文规定。二是禁止事后法原则，又称禁止重法溯及既往原则。这一派生原则的含义是，刑法只能适用于其施行之后的犯罪，而不能追溯适用于其施行之前的犯罪，这样才能适应国民预测可能性的要求。根据禁止事后法原则，在刑事司法政策上必须严格禁止重法溯及适用于既往行为，因为刑法的溯及适用会破坏法的安定性，不当地侵害个人的自由，因为任何行为时合法的行为都有可能被将来的刑法规定为犯罪的危险。不过，出于有利于被告人的原则考虑，多数刑法立法在规定刑法溯及力问题时都规定了"从旧兼从轻原则"，亦即在刑事司法政策上均特别地准许"轻法"溯及既往行为。三是禁止类推解释原则。其基本含义是，根据严格罪刑法定主义要求，对犯罪规范尤其是总体上不利于被告的规范不允许类推适用，且无论是根据法律的一般原则进行的类推，还是根据最相类似条文进行的类推，都在禁止之列。这是因为，类推适用在本质上是为填补法律漏洞而形成的一种"补充性立法"，从而违背了只有立法机关才能制定刑法的要求。但是，这一原则近年来有所发展变化，就是在刑事司法政策上允许进行有利于被告的类推即无罪或罪轻的类推，因为，这种类推有利于被告，有利于保障个人自由，从而符合罪刑法定原则的精神实质。同时，由于"扩张解释"容易与"类推解释"相混淆，因此，在部分国家里，连"扩张解释"也在禁止之列。但实际上，我们的执法人员是每时每刻都在解释法律，这是客观存在的事实，而且，合理地、科学地解释法律也是我们执法人员的神圣职责；但问题是：什么叫作"合理地、科学地解释法律"？这值得我们在贯彻执行刑事司法政策之法治原则时必须高度重视、谨慎把握。

例如我国首例男男强奸案，人民法院最终没有判处该案被告人构成强奸罪，其原因即在于，按照我国刑法第236条规定，男性在我国是被明确地排除在强奸罪被害人的范围之外的，既否认女性强奸男性成立强奸罪，也不承认男性对男性的性侵犯成立强奸罪，因此，按照罪刑法定原则（及其派生原则成文法原则、禁止类推解释原则等），该案被告人依法即不能以强奸罪论罪的。[1] 再如，对于刑法第133条之一所规定的危险驾驶罪生效之前的醉酒驾车行为，按照罪刑法定原则（及其派生原则禁止事后法原则），该行为人即不能以危险驾驶罪追究其刑事责任。应当说，这些事例都是刑事司法政策之法治原则的基本要求和鲜明体现。

（二）刑事司法政策之刑法谦抑原则

刑事司法政策之刑法谦抑原则，是刑事政策之刑法谦抑原则的具体化体现。刑事政策上所谓刑法谦抑原则，又叫刑法经济原则、刑法节俭原则，就是指立法者和司法者应当尽量以最小的支出、少用甚至不用刑罚（而用其他处罚措施或者教育措施来代替），来获得最大的社会效益并有效地预防和抵制犯罪。

刑事司法政策上必须坚持刑法谦抑原则的理由在于：（1）犯罪基本上是人类社会必然伴随的现象，社会应当在一定程度上对犯罪予以宽容，并寻求综合的救治办法。意大利学者菲利说："犯罪是由人类学因素、自然因素和社会因素相互作用而成的一种社会现象。"菲利提出了著名的犯

---

[1] 魏东：《从首例"男男强奸案"司法裁判看刑法解释的保守性》，载《当代法学》2014年第2期。

罪饱和论:"犯罪饱和论,即每一个社会都有其应有的犯罪,这些犯罪的产生是由于自然及社会条件引起的,其质和量是与每一个社会集体的发展相应的。"①(2)刑罚本身兼具有积极与消极的两重性。甚至有学者认为,刑罚本身也是一种恶害,是以暴制暴。德国学者耶林指出:"刑罚如两刃之剑,用之不得其当,则国家与个人两受其害。"(3)刑罚不是万能的,人类有历史实践、特别是酷刑实践已经证明:不可能通过刑罚来消灭犯罪。因此,"那种迷信刑罚的威慑力,尤其是迷信重刑对未然之犯罪的遏制效果以及对已然之犯罪人的矫正功能的观点,是不足取的"。②

　　刑事司法政策上之刑法谦抑原则的基本要求是:在刑事司法政策上,对于某种具体的危害社会的行为,国家只有在运用民事的、经济的、行政的法律手段和措施,仍然不足以抗制时,才能在不得已的情况下运用刑法方法,即将其解释为犯罪并处以刑罚。一般认为,在下列三种情况下,就不应当动用刑法:一是无效果;二是可替代;三是太昂贵。因此,刑事司法政策上应当自觉地贯彻刑法谦抑原则。我们在刑事司法工作中,应当准确、全面地理解刑法的有关规定和立法精神,严格贯彻罪刑法定原则,谨慎发动刑事追诉程序,特别是启动刑事侦查权和提起公诉活动必须依法谨慎进行,在对具体案中被告人进行定罪量刑时必须坚持适当保守的刑法解释立场,反对过度解释刑法和重刑主义倾向。

　　例如对于一些拖欠民工工资的行为、逃税的行为等,如果能够采取行政的措施予以解决并且在客观上促成了民工工资足额发放、应纳税款全额补缴的,依法不在司法上作为犯罪处理,既符合刑法规定,也是贯彻刑事司法政策之刑法谦抑原则的具体体现。

(三) 刑事司法政策之人道主义矫正原则

　　刑事司法政策之人道主义矫正原则,是刑事政策之人道主义矫正原则的具体化体现。刑事政策上所谓人道主义矫正原则,是指在我国现行法律框架内防控犯罪时,坚持人道主义、矫正正义、权利保障的价值立场,以实现对违法犯罪人实行人道主义矫正为宗旨的原则。

　　人道主义的基本点是对人的态度上的一种伦理原则和道德规范。一般

---

① [意]菲利:《实证派犯罪学》,中国政法大学出版社1987年版,第43页。
② 陈兴良:《刑法哲学》,中国政法大学出版社1992年版,第6页。

认为，人道主义源于犹太教——基督教传统。在圣经里，上帝让亚当和夏娃修理和看守伊甸园时，告诫他们除了善恶果以外可任意取食树上的果子，因此"人是万物的尺度"这句话在西方文化里是有着根深蒂固的基础的。西方哲学素来有崇尚理性的传统，人道主义就是人类主义、理性主义。人道主义发展于文艺复兴时期，"人道主义是一种以人为中心和目的，关于人性、人的价值和尊严、人的现实生活和幸福、人的解放的学说"。[①] 人道主义是视人本身为最高价值从而主张把任何人都首先当作人来爱、来善待的思想体系。[②] 由此可见，人道主义是一种博爱主义。中国的儒家的中心价值观是仁被认为是人道主义，是一种朴素的观念。而仁的其中一个重要意义是爱。按照孟子的说法，仁爱的其中一个基础是人皆有之的不忍人之心或恻隐之心：所以谓人皆有不忍人之心者，有人看见孺子快掉进井里，都会产生怵惕恻隐之心，而恻隐之心，是仁的发源。仁爱的基础是推己及人，首先有怵惕，是因为见到危险，自己害怕，其次才有恻隐，因为发现不是自己有危险，而是其他人，故由己及人，产生不忍之心。在中国这个差序格局的社会，仁是有等差的，是推己及人的。在这种富于伸缩性的网络里，随时随地是有一个"己"作为中心的[③]。因此，中国古代的仁不能算是近现代意义上的人道主义。因此，从人道主义出发，刑事政策必须以人为本，理解人、关心人、帮助人，满足和解决人的需要，尊重人性尊严，促进人的发展，注重人权保障，实现刑事政策的人文关怀。[④] 相应地，刑事政策上应尽量避免人（主要针对犯罪人）受到非人的或降低人尊严的待遇，应恰当进行刑法人道主义的价值权衡，切实做到公正和功利的有机和谐、而不是只强调其一而不顾其他，保护机能与保障机能的合理兼顾、而不是顾此失彼或者重此轻彼，工具主义和目的主义的理性统一、而不是只注重世俗实用的工具主义。

在刑事司法政策上，刑法的解释适用应该"中立地"对公正和功利给予关注和平衡，并且力求使两者处于一种理性和谐的整合状态。古希腊亚里士多德讲："要使得事物合于正义，须有毫无偏私的权衡；法律恰恰

[①] 陈兴良：《刑法的价值构造》，中国人民大学出版社1998年版，第431页。
[②] 王海明：《公平平等人道——社会治理的道德原则体系》，北京大学出版社2000年版，第130页。
[③] 费孝通：《乡土中国 生育制度》，北京大学出版社2002年版，第28页。
[④] 卢建平主编：《刑事政策学》，中国人民大学出版社2007年版，第190页。

是这样一个中道的权衡。"① 我国刑法学者储槐植教授指出：公正和功利是人类的社会活动一直追求的两种价值，二者的结合是终极目标；要功利又要公正，这是国家被迫的选择。② 这里的"功利"，在我们看来主要有两项基本内容：一项是从个人角度看，功利意味着自由；另一项是就国家角度而言，功利意味着秩序。因此，公正和功利的平衡，主要指公正、自由和秩序的理性和谐。可以说，我们在许多案件中的定性处理分歧，在本质上就是由于刑法价值取向上的根本差异所致。

在刑事司法政策上，刑法公正观问题值得特别关注。我们注意到一种很特别的现象，那就是在刑事政策学界和法学界（其实还包括法理学以及其他学科学者）基本上毫无例外地主张：公正在刑事政策法律领域的基本体现就是坚持报应主义，或者强调报应主义就是公正（尤其是刑法公正），论及公正都离不开以报应主义作为观念基础。因此，前面所述的报应主义思想都可以在头衔上加上一个"公正"的限定语，通称为"公正报应主义"；其区别仅仅在于对公正的不同解读：绝对报应主义的公正，是同态复仇性质（强调等量性）的公正；相对报应主义的公正，是强调等值性的公正；绝对确定的均衡报应主义的公正，是强调罪与刑均衡性和确定性的公正；法律报应主义、规范报应主义、人道报应主义的公正，是分别强调所谓法律性、规范性、人道性的公正。但是，实际上根本没有一个普遍适用的真正公正的"公正"标准。

我们认为，在刑事司法政策理论上以报应主义（包括任何一种报应主义）论证公正（尤其是刑法公正），把"刑法公正必然内在要求报应主义"这个命题作为一个"不言自明"的公理，是存在很大疑问的。①报应主义在本质上就是一种"罪有应得"式的报复主义，它并不具有成为正义和人类公理的充分根据。例如，作为人类社会善良愿望体现的宗教，就有明确反对报应（报复）、主张宽容和挽救的思想观念。"在教会法中，正义意味着纠正和拯救，而不是复仇"；"报复的意图和仇恨的心态与基督教之爱控制下的正义是全不相容的"。③ ②报应主义作为一种观念性的存在，其本身的合理性值得论证。因为，任何观念都是主观性的东西，是

---

① ［古希腊］亚里士多德：《政治学》，吴寿彭译，商务印书馆1965年版，第169页。
② 储槐植：《刑事一体化与关系刑法论》，北京大学出版社1997年版，第258页。
③ 彭小瑜：《教会法研究——历史与理论》，商务印书馆2003年版，第104页。

特定历史条件下人类社会实践的反映,而这种反映本身是否正确、是否需要发展、是否需要改弦更张,都应当检讨。同理,报应主义观念也应当接受时代的检讨,它不可能当然地成为公正的内容。③人类实践逐渐修正报应主义,例如绝对报应主义、相对报应主义、绝对确定的均衡报应主义、法律报应主义、规范报应主义、人道报应主义等的相继出现和不断修正,应当看作报应主义本身存在的内在谬误所致,但是,报应主义的这种内在谬误是否能够在报应主义"体系内"得到真正有效的修正,值得怀疑。④报应主义并没有在刑事司法政策实践中得到有效贯彻,有罪不罚、重罪轻罚、无罪受罚成为人类刑事司法政策实践中的基本现象,尤其是有罪不罚、重罪轻罚的现象往往能够获得法律和社会的普遍认同。⑤报应主义无法解释刑事司法政策上的死刑存废之争、终身监禁存废之争、缓刑制度、假释制度等刑事司法政策现象。⑥报应主义在根本上与现代刑事司法政策价值理念相违背。现代刑事司法政策的本体价值范畴(刑事司法政策价值定位)包括自由(人权保障)、秩序(犯罪防控)、公正(相对公正)、效率(社会发展)四个范畴,其中无法找到报应主义的落脚点。⑦报应主义严重妨害人类社会进步,尤其对于刑法人道化、刑事政策科学化进程制造了观念上的障碍。

可见,报应主义并不能成为刑事司法政策上公正价值(刑法公正)的当然内容。因此,我们应当反对刑法报应主义、重刑主义甚至依赖死刑主义,主张刑法矫正正义,注重运用轻刑、缓刑和刑事和解制度。只有这样才符合现代刑法人文观念,才符合近现代国际社会刑事司法潮流的基本精神。例如,西方国家20世纪中叶以来所广泛兴起的"恢复性刑事司法运动"和"刑事和解制度",韩国在刑法司法中对轻刑犯大量实行缓刑,应当说都是贯彻刑事司法政策之人道主义矫正原则的典型例证。

(四)刑事司法政策之科学主义综合治理原则

刑事司法政策之科学主义综合治理原则,是刑事政策之科学主义综合治理原则的具体化体现。科学主义综合治理原则,是指刑事政策活动必须立足于犯罪学等经验科学的实证研究成果,坚持对犯罪进行科学的、立体的综合治理的原则。因此,科学主义综合治理原则具体包括相互关联的两方面内容:一是刑事司法政策的科学主义原则,二是刑事司法政策的综合治理原则。

科学主义原则强调，刑事司法政策的制定和实施等活动，均须建立在经验科学的实证研究成果基础上，根据对犯罪现象、犯罪原因、犯罪趋势的规律性认识，探求有效而合理地对犯罪的反应方式，以达到预防犯罪和矫正犯罪人的目的。[①] 因此，有效的刑事政策，必须以各科学有关犯罪之研究为基础，例如在阐明犯罪原因上，必须依赖生物学、遗传学、心理学、精神医学、教育学、社会学等诸科学的研究；再如在刑罚制度效果之评估上需运用统计学之知识，在犯罪人分类处遇上需运用心理学、精神医学之测验或诊断鉴别等技术，等等。[②] 如果说启蒙时期的刑事政策方法是以人道主义、合理主义为特征的，则与此相对，19世纪后半期以来的刑事政策思潮是以科学主义为特征，科学地犯罪预防对策的研究逐渐占据了刑事政策学的中心地位，且现在的刑事政策研究也仍处在其延长线上。[③] 可见，刑事政策科学主义立场，是刑事政策理论和实践发展的基本趋向，也是现代刑事政策的突出共识和显著特点。

综合治理原则，是指基于对违法犯罪的发生具有政治的、经济的、社会的、文化的等多方面原因综合影响所致这样一种认识，动员全社会各种力量齐抓共管，综合运用政治的、经济的、社会的、文化的等多种手段，以实现治理社会治安、减少违法犯罪和保障社会稳定发展的目标。社会管理综合治理，主要是我国自改革开放以来，在中国共产党领导下进行社会主义建设过程中逐渐摸索和总结出的解决我国社会管理问题的根本出路，已经成为我国新时期社会管理工作的总方针，它具有广泛的社会性、措施手段上的综合性和鲜明的时代性，需要我们展开深入理论研究和实践探索，进一步总结、发展和完善。

例如在当下我国反腐败斗争中，就要充分注意贯彻刑事司法政策之科学主义综合治理原则，既要"老虎苍蝇一起打""受贿行贿一起抓"，又要兼顾好宽严相济刑事司法政策，还要注意审视和把握好我国防治腐败犯罪的刑事司法政策体系化，恰当处理好宽严相济刑事政策精神、"老虎苍蝇一起打"和"受贿行贿一起抓"策略思想三者之间的关系，使得其三者在我国防治腐败犯罪中协调发挥应有作用而不至于出现政策策略上的偏

---

① 参见卢建平主编《刑事政策学》，中国人民大学出版社2007年版，第195—197页。
② 参见许福生《刑事政策学》，中国民主法制出版社2006年版，第21页。
③ 参见[日]大谷实《刑事政策学》，黎宏译，法律出版社2000年版，第10—11页。

差，在治理腐败工作中坚持科学主义综合治理原则立场，从而在整体上为我国防治腐败犯罪具体工作和刑事法治建设大局增添"正能量"。具体来讲，在反腐败斗争中既要反对只打老虎不打苍蝇的做法，又要反对眉毛胡子一把抓、不分轻重胡乱打的思路，还要反对单纯重打击、超越法治的思想。在反腐败犯罪的侦查工作中，一定要深挖细查，将全部腐败犯罪揭露出来，决不能留有余地、留下后患；在公诉和司法审判环节的定性处理上，要切实做到定性准确、处理适当，既要注意依法严厉打击严重腐败犯罪的老虎，也要依法处理打击确有轻微腐败犯罪的苍蝇，而不能让苍蝇们钻了法律的空子、逃脱了法律的制裁。即使依法需要将部分腐败犯罪分子予以免除处罚处理、缓刑处理等宽大处理，也要将其宣布为犯罪；即使依法需要将部分十分轻微的腐败犯罪不作为犯罪处理，也要将其已有犯罪行为彻底揭露出来并依法给予党纪政纪处分，而不能让其隐藏在阴暗角落之中。[①] 应当说，这是当前我国在腐败斗争中贯彻刑事司法政策之科学主义综合治理原则的题中应有之义。

[①] 魏东：《对腐败犯罪"老虎苍蝇一起打"的刑事政策考量——兼议"特别重大贿赂犯罪案件"的政策性限缩解释》，载《甘肃政法学院学报》2014年第2期。

第 六 章

刑事政策实体:构造与过程

如前所述,我们认为刑事政策学的实体范畴体系应当包括刑事政策客体、刑事政策主体、刑事政策行为、刑事政策环境等四项。此四项实体范畴的内涵界定就成为刑事政策学直接关注的重要方面。

一 刑事政策客体

按照语境逻辑讲,刑事政策客体意指刑事政策所针对的并且需要解决的特殊公共政策问题,即违法犯罪及其防控问题。但是,其具体逻辑机理与问题内容尚需进一步分析。

在公共政策学原理中,公共政策问题的形成本身就是一个重大问题,并非任何问题或者社会问题都可以成为公共政策问题。能否成为"公共政策问题"本身就是一个重要的政策学问题。公共政策问题的形成大体应当经历公共政策问题的认定、论证与公共政策议程的建立等若干环节。问题有个人问题与社会问题之分,只有那些超出了当事人并且其影响波及相当范围的群体的问题,才可能成为关涉"公共政策问题"的问题并被提出来进入认定程序;直到公共权力主体因为受到公众意愿或者其他因素的影响而依照一定程序决定将其列为需要动用公共权力(公共资源)加以解决时,该问题才能成为公共政策问题。可见,公共政策问题的形成本身有一个逻辑发展过程,即从问题到社会问题、再从社会问题到社会公共问题、最后从社会公共问题到社会公共政策问题。这个逻辑过程也是一个逐步筛选的过程,因为"并不是所有的公共社会问题都能成为政策问题","任何一个社会的公共管理机构在一定的社会发展阶段和时期只能将一部分社会公共问题确定为政策问题。一般来说,当公共权力主体意识到社会公共问题已经妨碍整体社会发展，充分了解公众的公意性并认同这种公众的政策诉求时，公共问题就变为公共政策问题"。① 这也表明，公共政策问题具有与社会发展阶段及政策资源客观情势的客观关联性、与利益主体主观判断的主观关联性，需要调查研究、分析归纳，并受到社会公众传媒、政治精英、专家学者以及公共权力主体各种有意识活动的影响。

不过，就刑事政策客体而言，这样一系列复杂的政策问题形成过程似乎被简单化了，因为违法犯罪问题几乎毫无争议地可以成为刑事政策所必须关注的"公共政策问题"，因而在最基本的层面上刑事政策客体可以简单地概括为违法犯罪问题。但是，对刑事政策客体的上述这种简单化认识可能还存在不周延的问题。因为，政策科学认为，政策客体研究的是公共政策的作用对象及其影响范围，即所要处理的社会问题和公共政策的目标群体，② 政策客体包括政策所要处理的社会问题和所要发生作用的社会成员两个方面。③ 从而同理，尽管我们可以说违法犯罪问题应当成为刑事政策客体，但是由于违法犯罪问题本身所关联的许多问题可能同样需要引起政策性关注（即需要作为公共政策问题的刑事政策客体来看待），如作为违法犯罪反映内容的防控主体与防控措施问题（包括刑罚体系、尤其是特殊手段如死刑和刑讯逼供等问题），作为违法犯罪所关联的犯罪被害人问题，以及作为潜在犯罪嫌疑人的全体公民合法权益问题（即防止被无辜追究刑事责任问题）等，同样应当成为作为公共政策问题的刑事政策客体。

因此，刑事政策客体是指刑事政策所需要防控的违法犯罪现象问题及其关联发生作用的被害人问题、防控主体与防控措施问题，即具体包括违法犯罪现象问题（犯罪活动与犯罪人）、被害人问题、防控主体与防控措施问题。

顺带需要简要说明两个问题：第一，作为刑事政策客体的违法犯罪及其防控问题，不可避免地将在后文"刑事政策行为"中对其予以动态性、过程性的描述（包括重复性的描述），因而与这里主要针对"违法犯罪及

---

① 胡宁生：《现代公共政策研究》，中国社会科学出版社2000年版，第123页。
② 谢明编著：《公共政策导论》，中国人民大学出版社2004年版，第37页。
③ 陈振明主编：《政策科学——公共政策分析导论》，中国人民大学出版社2003年版（第二版），第57页。

其防控问题"展开静态的、本体意义上的论述明显不同。第二,"防控主体"问题本来还要在后文"刑事政策主体"中予以单独论述,这一方面表明其具有相对独立性(独立于刑事政策客体),另一方面也表明本书对于刑事政策客体与刑事政策主体的内涵界定上存在交叉重合现象,这种现象似乎存在逻辑问题。但是,这种体系性安排可能是必要的,既是刑事政策客体与刑事政策主体两者本身界限上存在的恰当交融(观察视角的差异所致),也是"主、客一体"哲学范式的部分体现。① 但是我们也承认,这个问题尚待进一步斟酌研究。

二 刑事政策主体

刑事政策主体是与刑事政策客体相对应的范畴。公共政策学理论在论及公共政策主体时,通常仅局限于"公共政策的制定主体"而没有包含"公共政策的执行与评估监控主体",即认为,政策主体可以被简单界定为直接或者间接地参与政策制定过程的个人、团体或者组织。并且认为,政策主体的构成因素主要包括立法机构、行政决策机构(政务官系统)、行政执行机构(文官系统)、司法机构、政治党派、利益集团、思想库、大众传媒和公民个人等,宏观上可以分为官方决策者与非官方参与者(或者分为体制内主体与体制外主体、国家权威主体与社会权威主体、直接参与者与间接参与者等)。② 但是,我们认为,公共政策学理论关于政策主体的这种"约定俗成式"的概念界定可能值得反思和改进,因为公共政策的制定与执行本来就是一个完整系统而不能截然分割,政策决策固然十分重要,但是政策执行更不能忽视。这一点,政策学界已经有数十年的反思并逐渐达成了共识。有学者指出:"20 世纪 70 年代以前,人们对公共政策执行的重要性的认识,一开始并不是很清楚的。在西方政策科学的发展中,至少在 70 年代以前,多数人只将目光投射在政策的制定上,

---

① 学界有理论认为,从"主、客二分"到"主、客一体"的范式转变,具有重要的哲学意义和人类生态学价值。详见蔡守秋、吴贤静《从"主、客二分"到"主、客一体"》,载《现代法学》2010 年第 6 期。

② 谢明编著:《公共政策导论》,中国人民大学出版社 2004 年版,第 30 页。关于公共政策主体的类似定义,还可以参见以下专著:张国庆:《现代公共政策导论》,北京大学出版社 1997 年版,第 34 页;胡宁生:《现代公共政策研究》,中国社会科学出版社 2000 年版,第 143—151 页。

即使像德洛尔这样有贡献的公共政策学者,也认为公共政策的根本问题是对政策制定系统的改进。"但实际上,公共政策运行是一个完整的过程,既包括政策的制定,也包括政策的执行及评估;要使政策科学从理论的科学成为行动的科学,就必须研究政策执行问题,以便在政策制定与政策执行之间架起桥梁;而且从某种程度上讲,政策执行的重要性并不亚于政策制定的重要性,政策执行至少应当与政策制定等量齐观,哪一个都不可偏废,两者具有相辅相成的关系。①从刑事政策的特殊性来看,一些涉及"刑事类措施"的政策制定主体(如立法法所规定的享有立法权的权力机关)与政策执行主体(如司法机关与监狱)等都具有更加严格的限制,而在涉及"非刑事类措施"的刑事政策制定主体与政策执行主体却没有特别限制。基于这样一些原因,我们认为有必要对刑事政策主体适时作出比较周全的概念界定,即应囊括刑事政策制定、执行、评估监控等诸方面政策行为的主体。

比如,对于刑事政策主体的这种认识理解,对于"刑法主体"概念的提出和研究就具有十分重大的理论启迪。首先,刑法主体问题具有进行独立、立体、系统研究的重要理论价值,以探求各类刑法主体(如刑法立法主体、刑法司法主体、刑法执行主体、作为刑法适用对象的刑法主体即犯罪嫌疑人或者被告人与犯罪主体或者罪犯、作为刑法保护对象的刑法主体即被害人、作为刑法适用辅助力量的刑法主体等)的法权职责、权利义务与活动规律;其次,应当借鉴刑事政策主体研究的模式来研究刑法主体问题,探索各类刑法主体认识理解刑法、执行与适用刑法、遵守刑法规范的基本原理原则;第三,应当将刑法评估与监控主体及其行为原理原则纳入刑法主体问题进行理论研究,以确保刑法修订、解释与适用的科学合理性。

基于以上因素的综合考量,我们认为应当将刑事政策主体概念界定如下:

刑事政策主体是刑事政策行为的参与者,具体包括直接或间接地参与刑事政策制定、执行、评估监控的政治组织、利益团体与个人。

当然,我们给出的上述刑事政策主体概念是基于广义刑事政策概念所得出的结论。不可否认,对刑事政策概念认识不同,对刑事政策主体的认

---

① 胡宁生:《现代公共政策研究》,中国社会科学出版社2000年版,第173—174页。

识也会随之不同。狭义的刑事政策概念一般认为刑事政策的决策和执行主体只有国家（有的认为还包括执政党），甚至只限于国家立法和刑事司法机关。而广义的刑事政策概念则认为，政治国家和市民社会既是刑事政策的决策主体，也是刑事政策的执行主体。梁根林教授认为，刑事政策的决策主体和执行主体应当同时包括政治国家和市民社会。政治国家通过执政党、权力机关和其他机关制定和实施刑事政策，是刑事政策的基本的主体，在政治国家和市民社会分化以前，政治国家甚至是刑事政策唯一的决策和执行主体。但是，现代市民社会与政治国家逐渐分离，市民社会的各种组织不仅可能参与刑事政策的执行，而且也能够参与制定刑事政策（作用于其成员内部的刑事政策），这在西方国家尤为明显，如被害人协会、行业协会以及实行社区矫正制度的社区组织等。在中国，市民社会参与刑事政策的制定与执行的范围正在逐渐增大，但总的来说市民社会的作用还比较微弱，有待加强，以顺应刑事政策社会化的潮流，充分发挥市民社会及其公共团体在刑事政策中的主体作用。

我国有学者提出，刑事政策主体大体包括刑事政策的决策（制定）主体、执行主体与评估主体，并应分别对这些刑事政策主体进行专题研究。[①]

其一，刑事政策决策（制定）主体。

刑事政策决策（制定）主体是刑事政策不可或缺的要素之一，指具有法定地位和权力，能根据一定的刑事政策目标、环境、客体和所掌握的刑事政策信息，运用一定的刑事政策决策方法，在多个可能的刑事政策方案中选取适当的刑事政策的机构、团体、组织和个人。

有学者认为，我国的刑事政策决策主体只能是"代表国家权力的公共机构，虽然社会组织、经济组织及个人可能会对刑事政策的决策产生影响，但从最终的决定权来看，刑事政策仍然是被国家权力所垄断"。[②] 还有学者认为，我国的刑事政策决策主体主要是执政党，同时还包括权力机关、行政机关和司法机关；但是应当看到，在我国，权力机关、行政机关和司法机关在刑事政策决策中发挥的作用比较有限。各级国家机关中，刑

[①] 参见胡利平《刑事政策主体研究》，未刊稿。本书关于"刑事政策的决策（制定）主体、执行主体与评估主体"内容的论述，部分内容直接参考和引用了胡利平硕士的研究成果，特此说明并致谢。

[②] 刘仁文：《刑事政策初步》，中国人民公安大学出版社2004年版，第33—34页。

事政策决策主体主要为中央、省级和县级,地级市很少做出刑事政策决策,且越是基层独立性越小,决策能力越低,决策的权力也越小。[①] 另有学者分析认为,我国最高人民法院具有公共政策创制功能,[②] 可以成为刑事政策决策主体。

但是,我们发现上述这些有关刑事政策决策主体的分析逻辑存在较为突出的问题。

就实证分析立场而言,在我国,中国共产党历来把政策和策略视为党的生命,在刑事政策的决策方面尤为重视,在决策模式传统上,带有明显的精英决策色彩,党政领袖和领导对刑事政策的决策起着举足轻重的作用。在中国共产党第一代领导集体中,毛泽东的刑事政策思想对我国刑事政策的制定发挥了重要的指导作用,无论是"惩办与宽大相结合"、"惩前毖后,治病救人"、"坦白从宽、抗拒从严"和"教育、感化、挽救"[③]等这样的基本刑事政策,还是死刑缓期执行这样的具体刑事政策,最初都是来源于毛泽东同志的指示。在第二代领导集体中,邓小平等人对一些刑事政策的制定同样起到了关键性的作用。1983年,邓小平在北戴河与当时的公安部部长刘复之谈话时,针对当时刑事案件、恶性案件大量增加的形势,指出:"现在是非常状态,必须依法从重从快集中打击,严才能治住。"随后,彭真同志在全国政法工作会议上也指出:"对那些严重危害社会治安的刑事犯罪活动,就是要依法从重从快,严厉打击,决不能宽容,决不能讲什么仁慈。"[④] 于是,1983年8月25日,中共中央发出了《关于严厉打击刑事犯罪活动的决定》,做出了在随后的三年内实行严打的决策。2001年的第三次"严打"也与党的第三代领导集体不无联系。2001年4月2日,全国治安工作会议在北京举行,江泽民在会上发表了重要讲话,对开展"严打"整治斗争提出了明确要求。[⑤] 之后,我国开始了第三次"严打"。可见,在我国,中国共产党由于特殊历史原因及其在国家政治权力结构中的特殊地位,党处于国家权力体系的最高层次,掌握

---

① 曲新久:《刑事政策的权力分析》,中国政法大学出版社2002年版,第80—83页。
② 张友连:《最高人民法院公共政策创制功能研究》,法律出版社2010年版,第7页以后。
③ 肖扬主编:《中国刑事政策和策略问题》,法律出版社1996年版,第63、201、212、223页。
④ 同上书,第153页。
⑤ 曲新久:《刑事政策的权力分析》,中国政法大学出版社2002年版,第282页。

最高领导权、决策权。① 在刑事政策决策阶段，立法机关、行政机关及司法机关都是在党的意志内行使自己的决策权，即他们的所谓刑事政策决策都是党的刑事政策的具体化，或者说只是刑事政策的执行政策而已。

在公共政策领域，利益团体和公民个人拥有非正式的或非权威的公共决策权力。② 梁根林教授认为，市民社会即公民个人也是刑事政策的决策者。刑事政策的确需要全体社会成员的共同参与才能得到很好的实施，公民个人在刑事政策的实施过程中起着十分重要的作用，在刑事政策的决策过程中，也不乏决策机关向公民个人征询意见的情况，公民个人的意见也有可能被采纳。但是，在我国，公民在刑事政策决策过程中的作用只是为决策者提供可选方案（就是提供可备选方案的机会也比较少见），所提方案对决策者的影响也很小，因此，在我国公民个人并没有拥有实际的决策权，刑事政策的决策具有很强的政治性，公民个人很难说是刑事政策的实际决策者。

另外，值得一提的是，在西方国家的刑事政策及其他公共政策决策领域，"智囊团"占有十分重要的地位。智囊团的成员往往是具有各方面专业知识的专家或者学者，他们通过调查研究，运用科学的理论和方法对形成中的刑事政策和正在运行中的刑事政策进行可靠性、合理性、现实性和效益性分析，为决策者提供科学的依据，常常影响甚至决定决策者的取舍，"专家论证"在有些国家甚至成为一个相对稳定的法定程序。③ 在我国，"专家论证"的作用在政策决策领域也日益受到重视。但是，"智囊团"与"专家论证"尽管有能力对刑事政策决策产生一定影响甚至重要影响，但是，法理上和政治实践上均很难说他们是刑事政策决策主体。

尤其是刑事政策本身所具有的不同于一般公共政策的特殊性，比如，关涉公民人身自由权利、民主政治权利等特别重大权益，因而，我国宪法、立法法等立法其实已经对刑事政策决策主体进行了限制，至少需要在逻辑上区分刑事政策内容来具体分析刑事政策决策主体，而不宜笼统叙述哪些机构、团体、组织和人员可以成为刑事政策决策主体。

---

① 陈振明主编：《政策科学——公共政策分析导论》，中国人民大学出版社 2003 年版，第 139 页。

② 同上书，第 140 页。

③ 孙秀君：《决策法学》，人民法院出版社 2000 年版，第 132 页。

因此，刑事政策决策主体大致可以分为以下三种情形：

第一，国家基本刑事政策之决策主体，只能是国家最高权力机关，在我国只能是全国人民代表大会及其常务委员会。而作为执政党的中国共产党中央委员会及其常委会，在一定意义上也可以成为刑事政策决策主体（主要表现是刑事政策决策的主导权和建议权）。比如我党中央提出的"惩前毖后、治病救人"（《论十大关系》）、"打击少数，争取、分化和改造多数"（《关于"三反"、"五反"的斗争》）以及"少捕、少杀"（《关于目前党的政策中的几个重要问题》和《镇压反革命必须实行党的群众路线》）[1] 等，尽管当时特定历史时期尚没有经过特定的制定程序，只有毛泽东同志的指示，只出现在他的相关著作中，但在新中国成立之初的相当长一段时间内均得到了有效遵行；"文化大革命"后，这些刑事政策的制定逐步进入了法制轨道。

第二，关涉刑事类措施的全部刑事政策（包括基本刑事政策与具体刑事政策）之决策主体，只能是国家最高权力机关，在我国只能是全国人民代表大会及其常务委员会。如1983年"严打"政策的决策制定，即是根据党中央《关于严厉打击刑事犯罪活动的决定》，由全国人大常委会制定通过了《关于严惩严重危害社会治安的犯罪分子的决定》和《关于迅速审判严重危害社会治安的犯罪分子的程序的决定》来实施的。[2]

第三，关涉非刑事类措施的具体刑事政策之决策主体，可以是国家最高行政机关、最高司法机关、最高检察机关，当然还包括国家最高权力机关。比如，我国作为"一府两院"的国务院、最高人民法院和最高人民检察院，仅仅可以成为关涉非刑事类措施的具体刑事政策之决策主体。因此，理论上，司法机关也是我国关涉非刑事类措施的具体刑事政策的决策制定主体，但司法机关主要是国家基本刑事政策的贯彻执行机关，在刑事政策的制定上所拥有的权力比较有限；同时，司法机关对刑法所进行的司法解释也并非刑事政策的决策或者制定，只不过是刑事政策的具体执行政策而已。

因此，除最高国家权力机关外的其他国家机关或者利益团体与个人，并非真正能够成为全部刑事政策之决策主体。比如，作为"一府两院"

---

[1] 肖扬主编：《中国刑事政策和策略问题》，法律出版社1996年版，第201、212、223页。
[2] 同上书，第155页。

的国务院、最高人民法院和最高人民检察院,仅仅具有进一步"贯彻执行"国家基本刑事政策以及关涉刑事类措施的具体刑事政策的权力,因而其进一步"宣传、细化、转化、贯彻执行"国家基本刑事政策以及关涉刑事类措施的具体刑事政策的权力,仅在基本刑事政策以及关涉刑事类措施的具体刑事政策执行意义上具有相对决策权,因而根本不具有"创制"国家基本刑事政策以及关涉刑事类措施的具体刑事政策的决策权,而仅仅是拥有非正式的、非全面的刑事政策决策权力。

其二,刑事政策的执行主体。

在刑事政策执行中,执行主体起着不可低估的作用。刑事政策执行主体是指依法将刑事政策付诸实施的机构、组织与人员。在我国,刑事政策执行主体主要有执政党、行政机关、司法机关、经济组织、社会组织和公民个人,其中以国家机关为主,而经济组织、社会组织和公民个人一般是辅助力量。

有学者把我国刑事政策的执行主体分为常规性的和临时性的主体,常规性的主体主要为:执政党、行政机关、司法机关,临时性的主体如:针对法轮功的"打击邪教办公室",2001年为落实"严打"成立的"严打办公室"(或"严打整治办公室"),等等。① 不过,"打击邪教办公室"与"严打办公室"等,要么是执政党内设的办公机构,要么是行政机关、司法机关甚至党委机关联合设置的办公机构,这种情形下将其作为"临时性的主体"来对待是否合理,尚存疑问。另有学者认为,我国刑事政策执行的领导者是中国共产党、监督者是人民代表大会,主要的执行主体是公、检、法三机关,另外监狱、经济组织、社会组织和公民个人也是刑事政策的执行主体。②

需要指出的是,从应然的意义上而言,执政党并非刑事政策的执行主体,但是在我国,鉴于中国共产党特定历史地位以及当前我国反腐败政治战略的需要,刑事政策的每个阶段都要在党的领导下进行,刑事政策的执行也不例外。此外,我国立法机关也在刑事政策执行主体问题上扮演了比较特殊的角色。在西方国家的刑事政策领域,立法机关主要是通过立法的形式进行决策而不涉及执行问题。但在我国,人民代表大会还有权对司法

---

① 刘仁文:《刑事政策初步》,中国人民公安大学出版社2004年版,第217、218页。
② 曲新久:《刑事政策的权力分析》,中国政法大学出版社2002年版,第111—224页。

机关进行"个案监督",即对人民检察院的侦查、起诉活动,人民法院的审判过程和结果,通过明示、诱导、暗示等方式向他们提出意见、建议甚至指示。

在我国,刑事政策的执行主要依靠行政手段和法律手段,行政手段又主要由是行政机关中的公安机关来实行。我国《人民警察法》第2条规定:"人民警察的任务是维护国家安全,维护社会治安秩序,保护公民的人身安全、人身自由和合法财产,保护公共财产,预防、制止和惩治违法犯罪活动",[①] 根据这一规定,预防和控制犯罪是公安机关的直接任务,他们主要是围绕这两个任务进行活动。犯罪预防活动主要是治安警戒、警察巡逻,制止一般违法行为,清除、抑制诱发犯罪的各种条件和情景因素,指导群众治安联防,管理、监督特种行业,进行治安法制宣传等。在犯罪控制方面,公安机关表现为积极的进攻态势,公安机关可以自己直接决定对违法犯罪行为进行惩罚——从批评教育直到剥夺公民的人身自由,这是我国公安机关执行刑事政策的最为重要的权力。公安机关所拥有的剥夺公民人身自由的强制性权力也比较广泛,如刑事拘留、行政拘留、驱逐出境、劳动教养、收容教养、收容教育、强制戒毒、盘问留置,以及废除之前的收容审查等。另外,依据我国刑事诉讼法的规定,公安机关还拥有直接决定拘传、取保候审、监视居住等强制措施的权力,在侦查过程中还拥有直接决定和采取搜查、扣押、查封、检查、通缉、窃听等措施的权力。[②]

我国的海关可对走私罪的犯罪嫌疑人进行扣留(不超过24小时,特殊情况下可延长至48小时),这说明海关也在执行着刑事政策,收容制度废除之前的民政部门在收容遣送过程中也执行着刑事政策。

拘役所和看守所也是公安机关的一个组成部分,是刑事政策执行的最后阶段——行刑阶段的主体之一。拘役所是对被判处拘役的罪犯执行刑罚的场所,看守所本是羁押未决犯(处在侦查、预审、起诉、审判阶段的犯罪嫌疑人和刑事被告人)的机构,而不是刑事执行机关,但我国《刑事诉讼法》第213条规定:"对于被判处有期徒刑的罪犯,在被交付执行刑罚前,剩余刑期在一年以下的,由看守所代为执行。"[③] 这表明,看守

---

① 曲新久:《刑事政策的权力分析》,中国政法大学出版社2002年版,第136页。
② 同上书,第135—139页。
③ 杨殿升主编:《监狱法学》(第二版),北京大学出版社2001年版,第44页。

所也具有代替监狱执行一部分刑罚的职能，也承担着刑事政策的执行责任。

人民检察院执行刑事政策主要体现在刑事诉讼活动中和对公安机关和法院进行刑事诉讼活动的监督两个方面。人民检察院本身是刑事诉讼活动的主体，对贪污、贿赂等经济犯罪进行侦查，拥有所有刑事案件（除自诉案件外）的起诉权，作为控诉方参加刑事案件的审判。另外，我国《宪法》第129条规定："人民检察院是国家的法律监督机关"，因此人民检察院享有对公安机关的侦查活动进行监督的权力，具体包括对公安机关应当立案而不立案的案件要求公安机关说明理由，以及对公安机关侦查的案件，需要逮捕犯罪嫌疑人的，人民检察院拥有批准逮捕的权力，等等，人民检察院还拥有对人民法院的审判活动进行监督的权力。最高人民检察院的司法解释也是刑事政策执行的一种方式。

我国《宪法》第126条规定："人民法院依照法律规定独立行使审判权，不受行政机关、社会团体和个人的干涉。"这表明我国人民法院应当享有独立的审判权，人民法院审理案件的过程也是刑事政策的执行过程，最高人民法院的司法解释也是刑事政策执行的一种方式。但众所周知，我国的人民法院所享有的独立审判权是有限的，即使是关于具体案件的处理，也常会不得不接受来自党或政府方面的意见、建议、指示甚至命令，这样人民法院的审判往往就成为"走过场"。当然有些时候也是由于法院本身的原因造成，尤其是一些大案要案，有些法院不敢独立审判，不敢独立承担责任，因此就主动地请示，一定要有上级的指示才敢判案。

"行刑是犯罪控制过程的最后阶段，是刑事政策执行的重要领域"，"刑罚的特殊预防目的能否实现，关键在于行刑阶段的刑事政策执行效果"，[①] 行刑的主要机关——监狱也是刑事政策执行主体。在新刑事政策产生初期，人们一致认为"刑事政策是国家据以与犯罪作斗争的惩罚措施的总和"，刑法的实践，即刑罚的执行是刑事政策领域研究的主要内容，监狱不仅是刑事政策执行的首要主体，而且是整个刑事政策过程的主要主体。贝卡利亚、费尔巴哈、边沁等启蒙思想家们从个人主义和合理主义出发，对中世纪的权威主义的刑罚制度进行了彻底的批判，提倡树立合理主义的、功利主义的刑罚观，主张以消除不合理的非人道的犯罪人处理

---

① 曲新久：《刑事政策的权力分析》，中国政法大学出版社2002年版，第184—185页。

为基本宗旨的刑事政策。他们的这些思想使得西欧国家及美国兴起了一系列的监狱改良运动，1772—1775年在比利时建造的甘德监狱，"最早对罪犯进行了分类，采取了昼间杂居、夜间分居、个别处遇的行刑方式而被誉为18世纪行刑的伟绩"。[1] 在日本，人们认为"监狱"给人以古代非人的牢狱这种印象，1922年以后，实务上开始使用"刑务所"这个词来代替"监狱"，近年来，刑法、监狱法又用"刑事设施"这个名称代替了"刑务所"。[2] 我国的监狱分为成年犯监狱和少年犯监狱，基本职能是对被判处死刑缓期二年执行、无期徒刑和有期徒刑的罪犯执行刑罚，即依照人民法院的判决和裁定对罪犯执行刑罚，并依法处理刑罚执行中的各种法律问题，如处理罪犯的申诉、控告、减刑、假释和监外执行等，通过刑罚的执行，以达到刑罚个别预防的目的。

在刑事政策的执行中，经济组织、社会组织，如保安公司、私人侦探所等的作用也是不容忽视的。在我国，保安公司具有合法的地位，主要为单位提供保安人员和保安设备，为私人提供私人保镖等，但保安公司要受公安机关的统一领导和管理。"私人侦探"一直为公安部行政规章所明确禁止，但由于市场的需要，"私人侦探"这一行业却仍是越来越兴旺，只不过都改头换面，以"XX事务调查所""XX咨询机构"等称之。这类机构主要是受理打假、追债、寻找亲友和财物、个人隐私方面（如"包二奶"、婚外情）的调查。虽然"私人侦探"的合法性还存有争议，他们的某些行为也确实超出了法律所允许的范围，但是，他们却实实在在地在执行着跟踪、窃听、窃照、化装侦查、侦查诱饵等多种刑事侦查手段，也在无意识中承担着刑事政策的执行任务。其实，我们认为，与其这样屡禁不止，让他们想方设法来规避法律，在阴暗中滋生出更多的病菌，还不如承认"私人侦探"的合法性，用法律来规范和制约这一行业，使其生长在阳光下，让法律这缕阳光来杀死那些不合法的病菌。

曲新久教授认为，"在刑事政策执行领域，公民的个人权力是比较有限的，居于拾遗补阙的地位，并且主要通过引起国家机关进一步的权力活动来实现控制犯罪、保护社会的作用"。[3] 公民个人对刑事政策的执行主

---

[1] ［日］大谷实：《刑事政策学》，黎宏译，法律出版社2000年版，第9、10页。
[2] ［日］森本益之等：《刑事政策学》，戴波等译，中国人民公安大学出版社2004年版，第138页。
[3] 曲新久：《刑事政策的权力分析》，中国政法大学出版社2002年版，第211页。

要体现在与刑事犯罪进行斗争的一系列的行为中,如对正在遭受的不法侵害进行正当防卫,对正在犯罪的罪犯可以扭送到就近的公安机关(这体现了我国"专门机关工作与群众路线相结合"的刑事政策),提起刑事自诉及刑事附带民事诉讼,报案、举报、控告、检举、揭发、申诉,以及参与侦查机关的广告悬赏等。

其三,刑事政策的评估主体。

刑事政策的评估主体,是指对刑事政策执行情况及社会效益进行评估的机关、组织和个人。何秉松教授认为,我国刑事政策评估主体主要有政府决策部门、政府研究机构、临时任命的小组、公共研究机构、大学的研究机构、私营研究机构及社会公众。① 在美国,公共政策的评估主体通常包括内部评估主体和外部评估主体,内部评估主体主要是指国会研究部门、国会预算办公室以及各州的预算办公室等,外部评估主体主要是大学的研究机构、私人研究机构、大众传媒、利益集团、公共利益组织等。② 我们认为,我国刑事政策评估主体可以分为官方评估主体和非官方评估主体,官方评估主体主要是政府机关(主要是其中的决策部门和研究机构)、立法和司法机关以及这些机关所临时组建的刑事政策评估小组,非官方评估主体主要是公共研究机构、大学的研究机构、其他私营机构、大众传媒和个人等。

刑事政策的官方评估主体在我国刑事政策的评估中起主要的作用,对刑事政策的决策、制定、执行都产生着直接的影响。其对刑事政策制定的意图的理解也比较准确,对刑事政策决策、制定、执行的过程以及执行效果的信息等资源的占有可以十分充分,对于刑事政策所要解决的问题的犯罪和社会问题的严重程度可能会有比较准确的理解,所以这些因素为增强评估结果的准确性提供了有利的条件。但是,由于评估活动及结果关系到官方评估主体的切身利益或其他利害关系,所以,往往会产生先入为主的偏见,因而客观上存在评估不客观、不公正的疑问,甚至还可能有有意夸大或缩小刑事政策的客观效果,歪曲或者隐匿评估结果。因而,需要对国家官方评估主体及其评估活动予以严格规范。

---

① 何秉松:《刑事政策学》,群众出版社2002年版,第297—299页。
② [美]詹姆斯·P. 莱斯特等著:《公共政策导论》,(第2版)中国人民大学出版社2004年版,第129、130页。

"中央和地方各级政府决策部门不仅是刑事政策的决策主体,也是刑事政策的评估主体。"① 官方机构在决策之前,要以前一项相关刑事政策的评估结果为依据,设计出多种新刑事政策方案,并对其进行价值判断,然后再做出选择。在决策之后,还要对刑事政策的制定及执行情况进行追踪和评估,及时调整刑事政策的内容,从而使刑事政策能够更有效地执行,更有效地完成预防、控制和减少犯罪的任务,也使下一次的刑事政策的决策更加科学、合理,形成一个良性的刑事政策决策、制定、执行和评估的循环系统。尤其是在中央和地方的许多政府部门,都建立了自己的研究机构,这些研究机构也可以从事刑事政策评估工作,为刑事政策决策的合理化、科学化做出自己的贡献。

刑事政策的非官方评估主体与刑事政策的评估结果没有多大的利害关系,因而往往能够以更为客观、公正的态度进行评估,能够保证评估结果的正确性,对于刑事政策所要解决的犯罪和社会问题的严重程度、对刑事政策的客观效果的评估也会比较客观,评估结果也就会比较准确。但是,由于非官方评估主体对刑事政策的制定意图的理解不一定十分准确,对刑事政策决策、制定以及执行的过程及执行效果的信息资源的占有没有官方评估主体那么充分,这些因素也会影响评估结果的准确性。

在刑事政策的非官方评估主体中,各种研究机构可谓功不可没,他们在刑事政策的评估中也占有十分重要的作用。公共研究机构、大学研究机构以及其他一些私营研究机构,这类研究机构往往由刑事法律方面的专家或者学者主持或参与,由于他们的知识、经验比较丰富,治学态度也比较严谨,所以他们的评估结果也比较公正、科学,再加上他们在学术界或者司法实务界享有的盛誉,其评估结果往往具有相当的权威性。"在国外,这类研究机构不仅是刑事政策评估的重要主体,也是刑事政策决策的重要建议来源,许多国家和政府的刑事政策决策往往都要受这类研究机构的研究结果的影响,或者刑事政策决策部门直接委托这类研究机构进行有关刑事政策的研究,提出具体的刑事政策决策建议。"② 尤其是在美国,如斯坦福国际问题研究所、美国企业研究所以及三边研究所等,他们所提出的刑事政策及其他社会政策建议都受到政府决策部门的高度重视,有的甚至

---

① 何秉松:《刑事政策学》,群众出版社2002年版,第297页。
② 同上书,第298页。

会引起重要的社会政策和刑事政策方面的改革。

　　社会公众既是犯罪行为的潜在被害人，也是"潜在犯罪人"，是刑事政策的最终受益者，也是刑事政策所指向的对象（即刑事政策的目标团体），刑事政策的制定和执行的最终目的就是最大限度地保护社会公众的利益，同时，刑事政策也往往会引导、约束、控制社会公众的心理和行为，以预防犯罪行为的发生。社会公众对刑事政策的执行感触最深，但很难对刑事政策进行系统的评估，对刑事政策的评估往往通过社会舆论等形式表达出来，另外还通过上述评估主体对他们的调查反映出来。

　　在信息飞速发展的当今时代，大众传媒对刑事政策评估的作用也不可忽视。大众传媒不但是社会公众评估刑事政策的主要方式，也是专家、学者进行刑事政策评估的方式，专家学者的评估对社会公众的心理和行为也产生了不可估量的影响。如"今日说法""经济与法""拍案说法""法治在线"等电视节目、各种各样的报纸、杂志及网站等有关刑事政策方面的文章，都对社会公众心理和行为产生了很深的影响。

三　刑事政策行为

　　政策学理论一般认为，公共政策行为（有的政策学专著称为公共政策过程）主要包括政策的决策、制定、执行与评估；有的政策学者认为，政策行为还包括政策终结。① 依此而论，刑事政策行为即指刑事政策的决策（与制定）、执行、评估与终结。

　　形势政策决策的含义是什么？政策决策包括决策主体、决策对象（也称客体）、决策目标、决策信息和决策环境等要素。② 应当说这是政策决策行为（过程）的一种不完整列举性的描述，因为其中应当列举但尚未列举出决策程序、决策形式、决策结果等政策决策要素。相应地我们认为，刑事政策的决策，是指特定的刑事政策主体根据自己所处的条件和环境，在多个可能的行动方案中依法选取一个符合自己价值目标理念的行动方案的过程，亦即刑事政策的决策形成过程。有的学者使用了刑事政策的决策与制定两个并行的政策术语来进行描述，而实际上刑事政策的决策与

---

① 谢明编著：《公共政策导论》，中国人民大学出版社2004年版，第201页。
② 杨爱华：《公共决策》，团结出版社2000年版，第10页。

制定是一个密不可分的政策行为过程的两个方面而已,这里所单独强调的刑事政策的制定意指刑事政策的形式化(如形成文件或者文字等形式)与合法化的过程,其实质应当说仍然包含在刑事政策决策之中(决策之形式与结果),因而,我们认为可以将刑事政策决策界定为包括了"制定"在内。应注意,合法化不同于法律化,法律化是指将刑事政策转化成法律,是合法化的形式之一,而合法化并不必然要求将政策转化成法律,它仅要求刑事政策方案"获得合法地位,具有执行效力"[1]。

如何理解刑事政策执行?政策学者认为,"政策执行是政策执行者通过建立组织机构,运用各种政策资源,采取解释、宣传、实验、实施、协调与监控等各种行动,将政策观念形成的内容转化为实际效果,从而实现既定政策目标的活动过程"[2]。依此可见,刑事政策的执行,就是指刑事政策的执行主体,运用各种刑事政策资源,采取解释、宣传、实验、实施、协调与监控等各种行动,将刑事政策决策内容与理念转化为现行法律、法规等立法并指导其付诸实施,或者通过其他非法律形式转化为实际效果,从而实现既定刑事政策目标的活动过程。刑事政策的执行是将刑事政策决策内容转化为现实的过程,是刑事政策实际发生社会效用的中介性环节与关键性环节,刑事政策的目标只有通过执行才能实现,否则再好的刑事政策方案也只是一纸空文而已。刘仁文教授认为,"刑事政策能否顺利地贯彻落实,很大程度上取决于刑事政策执行组织和人员对刑事政策精神的理解和把握,对刑事政策目标的认同,以及完成政策目标的决心和热情;取决于刑事政策执行组织的领导者的领导水平、管理水平和协调能力,以及具体执行刑事政策人员的主观能动性、创造性乃至道德与良知"。并且认为:同一项刑事政策,在不同的地方,由于对执行组织的重视程度不同,执行人员的素质不同,其实施的结果也大不一样。[3]

刑事政策评估也是十分重要的一环。刑事政策需要在执行过程中不断修正、充实和完善,新的刑事政策的决策与制定也需要以前一项刑事政策执行的具体情况作为参照和依据,这些都需要以刑事政策评估为依据。刑事政策评估,就是依据一定的标准和程序,运用一定的方式和方法,通过

---

[1] 陈振明主编:《政策科学——公共政策分析导论》,中国人民大学出版社2003年版,第231页。

[2] 同上书,第260页。

[3] 刘仁文:《刑事政策初步》,中国人民公安大学出版社2004年版,第227、228页。

考察刑事政策过程的各个阶段、各个环节，对刑事政策的效率、效能、效益以及价值等进行检测和评价，以判断刑事政策的效果。[①] 刑事政策评估通常是作为决定刑事政策变化、改进和制定新的刑事政策的重要依据，对于优化刑事政策的决策、制定和执行系统，优化资源配置，增强活力，克服刑事政策在运行中的障碍和弊端，提高刑事政策的整体水平方面都具有重要的作用。在刑事政策评估过程中，刑事政策评估主体的价值取向、态度立场和个人背景都会对刑事政策评估的结果产生很大的影响。[②] 因而，刑事政策评估行为本身的有效合理展开，有待于刑事政策评估主体的适当资格与程序规制。这方面，我国已有一些有效探索，但是尚待进一步研究完善。

刑事政策终结也具有十分重要的法治意义。当社会发展到一定阶段，某种刑事政策已经不适应社会发展需要并且不为国家和社会所容忍的时候，就有必要在充分评估和审慎决策的基础上予以终结。例如，我国战争年代推行的某些刑事政策，由于新中国成立后尤其是法治国家的建设发展，今天已经不用了，从形势政策行为理论观察，就可以视为刑事政策终结。再如，近代史上许多国家对于死刑的废除，在相当意义上就是特定刑事政策的终结。

四　刑事政策环境

刑事政策环境是刑事政策实体范畴中十分重要的内容，但是尚未引起刑事政策学界的高度重视和认真研究，因而需要借助公共政策学基本理论对此加以深入研究。公共政策学原理认为，政策环境是指作用和影响公共政策的外部条件的总和，它涉及诸多因素，从人到物，从自然到社会，从历史到文化，几乎无所不包。有的政策学者提出了政策的环境与生态概念，认为应当借助行政生态学的研究方法和理论成果来研究政策的环境与生态问题；同时，政策学者需要正确认识和处理好公共政策与政策环境的关系问题，公共政策是政策环境的产物，二者存在一种辩证统一的关系，

[①] 刘仁文：《刑事政策初步》，中国人民公安大学出版社2004年版，第242页。
[②] 同上书，第257—259页。

政策环境起主导作用并决定和制约政策,政策则可以能动地改善和塑造环境。① 关于政策环境的构成因素,理论界的认识大同小异。如有的学者认为,政策环境的主要构成因素包括地理环境、经济环境、政治传统与政治文化、社会变迁、国际环境等五项;② 有的学者认为,公共政策一般环境包括经济资源环境、政治法治环境、社会文化环境、国际环境等四项;③ 还有的学者认为,公共政策的环境包括政治—制度环境、经济—社会环境、历史—文化环境等三项。④ 可以认为,公共政策学界基本认同这样一种共识性结论:公共政策环境包括自然与经济资源环境、政治制度资源环境、社会文化资源环境、国际综合资源环境等基本方面。

借助公共政策学原理知识,我们认为,刑事政策环境,是指作用和影响刑事政策的外部条件的总和,具体包括自然与经济资源环境、政治制度资源环境、社会文化资源环境、国际综合资源环境等四个基本方面。以自然与经济资源环境为例,我们可以发现刑事政策环境对于刑事政策实体构造的重要意义。自然资源环境(如地理、人口环境等)作为经济基础层面的环境因素,确实能够在相当程度上影响国家刑事政策的制定执行;而经济资源环境更是直接对国家刑事政策面貌产生根本影响。自然法思想家及近代启蒙思想家的十分丰富的思想库里,往往都十分深刻地揭示了自然状态下的法制原理及自然环境对国家政治法律文化(其中包括刑事政策文化)的深刻影响。如法国启蒙思想家孟德斯鸠在《论法的精神》一书中系统研究了法律与气候和土地的关系,孟氏指出:热带及亚热带国家之所以盛行严刑峻法,温带和寒带国家之所以刑法较为宽松——这些在本质上其实就是一种刑事政策选择,都与地理环境密切相关。⑤ 冯亚东教授认为,人类各大文明异同的最根本原因,就在于一个群体主要的生存方式是否依赖作为"不动产"的土地以及如何依赖,⑥ 其基本思想可以认为是强调自然资源环境对于国家政治文化发展变化的重大影响,这种影响当然及于作为国家政治文化有机组成部分的刑事政策。政治制度资源环境、社会

---

① 谢明编著:《公共政策导论》,中国人民大学出版社2004年版,第42—44页。
② 同上书,第44—51页。
③ 胡宁生:《现代公共政策研究》,中国社会科学出版社2000年版,第79—84页。
④ 张国庆:《现代公共政策导论》,北京大学出版社1997年版,第39—41页。
⑤ [法]孟德斯鸠:《论法的精神》,张雁深译,商务印书馆1987年版,第227—303页。
⑥ 冯亚东:《罪与刑的探索之道》,中国检察出版社2005年版,第445页。

文化资源环境和国际环境对刑事政策往往具有更为直接的巨大影响和决定作用，其影响和决定作用方式等基本原理值得刑事政策学高度关注和深入研究。

第 七 章

中国当下保安处分政策改革

2013年，党的十八届三中全会在《中共中央关于全面深化改革若干重大问题的决定》中明确宣布"废止劳动教养制度"，全国人大常委会通过了《关于废止有关劳动教养法律规定的决定》，标志着经历了半个多世纪的我国劳动教养制度被正式废止。学界对于这一重大法治事件反应十分强烈，断言我国由此进入了"后劳动教养时代"，[①] 提出了新时期我国违法犯罪行为制裁体系的一系列理论构想。有感于此，笔者在反思我国废止劳动教养制度的刑事政策意义的基础上，主张积极推进我国的保安处分改革，就此提出初步见解。

一 方向：通过废止劳动教养实现具有中国特色的保安处分合法化改造

我国废止劳动教养的法治价值和刑事政策意义，学术界和官方媒体均在其废止"人治"、宣示并践行"法治"的层面上给予了充分肯定，[②] 刑法学界则进一步提出了其在合理构建我国轻微罪制裁体系和保安处分制度等方面的重大价值。[③] 应当说，有关废止劳动教养的这些价值分析是大体适当的。但是，笔者还注意到，学界在某些"细节"和"具体"问题上

[①] 参见梅传强《论"后劳教时代"我国轻罪制度的建构》，载《现代法学》2014年第2期。

[②] 参见刘仁文《废止劳教的具体办法及后续措施》，载《学习时报》2013年12月16日学术版。

[③] 参见梅传强《论"后劳教时代"我国轻罪制度的建构》，载《现代法学》2014年第2期；周建军、方益花：《劳教制度的废除与刑法不可承受之轻》，载《检察风云》2014年第4期。

仍然存在较多分歧和争议。有学者将废止劳动教养等同于完全否定了"类劳动教养性质"之保安处分的合法性，认为，由于从行政处罚、劳动教养、刑罚之三级制裁体系中废止了作为中间一级制裁措施的劳动教养，因而为实现刑法与行政处罚法（以及治安管理处罚法）之间的"无缝对接"，需要修改刑法中自由刑之最低刑期、同时降低入罪门槛以达致"罪"与"一般违法"之间的处罚衔接。[①] 笔者认为这种学术见解值得进行反思检讨。

废止劳动教养可能并非如某些学者所解读的那样，就是完全否定了"类劳动教养性质"之保安处分的合法性。尽管毋庸置疑，我国废止劳动教养是针对劳动教养制度本身所内含的实体处罚内容和实际操作程序等诸方面的严重违法性质而做出的重大决定，反映了刑事法治理性的内在要求；但是应当认识到，我国废止劳动教养并不能完全等同于废止了全部"类劳动教养性质"之保安处分，而是通过废止劳动教养实现保安处分合法化，其中应当包括在实体处罚内容和实际操作程序上对"类劳动教养性质"之保安处分的合法化改造。正如有学者指出，全国人大常委会废止的劳动教养仅是"小劳教"，此外还有较多溢出"小劳教"之外的"类劳动教养性质"之保安处分尚未废止，如针对卖淫嫖娼人员的收容教育制度，针对未达到刑事责任年龄者的收容教养制度，针对吸毒成瘾者的强制戒毒制度，针对精神病人的强制医疗制度和针对严重精神障碍患者的强制住院治疗制度，以及治安拘留、刑事拘留、留置等。[②] 那么，对于这些众多的"类劳动教养性质"之保安处分应当如何进行合法化改造呢？此前早有学者指出："要对刑罚适用的对象范围做出调整，实际上就是将原来属于劳动教养措施惩罚对象的范围刑罪化（或曰犯罪化）。"[③] 正是承接这一思路，现在废止劳动教养之后，学界提出的解决方案之一也是通过修改刑法"废除犯罪概念中的定量因素，降低入罪门槛，实现犯罪成立的

[①] 参见梅传强《论"后劳教时代"我国轻罪制度的建构》，载《现代法学》2014年第2期；周建军、方益花：《劳教制度的废除与刑法不可承受之轻》，载《检察风云》2014年第4期。

[②] 参见刘仁文《废止劳教的具体办法及后续措施》，载《学习时报》2013年12月16日，第5版。

[③] 张建伟：《监禁权专属原则与劳动教养的制度困境》，载《法学研究》2008年第3期。

连续化、系统化",① 因为"先前由劳教所规制的一部分行为具有违法犯罪的性质,只是由于'不够刑事处分'而被排除在刑法调整的范围之外,现在劳教废止后对这部分行为的调整只能重新纳入刑法规制的范畴,而不应将其放到治安处罚的范畴,否则,会再一次造成行政处罚与刑事处罚之间的混乱与冲突",同时通过修改刑事诉讼法和治安管理处罚法等系列法律,切实建立起相应的"轻罪速裁"和"程序分流"制度。② 有的学者甚至提出"把治安管理处罚法中的治安拘留拿出来,并入刑法中的轻罪部分"。③ 但是,这种改革方案所触动和修改的法律数量可能太多,需要动用的立法资源和改革成本可能太高,且其可能严重冲击了我国数十年来所养成的严格限缩犯罪圈的"小刑法观念",尤其是其主张较大规模地犯罪化立法和扩大犯罪圈的立场应当说与当下全球轻缓刑法观念以及中国宽严相济刑事政策精神是格格不入的,因而短期内可能难以在全国范围内获得共识并付之行动。但从长远看,今后将治安拘留处罚司法化,应当说是一个必然趋势,但是由于其涉及治安管理处罚法和刑法的大修改,其在当下却未必可行。

有鉴于此,笔者认为,我国在废止劳动教养之后近期的刑罚改革方向,应当立足于维持我国既有的"小刑法观念"和基本刑罚制度,对"类劳动教养性质"之保安处分进行适当的"小修改",将其改革重点放在有效实现具有中国特色的"类劳动教养性质"之保安处分的实体处罚内容和实际操作程序上的合法化改造。而不能是相反,即不宜通过人为地扩大犯罪圈并将治安处罚措施升格为刑罚。这是笔者主张通过废止劳动教养实现保安处分合法化改造时首先必须阐明的一个基本观点。

二 方案:借鉴吸纳西方经验以尽快完善中国特色的保安处分制度

将保安处分纳入刑法,并将之作为与刑罚并列的一种处遇措施,应当

---

① 周建军、方益花:《劳教制度的废除与刑法不可承受之轻》,载《检察风云》2014年第4期。

② 参见梅传强《论"后劳教时代"我国轻罪制度的建构》,载《现代法学》2014年第2期。

③ 参见刘仁文《废止劳教的具体办法及后续措施》,载《学习时报》2013年12月16日第5版。

说不存在理论或实践上的太大障碍。其中,"类劳动教养性质"之保安处分的运行形式可以借鉴国外(主要是德国和日本)保安处分理论与实践的基本经验。

从理论上看,比较有代表性的德日刑法理论认为:"根据行为责任确定的刑罚并不总是能够胜任刑法的犯罪预防任务,因为在很多情况下,刑期往往短于确保预防结果所需要的期限;再者,违法者需要医学的、教育的或社会的治疗,而这些治疗在正常的刑罚执行中是不可能做到的。加上,无责任能力的行为人不得科处刑罚,因此,刑罚必须通过处分来加以补充,其目的在于对行为和行为人的履历中所表现出来的危险性,通过治疗、帮助、保安或消除措施来予以克服。……关于处分的先决条件、处分的执行和处分的结束的法律规定,应该是具体的而且应符合法治国家的要求。"[①] "刑罚是以责任为前提而作为其发现形式而施加的,而保安处分并不以责任为前提。因此在责任的非难未被认可的场合,为了除去行为者实行犯罪的危险性,可以处以保安处分";[②] "可以看出应该代替刑罚或者应该补充刑罚的保安处分具有必要性"。[③] 正如日本学者大塚仁教授所言:"围绕刑罚与保安处分的本质,存在认为两者是不同性质的二元主义和认为是相同性质的一元主义的对立。在采取道义责任论和报应刑论的古典学派的立场上,刑罚以对过去的犯罪进行道义的非难为要素,应该报应地科以刑罚,而保安处分不以这种非难为内容,只是针对行为人的危险性进行社会保安这种观点出发,以预防将来的社会侵害为目标,因此,两者毕竟是不同性质的,从而采取二元主义(二元论)。另一方面,近代学派的立场是只着眼于行为人的社会危险性,把对行为人施以社会防卫处分乃至改善和教育行为人视为刑法的使命,基于此,认为刑罚与保安处分之间存在性质的不同就是无意义的,所以,采用认为两者具有共同性质的一元主义(一元论)……在今日,二元主义是世界性倾向。"[④]

从实践来看,德日等国家也有通过修改刑法典、制定刑法修改案或者

[①] [德]汉斯·海因里希·耶塞克、托马斯·魏根特:《德国刑法教科书》,徐久生译,中国法制出版社2001年版,第103页。

[②] [日]野村稔:《刑法总论》,全理其、何力译,法律出版社2001年版,第504页。

[③] [日]大塚仁:《刑法概说(总论)》,冯军译,中国人民公安大学出版社2003年版,第507页。

[④] 同上书,第507—508页。

其他特别法律的形式对保安处分进行规定的先例。如德国刑法就设专节规定了"矫正与保安处分",德国少年法院法也设专节规定了教育处分、惩戒处分等保安处分措施;日本则"在刑法修正工作中提案了保安处分"。①韩国的情况则稍有不同,该国"刑法只在总则中有关于刑罚的规定,而不承认保安处分,只是在几个特别法中有关于保安处分的规定。即少年法规定了对于少年的保护处分(《少年法》第三十二条以下),保安观察法规定了国家保安法对于政治犯罪的保安观察的保安处分(保安观察法第3条以下)。……1980年12月18日由法律第3286号公布施行的社会保护法,可以说保安处分在韩国也被正式引进"。②

但是应注意,在借鉴吸纳西方国家保安处分制度并建立中国特色的保安处分制度时,我国既有刑法体系、尤其是其中的犯罪圈和刑罚结构体系等是否需要全部重构,应当成为一个必须审慎考虑和决策的重大问题。如前所述,我们认为将原劳动教养事项予以犯罪化虽不失为一种思路,但却也伴随着导致犯罪圈急速膨胀,导致在犯罪认定上定性与定量相结合的基本原理被突破,严重冲击我国既有"小刑法观念"等重大风险。我们应当认识到,现阶段没有必要将原有劳动教养事项一味地予以犯罪化,因为原有劳动教养事项许多时候甚至都不存在具体的法益侵害特性,而仅仅是行为人人身危险性的一种外化或表现,对之予以犯罪化属于典型意义上的主观归罪,由此可能导致的对人权的侵犯风险并不亚于原有的劳动教养制度。将之予以犯罪化不仅可能破坏我国现有的刑法体系,导致过高的改革成本,也不能满足其作为近期紧迫性改革方案的要求。因此笔者主张,我国应在保持既有刑法体系基本结构没有实质性变化的基础上,借鉴吸纳西方国家保安处分制度的合理内核,逐步构建完善中国特色的保安处分制度。

为此,我国保安处分制度的基本框架设计应当包括如下规范内容:其一,构建刑罚与保安处分二元体系,适度保持刑罚与保安处分之间的相对差异性与紧张关系,确保保安处分符合法治原则、比例原则。其二,保安处分立法规范明确化、体系化。具体可以规定以下保安处分措施:对人的

---

① [日]野村稔:《刑法总论》,全理其、何力译,法律出版社2001年版,第504页。
② [韩]李在祥:《韩国刑法总论》,[韩]韩相教译,中国人民大学出版社2005年版,第548页。

强制性收容教育措施、强制性隔离措施、强制性治疗措施、强制性剥夺资格与身份措施、强制性监督指导措施、强制性训诫教育措施；对物的强制性收缴与其他处置措施等。同时，保安处分立法上应明确规定程序法内容。其三，确保保安处分的"行为处罚法"性质，亦即保安处分只能针对客观上实施了一定违法犯罪行为的行为人，而不得处罚纯粹的"思想犯"。其四，保安处分司法化属性。对于保安处分的程序启动、具体措施裁决等，均应全面纳入司法化轨道；对于保安处分的具体执行，必须坚持法治原则，加强执法监督。

基于以上分析，笔者认为可以刑法修正案的形式将增设的保安处分条文规定在刑法总则第三章第一节之中，具体位置可以放置于刑法第37条（非刑罚处罚措施）之后，以"第三十七条之一"的法条形式来做增添规定。具体而言，《刑法修正案》的相关内容可以细化规定为如下条款：①

在《刑法》第三十七条之后增加一条，作为第三十七条之一："对于多次实施吸毒、诈骗、抢夺、寻衅滋事、聚众斗殴、煽动闹事、教唆他人自杀等严重违反治安管理处罚法行为，累教不改而有必要予以保安处分的，可以依法予以保安处分。

"对于累犯或者因故意实施危害国家安全罪、危害公共安全罪、妨害社会管理秩序罪、严重暴力犯罪而被判刑的犯罪分子，在刑罚执行完毕或者赦免之后仍有严重人身危险性而确有保安处分必要的，可以依法予以保安处分。

"保安处分措施包括对人的强制性收容教育措施、强制性隔离措施、强制性治疗措施、强制性剥夺资格与身份措施、强制性监督指导措施、强制性训诫教育措施，以及对物的强制性收缴与其他处置措施。

"保安处分措施涉及剥夺或者限制人身自由内容的，其剥夺或者限制人身自由的期限为十五日以上六个月以下，具有多种类严重违反治安管理处罚法行为且特别严重者的期限不得超过一年。

---

① 这里设计的有关保安处分的刑法修正案条文共有10款，而此前笔者曾经设计的"劳动教养"修正案条文仅有6款，二者之间有一定关联性。原设计的"劳动教养"修正案条款，参见魏东《论以刑法修正案形式规范劳动教养——侧重于劳动教养制度的实体法完善研究》，载《北方法学》2013年第1期。

"对于任何人的保安处分,由县级以上公安机关或者执行部门向所在地中级以上人民法院所对应的人民检察院提出保安处分建议书,人民检察院审查决定后向中级以上人民法院起诉,经由人民法院组成合议庭进行审理判决后交付保安处分执行部门执行。

"人民法院在受理保安处分案件之后应在一个月以内做出判决。非经法定程序不得对任何人进行保安处分。

"被人民检察院审查或者起诉保安处分的人享有辩护权。

"对于主观恶性较小、人身危险性不大的被保安处分人,参照管制的执行方式,依法实行社区矫正。对于实行社区矫正的被保安处分人,可以根据犯罪情况,同时禁止其在执行期间从事特定活动,进入特定区域、场所,接触特定的人。

"被判处社区矫正的被保安处分人执行期限即将届满的,居住地公安派出所应当在期满前一个月,对被保安处分人进行鉴定,填写《解除保安处分意见表》并附定期考察材料、帮教单位的意见以及被保安处分人的小结,报送原判决保安处分的人民法院。

"对被保安处分人解除或者提前解除保安处分的,由执行机关制作《解除保安处分决定书》送达被保安处分人。"

三 原理:中国特色保安处分制度的法理诠释

上列《刑法修正案》关于增设保安处分条款的具体内容,可以做出以下法理诠释:

其一,关于保安处分条款的增设方式。保安处分条款为何采取刑法修正案方式增设,为何将其选在"第三十七条之一"中加以规定?我们认为,这主要是考虑我国既有的刑法修正案经验做法,以及我国现行刑法体系性和既有刑罚体系结构的稳定性的需要。从现有刑法体系性看,刑法第37条的规定可以概括为"非刑罚处罚措施",[1]可以看作现行刑法对非刑罚处罚措施的适当集中而概括的规定。因而,将作为非犯罪后果的措施与作为犯罪后果刑罚补充的措施集中规定于此条之后,以"第三十七条之一"的法条方式加以规定是比较适当的。

---

[1] 参见刘志伟、周国良编《刑法规范总整理》(第六版),法律出版社2013年版,第8页。

其二，关于保安处分的适用对象。我们认为应注意以下几点：（1）不宜采用过分抽象的方式对适用对象进行概括，这主要是考虑到刑法体系中一般均采用列举式的方式对行为类型进行描述的立法技术，同时也是为了避免过分抽象可能导致的过度解释从而出现侵犯人权风险的问题。（2）保安处分的适用对象应进行适度分流。对于凡是与逮捕具有同等效果的、具有剥夺人身自由的强制性措施，由于其决定权与逮捕相同，也会形成对人身自由的实质限制乃至剥夺，且也需要较长的矫治时限，可将之分流至《刑法》当中，其余的，则可分流至《治安管理处罚法》之中。具体可将《刑法》中的保安处分的对象范围限制为两类：一类是作为非犯罪后果的措施，这类对象往往是已经实施了犯罪或者是虽不构成犯罪但已存有刑事不法的危害行为的。这一类对象范围是"多次实施严重违反治安管理处罚法行为、累教不改而有必要予以保安处分的"，具体内容包括"多次实施吸毒、诈骗、抢夺、寻衅滋事、聚众斗殴、煽动闹事、教唆他人自杀或者违法犯罪等严重违反治安管理处罚法行为，累教不改而有必要予以保安处分的"。需要说明的是，第一类对象范围中，笔者没有将"实施卖淫嫖娼者"列入，原因在于这类人员从世界范围考察而言均不宜施以保安处分。二类是作为犯罪后果刑罚补充的措施，这类对象往往是有过犯罪经历且改造不完全，需要通过保安处分措施预防其再犯的。第二类对象范围是"累犯或者故意犯在刑罚执行完毕或者赦免之后仍有严重人身危险性而确有保安处分必要的"，具体内容包括"累犯或者因故意实施危害国家安全罪、危害公共安全罪、妨害社会管理秩序罪、严重暴力犯罪而被判刑的犯罪分子，在刑罚执行完毕或者赦免之后仍有严重人身危险性而确有保安处分必要的"。（3）充分发挥"等"字在刑法中的类型化功能。纵观我国刑法，在罪状中对行为方式进行列举时常常会使用"等"字，"等"字的功能不仅在于能够实现兜底，避免立法者因受限于认知、社会经济发展水平等原因而出现列举不完整、放纵犯罪的情况，也可以有效限制司法者对行为类型的任意解释，因为"等"字的适用直接决定了其所囊括的行为或对象类型须是与其前文所列举的类型具有同质性的行为或对象，若在类型化的过程中发现欲规制的行为显著轻于已列举的行为的，则不应解释为犯罪。此外，"等"字的运用也可以有效地避免法条过于冗长等技术问题。基于这一立法经验，在刑法修正案中对保安处分的对象进行列举时，可做类似设置。

其三,关于保安处分的适用期限。我们认为,可将其限定为"六个月以下,具有多种类严重违反治安管理处罚法行为且特别严重者不超过一年"。如此设置主要是基于三个原因:第一,赋予法官在此期限内更多的自由裁量权,以更好地满足比例原则的要求;第二,维持《刑法》在法定刑设置上一般以年、月为单位的传统,保持体系上的一致性;第三,适度限制最高适用期限,避免出现针对人身危险性的教育矫治措施重于管制、拘役等刑罚措施的怪象。

其四,保安处分的提出与判决。保安处分的提出与判决均属程序化的问题,在修正案中进行程序化设置的目的是有效实现保安处分的程序化和司法化。因为新《刑事诉讼法》中并无相应的程序性规定,若不在实体法中进行综合配套,就可能导致实体规范后的内容无法具体实现,反而不利于保安处分司法化目标的实现。

关于保安处分的提出。为了避免出现侦控审不分的情况,保障行为人合法的诉权,我们认为可在参考一般的刑事诉讼程序基础上进行适度调整,以解决保安处分的提出、审查、审判、执行等程序法问题。具体内容暂时可以规定为"对于任何人的保安处分,由县级以上公安机关或者执行机关向所在地中级以上人民法院所对应的人民检察院提出保安处分建议书,人民检察院审查决定后向中级以上人民法院起诉,经由人民法院组成合议庭进行审理判决后交付保安处分部门执行",且明确规定"非经法定程序不得对任何人进行保安处分"。由此,检察机关的监督功能便能够得以有效发挥,同时,法院的介入也可有效避免公安机关可能出现的权力滥用。此外,考虑到被保安处分的对象所涉的刑事不法行为等并非犯罪,人民检察院也不适宜对此提起公诉,故将起诉书调整为保安处分建议书。

关于保安处分的判决。鉴于保安处分本身的性质以及诉讼效率方面的特殊性要求,在保安处分的判决问题上,暂时可以规定为"人民法院在受理保安处分案件之后应在一个月以内做出判决"。这一设置相较于新《刑事诉讼法》两个月内宣判的规定要短,主要是考虑到以下原因:其一,保安处分的期限本就较短,从侦查到提起保安处分建议直至判决本就涉及大量的时间消耗,若规定较长的审判期限极易导致超期羁押等问题;其二,保安处分的事项相较于普通犯罪往往要更为简单,侦查、提出建议、审判的难度也较小,规定相对较短的时限也较为合理。

此外，鉴于保安处分本身所涉剥夺人身自由的性质及其司法化的需要，应当明确赋予并确保当事人的辩护权，允许当事人聘请代理律师，因而法律应当明确规定"确保被人民检察院审查或者起诉保安处分的人享有辩护权"。

其五，关于保安处分的执行。由于保安处分所针对的是行为人的人身危险性所进行的教育矫治，因而保安处分的重心不在惩罚，而在消除行为人的反社会性，重塑其健全的人格。因此，能否有利于其重新回归社会，更好地适应社会生活就成为保安处分执行过程中所应着重考虑的问题。基于此，保安处分的执行模式就应实现从单一、封闭的模式向多元、开放的模式的转变，并突出医疗救助（生理方面）和教育矫治（心理和行为方式方面）的功能，体现出科学性、个别性和人道性的处遇标准和人文关怀。[①] 具体而言，我们认为可做如下区分：对于主观恶性较大、教育矫治难度较高的如属于多次作案、流窜作案或者其违法犯罪行为在当地造成恶劣影响的，为逃避保安处分或者决定保安处分后自伤、自残、逃跑的，以及不投送保安处分场所执行可能有社会危险的，可直接剥夺其人身自由，施以必要的监禁；对于主观恶性较小、人身危险性不大的保安处分对象（包括老病残、未成年人、初犯等类型以及有特殊业务技术专长，确为本单位生产、科研所必需，其单位提出申请的和家庭成员患有严重疾病、生活不能自理或者没有生活来源，确需本人照顾或者扶养的两种类型），可以仿照"管制"的相关规定实行社区矫正，以增强保安处分对象复归社会的能力，强化其法律意识和社会责任感。同时，考虑到保安处分对象中存在着有如酗酒、吸毒等恶习的对象，为避免其受外界因素诱导而再次实施违法行为，保证教育矫治效果，也可对这类特定对象判处禁制令。具体可在修正案中做如下表述："对于主观恶性较小、人身危险性不大的保安处分人，参照管制的执行方式，依法实行社区矫正。对于实行社区矫正的保安处分人，可以根据犯罪情况，同时禁止其在执行期间从事特定活动，进入特定区域、场所，接触特定的人。"

此外，我们认为，保安处分的解除可规定为："被判处社区矫正的被

---

① 程书兵：《论我国保安处分制度的教育矫治化——关于〈违法行为教育矫治法〉的立法思考》，载《公安研究》2009 年第 5 期。

保安处分人执行期限即将届满的，居住地公安派出所应当在期满前一个月，对被保安处分人进行考察，填写《解除保安处分意见表》并附定期考察材料、帮教单位的意见以及被保安处分人的小结，报送原判决保安处分的人民法院。""对被保安处分人解除或者提前解除保安处分的，由执行机关制作《解除保安处分决定书》送达被保安处分人。"

其六，关于保安处分的后果。被保安处分人如果不是既判犯罪人，其被执行保安处分仅是为了教育矫治需要，加之其不存在构成犯罪的实际行为，故无对其予以刑罚处罚之必要。相应的，其在解除保安处分措施后，也就不应承担和普通犯罪人一样的后果，更不应被贴上犯罪之标签。基于此，《刑法》第100条所规定的前科报告制度自然不能适用于被保安处分人，因为前科报告制度适用的前提是"依法受过刑事处罚"，而在"刑罚—保安处分"双轨制的模式下，刑罚执行完毕后的附带效果均不应加诸被保安处分人，否则既可能导致保安处分与刑罚的界限不清，也可能因为这些附带效果而强化被保安处分人的反社会人格，甚至刺激其实施报复社会的犯罪行为，有违保安处分制度初衷。

四 实践：通过保守的刑法解释实现保安处分适用的谨慎限缩化

改革完善具有中国特色的保安处分制度，废止劳动教养和完善保安处分立法只是第一步，而接下来在实践中正确解释适用保安处分也至关重要。为此，我们在今后的保安处分制度实践中，必须秉持社会主义法治理念和刑事法治原则，尊重人权，谨慎、保守地解释适用保安处分，以防止过度解释适用、尤其是要杜绝滥用保安处分。

刑事政策上刑事类措施的适用应当坚持刑法谦抑原则，尽量以最小的支出、少用甚至不用刑事类措施来获得最大的社会效益并有效地预防和抗制犯罪。[1] 保安处分直接关涉公民人身自由、财产的权利限制与剥夺，因而部分保安处分措施在实质上属于"刑事类措施"，[2] 应当坚持保安处分

---

[1] 参见魏东《刑事政策学》，四川大学出版社2011年版，第57页。
[2] 参见［法］米海依尔·戴尔玛斯—马蒂《刑事政策的主要体系》，卢建平译，法律出版社2000年版，第15、18页。

法定原则和刑法谦抑性、最后手段性、不得已性精神,在具体解释适用时应当坚持刑法解释的保守性(亦即保守的刑法解释立场)。而所谓刑法解释的保守性主要体现在以下三方面:① 一是刑法解释的法治理性维度的保守性,指刑法解释之法治目标与解释结论的保守性,即应当倾向于保障人权机能的价值目标权衡的解释结论。在具体个案中,不同的解释立场和解释方法可能会得出不同结论,这时就必须注意解释结论的保守性,即寻求倾向于保障人权机能的价值目标权衡的结论。刑罚的最后手段性、不得已性、谦抑性,正是这种解释结论的保守性的深刻表达,亦即:可定罪可不定罪时,解释结论应当是不定罪(不逮捕、不定罪、不判刑);可免除处罚可不免除处罚时,解释结论应当是免除处罚;可适用保安处分可不适用保安处分时,解释结论应当是不适用保安处分,等等。二是刑法解释的对象理性维度的保守性,指刑法解释对象(即解释文本与对象事实)及其存在状态的保守性,即作为刑法解释对象的文本仅限于刑法规范文本,作为刑法解释对象的事实仅限于有确实、充分的证据予以证实之刑案事实。作为刑法解释对象的文本,只能是刑法,即刑法典以及刑法修正案、单行刑法、附属刑法。三是刑法解释的方法理性维度的保守性,指解释方法及其限度的保守性,即应当仅限于刑法立法规范文本原意并允许倾向于保障人权之限度。除有利于被告人以外,刑法解释原则上应当反对超规范解释、过度的目的解释、过度的客观解释、过度的实质解释、过度的扩张解释,坚决禁止类推解释。至于在极少数情况下通过客观解释和实质解释而将刑法规范做出不利于被告人之解释结论,只能作为原则之下的个别例外,但不得作为常态。

依此刑法解释的保守性原理,我们在实践中应当谨慎、保守地解释适用保安处分条款(即"第三十七条之一"),其中前四款有关刑事实体法规范内容的解释适用应当注意以下几点:

其一,关于"第三十七条之一"第1款:"对于多次实施吸毒、诈骗、抢夺、寻衅滋事、聚众斗殴、煽动闹事、教唆他人自杀等严重违反治安管理处罚法行为,累教不改而有必要予以保安处分的,可以依法予以保安处分。"应当谨慎、保守地解释适用其中的"多次""等""累教不改"

---

① 参见魏东《刑法解释的保守性命题及其初步论证》,载《刑法解释暨刑辩学术研讨会论文集》(上册),四川大学刑事政策研究中心 2014 年 7 月编印,第 92—110 页。

"有必要予以保安处分""可以"等规范用语。(1)"多次"的解释适用,应限定为累计三次以上。(2)"等"的解释适用,应注意运用同类解释和同质解释的方法,将其功能恰当限定于既能够实现兜底以避免列举不完整而放纵保安处分的情况发生,也能有效限制司法者对保安处分行为类型的任意解释,切实做到"等"字所囊括的行为仅限于与本条款所具体列举的行为类型具有同质性的行为,切实避免将显著轻于已列举的具体行为类型的其他行为解释为"等"字所囊括的行为。(3)"累教不改"的解释适用,应注意其含义必须是已经对严重违反治安管理处罚法行为人有所教育并且是两次以上教育的经历,而仍然不思悔改以致再犯严重违反治安管理处罚法行为。因此,若严重违反治安管理处罚法行为人只有一次严重违反治安管理处罚法行为的,或者虽有两次以上严重违反治安管理处罚法行为、但是尚未被实施教育措施的,均不得被解释为"累教不改"。(4)"有必要予以保安处分"的解释适用,强调必须进行保安处分的必要性审查,也就是说,对于某些虽有两次以上严重违反治安管理处罚法行为且累教不改者,但是其若有一些情有可饶恕的因素且认错、悔改态度较好而不是有必要予以保安处分的,就不应当将其解释为"有必要予以保安处分"。(5)"可以"的解释适用,应注意其属于可以适用、也可以不适用保安处分的规定,其仅仅是一种"倾向性建议"、但不是"硬性强制"(如"应当")的规定。

其二,关于"第三十七条之一"第2款:"对于累犯或者因故意实施危害国家安全罪、危害公共安全罪、妨害社会管理秩序罪、严重暴力犯罪而被判刑的犯罪分子,在刑罚执行完毕或者赦免之后仍有严重人身危险性而确有保安处分必要的,可以依法予以保安处分。"应当谨慎、保守地解释适用其中的"严重人身危险性""确有保安处分必要的"等规范用语。(1)"严重人身危险性"的解释适用,首先,应注意区分"人身危险性"之刑法规范学与犯罪学的语境意义。在刑法学领域内,其研究对象只限于实施了严重危害社会行为的人,即刑法意义上的犯罪人,因此,人身危险性的外延也只限于实施了严重危害社会行为的人,即犯罪人,而其内涵也只包括了犯罪人再次实施严重危害社会行为的可能性,即再犯可能性,不包括初犯可能性;因而,对于刑法学意义上的"人身危险性"概念,只能将其解释为实施了严重危害社会行为的人(犯罪人)再次实施严重危害社会行为（犯罪行为）的可能性，即犯罪人的再犯可能。① 亦即这里必须注意将其刑法规范学意义与犯罪学意义相区分，犯罪学意义上的"人身危险性"概念，则可以解释为行为人所具有的实施危害社会的犯罪行为（犯罪学意义上的犯罪）的可能性，即行为人的初犯可能和再犯可能；这里的初犯可能，是指尚未实施犯罪的人（潜在犯罪人）通过违法行为等各种客观表征表现出来的将来犯罪的可能性，依法不得将其作为解释适用保安处分的"人身危险性"依据。② 其次，应当注意恰当解释"严重"，切不可将那些仅具有普通人身危险性的情形也解释为"严重"人身危险性。比较典型的情况是那些初犯、偶犯并且又有真诚认罪、悔罪的犯罪分子，在刑罚执行完毕或者赦免之后通常情况下不应被解释认定为仍有"严重"人身危险性。(2)"确有保安处分必要的"的解释适用，如前所述，就是特别强调必须进行保安处分的必要性审查。亦即，对于某些累犯或者因故意实施危害国家安全罪、危害公共安全罪、妨害社会管理秩序罪、严重暴力犯罪而被判刑的犯罪分子，在刑罚执行完毕或者赦免之后虽然仍有严重人身危险性，但是通过教育谈话之后而有一定认错、悔改态度，而不再有必要予以保安处分的，就不应当将其解释为"确有保安处分必要的"。

其三，关于"第三十七条之一"第3款："保安处分措施包括对人的强制性收容教育措施、强制性隔离措施、强制性治疗措施、强制性剥夺资格与身份措施、强制性监督指导措施、强制性训诫教育措施，以及对物的强制性收缴与其他处置措施。"应当谨慎、保守地解释适用其中针对人的强制性保安处分措施和针对物的强制性保安处分措施。一是总体上，针对人的强制性保安处分措施的解释适用应当比针对物的强制性保安处分措施的解释适用更加严格和慎用。二是在针对人的强制性保安处分措施中，由于其对人身的强制强度逐渐递减，因而应当对排列在前的强制强度更大的强制性收容教育措施、强制性隔离措施等的解释适用更加严格和谨慎，进行严格的保安处分必要性审查，应尽量不用或者少用；对排列居中的强制性治疗措施、强制性剥夺资格与身份措施等的解释适用，可以适当不用或

---

① 参见胡学相、孙雷鸣《对人身危险性理论的反思》，载《中国刑事杂志》2013年第9期。
② 参见苗有水《人身危险性的刑法学研究》，载刘生荣等著《刑法基础理论研究》，法律出版社2001年版，第319页。

者少用；而对排列在后的强制性强度较小的强制性训诫教育措施、强制性监督指导措施等的解释适用则可以酌情做出适当解释和较多适用。

其四，关于"第三十七条之一"第4款："保安处分措施涉及剥夺或者限制人身自由内容的，其剥夺或者限制人身自由的期限为十五日以上六个月以下，具有多种类严重违反治安管理处罚法行为且特别严重者的期限不得超过一年。"要特别谨慎地解释适用具体的剥夺或者限制人身自由的种类、期限，尽量做到就低不就高、就轻不就重，严防过度剥夺人身自由的现象发生。尤其必须要更加严格和谨慎地解释适用"具有多种类严重违反治安管理处罚法行为且特别严重者"之规定：所谓"多种类严重违反治安管理处罚法行为"，应当解释为具有三种以上不同行为性质类型的严重违反治安管理处罚法行为，比如同时实施了吸毒、诈骗、抢夺、寻衅滋事、聚众斗殴、煽动闹事、教唆他人自杀等严重违反治安管理处罚法行为之中的三种类别以上，而不是仅仅实施了某一种类别的次数达到三次以上。因此，如果行为人仅实施了三次诈骗的行为但没有实施其他类别的行为，或者行为人仅实施了两次诈骗和一次煽动闹事的行为但没有实施其他类别的行为，均依法不得将其解释适用为"多种类严重违反治安管理处罚法行为"。所谓"特别严重"，应当解释为行为人在实施了"多种类严重违反治安管理处罚法行为"的同时，产生了特别恶劣的社会影响、行为人气焰特别嚣张且拒不认错悔过等特别严重的情形。

第 八 章

中国当下反腐败政策检讨

当下我国反腐败，在贯彻执行宽严相济刑事政策的前提下，中央提出了"老虎苍蝇一起打"和"受贿行贿一起抓"的反腐败策略思想，① 从而，宽严相济刑事政策与"老虎苍蝇一起打"和"受贿行贿一起抓"策略思想之间的关系问题客观上成为一个摆在我们面前的重大理论与实践问题。单纯强调"老虎苍蝇一起打"和"受贿行贿一起抓"策略思想可能还不够，还需要我们进行在刑事政策上的进一步的适当权衡，必须要使得"老虎苍蝇一起打"和"受贿行贿一起抓"策略思想在基本思路上切合宽严相济刑事政策和刑法规定的基本要求。因此，我们必须正确领会"老虎苍蝇一起打"和"受贿行贿一起抓"的反腐败策略思想，必须严格贯彻宽严相济刑事政策精神，切实加强政府诚信建设和反腐败制度建设，在"防"的制度层面上对腐败行为实行零容忍；同时又要注意区别对待讲求策略，在"打"的层面上将打击重点紧紧盯住"老虎"不放，防止将众多"苍蝇"当成老虎打而过度消费掉国家的反腐败资源并影响国家反腐败的大局利益。有鉴于此，本章重点检讨"老虎苍蝇一起打"策略思想在实践中存在的问题及其解决思路。

一 "零容忍"：反腐败犯罪的基本思路

"老虎苍蝇一起打"，作为中央新近专门针对反腐败问题而提出并特别强调的刑事政策策略思想，其核心是要求对腐败现象实行"零容忍"，

---

① 关于"老虎苍蝇一起打"的提法，参见报道《"老虎""苍蝇"一起打获认可，网民呼吁过硬制度保障》，新华网，http://news.xinhuanet.com/politics/2013－02/21/c_114753159.htm，访问时间，2013年2月22日。

既要严惩严重腐败犯罪,也不能放纵普通的腐败犯罪,具有针对过去不当地大范围宽大处理普通腐败犯罪的现象(如将部分腐败犯罪不作为犯罪处理、免除处罚处理、缓刑处理等宽大处理)进行"纠偏"的作用。有学者指出,新中国成立以来即特别重视反腐败,司法实践中多年来坚持了"大老虎"要打、"小老虎"也不放过,自20世纪80年代以来的三十年时间里我国经历了反腐败斗争中搞"抓大放小"与侧重于抓大案要案并以此展示我国反腐败的力度和决心,现在提出"老虎苍蝇一起打"的策略应当说既是对以往反腐败历史经验的总结继承,也是对反腐败刑事司法的统一性的进一步增强。[①] 另有学者指出:过去讲到"老虎"做报告,"狐狸"听报告,"苍蝇""蚊子"戴手铐,讲的是20世纪90年代一个反腐败的状况,也就是触动高级干部的比较少,主要都是一些科处级干部,打小"苍蝇"、大"蚊子"的这种举动比较多;过去我们反腐败主要是从下至上,现在指的是上下一同进行,既注意高级干部的贪腐行为,又关注发生在我们身边的腐败行为,也就是既注意大"老虎",也注意小"苍蝇",所以现在强调"苍蝇""老虎"都要打。[②] 可见,"老虎苍蝇一起打"策略思想内含有对腐败现象实行"零容忍"并对过去反腐败刑事司法对策"纠偏"的意义,这是学术界对于"老虎苍蝇一起打"策略思想的一般解读。不过,这种学理解读尚有值得进一步反思检讨之处。

笔者认为,"老虎苍蝇一起打"策略思想需要我们准确领会其精神实质、妥善处理其政治智慧。因为,"老虎苍蝇一起打"稍有不慎即可能出现背离宽严相济刑事政策的现象:其一,若平均用力搞"老虎苍蝇一起打",就可能因为打苍蝇而影响打老虎,对打老虎用力不足而导致部分老虎为虎作伥并侵蚀国家政治肌体,捡了芝麻丢了西瓜,将不利于反腐败的良好收效并最终可能影响到我国反腐败大局;其二,如果将过多的苍蝇浮夸地、人为地"当作"老虎打,还可能出现因为过度打苍蝇而对轻微腐败行为依法该宽不宽、依法该放不放,也可能会影响打击真正的老虎,从而也影响到国家反腐败大局,甚至可能出现新的特殊形式的腐败与渎职,从而也可能导致侵蚀法治肌体和部分人权;其三,更可能出现"只讲打、不讲防"的本末倒置的错误倾向,偏离了中央确立的"标本兼治、综合

[①] 赵秉志:《论我国反腐败刑事法治的完善》,载《当代法学》2013年第3期。
[②] 《反腐专家:反腐要上下同进行,要"老虎苍蝇"一起打》,新华网。

治理、惩防并举、注重预防"的反腐败方针。① "受贿行贿一起抓"同样也有一个公正司法和轻重缓急的问题。所以，"老虎苍蝇一起打"必须与宽严相济刑事政策相结合，要防止平均用力、误打误伤，防止捡了芝麻丢了西瓜的现象发生，确保国家反腐败大局和法治大局。

中共中央总书记习近平同志指出："从严治党，惩治这一手决不能放松。要坚持'老虎'、'苍蝇'一起打，既坚决查处领导干部违纪违法案件，又切实解决发生在群众身边的不正之风和腐败问题。"② 可以认为，中央领导同志这里表述的"老虎苍蝇一起打"主要是指在"从严治党"和"坚决查处领导干部违纪违法案件"意义上的策略思想（当然也是某种刑事政策意义上的策略思想）；相应地，对腐败现象实行"零容忍"，也应当阐释为主要是指在"从严治党"和"坚决查处领导干部违纪违法案件"意义上的策略思想，而并非指涉在惩治腐败犯罪的刑事司法领域。因为，按照我国宽严相济刑事政策和罪刑法定原则的基本精神，并非任何轻微腐败行为都构成刑法规范意义上的犯罪。比如，刑法第 13 条"但书"的规定，刑法第 383 条第一款第（四）项规定"个人贪污数额不满五千元……情节较轻的，由其所在单位或者上级主管机关酌情给予行政处分"，以及最高人民检察院《关于人民检察院直接受理立案侦查案件立案标准的规定（试行）》（1999 年 9 月 16 日发布）、《关于渎职侵权犯罪案件立案标准的规定》（2006 年 7 月 6 日发布）等关于贪污贿赂犯罪定罪数额起点的规定等，均表明依法不得针对部分轻微腐败行为定罪处刑，从而可以说明所谓腐败现象"零容忍"与打"苍蝇"等策略思想并非彻底地体现在刑法意义上。或者换句话讲，将纪检监察意义上的腐败"零容忍"与打"苍蝇"策略思想完全植入刑事司法领域，并不具有充分的合法性与正当性。并且，即使是成立了刑法规范意义上的腐败犯罪，也并非一律给予刑法意义上的"打"（即可以给予非刑罚措施的处理），而是还存在刑法谦抑原则意义上的限缩惩罚范围的考量，如有的

---

① 关于"标本兼治、综合治理、惩防并举、注重预防"的反腐败方针，参见国务院新闻办公室于 2010 年 12 月 29 日发布的《中国的反腐败和廉政建设（白皮书）》，新华网，http: //news. xinhuanet. com/politics/2010 - 12/29/c_ 12930289. htm，访问时间：2010 年 12 月 29 日。

② 《"老虎""苍蝇"一起打获认可，网民呼吁过硬制度保障》，新华网，http: //news. xinhuanet. com/politics/2013 - 02/21/c_ 114753159. htm，访问时间：2013 年 2 月 22 日。

依法应当不定罪、有的依法应当不处罚（免除处罚），等等。因此可以说，"老虎苍蝇一起打"策略思想仅在纪检监察意义上具有充分的合法性和正当性。

纪检监察工作中贯彻"老虎苍蝇一起打"策略思想，要把加强反腐败制度建设作为重中之重，要将反对特权、把权力关进笼子作为一个重要指导思想，切实做到对腐败现象实行"零容忍"。因为，要真正实现把权力关进制度的笼子里，用制度反腐，这是实现"老虎""苍蝇"一起打的根本保证。① 因此，不能因为是苍蝇一样的小腐败就视而不见、充耳不闻，而是要充分认识到苍蝇也可以坏了一锅汤，也可以发生质变而成为吞噬国家健康肌体的老虎，其最终也可以破坏整个国家的反腐败大局。从而，应当将"老虎苍蝇一起打"作为反腐败制度建设、纪检监察工作的一个基本要求，尤其是要通过进一步严密细化公务员财产申报制度、人事任命制度、财经财务制度、政务信息公开制度、公务员诚信制度等制度建设以杜绝腐败现象。同时，要将"老虎苍蝇一起打"作为在腐败工作中坚持打防结合的基本工作思路，在反腐败纪检监察工作中必须反对那种只打防老虎，而忽视放纵苍蝇的做法。

在纪检监察工作贯彻"老虎苍蝇一起打"是否应有所区别和侧重？新华网曾经对打老虎和打苍蝇在具体策略上是否需要有所区别的问题进行调查，有19.8%的人认为应该有所区别，因为老虎和苍蝇存在区别；有75.94%的人认为"没有区别，都属于腐败的范畴"；另有4.26%的人认为应"视具体情况而定"。② 这些讨论是很有必要的。我们比较赞同多数人的意见，应当在纪检监察层面上坚持对腐败犯罪的"一律打""零容忍"的立场，在这个意义上打老虎和打苍蝇是不应有所区别的。近年来我国打老虎成绩斐然，在近30年的时间里我国仅移交司法机关处理的部级以上领导干部就有100余名。③ 而近来打苍蝇也十分抢眼，针对近期发生的几起在工作日午餐饮酒、公款吃喝、公款旅游、办宴席收礼等一些"芝麻小事儿"一样的违规行为，中纪委立即向全国进行通报批评

---

① 《"老虎""苍蝇"一起打获认可，网民呼吁过硬制度保障》，新华网，http://news.xinhuanet.com/politics/2013-02/21/c_114753159.htm，访问时间：2013年2月22日。
② 同上。
③ 中国共产党新闻网报道：《百余名省部级高官的贪腐之路》，新华网，http://news.xinhuanet.com/legal/2012-03/29/c_122906150.htm，访问时间：2012年3月31日。

并由有关纪检监察部门予以严肃查处,彰显了我国反腐败工作抓得越来越严、越来越细,整风肃纪的决心越来越坚定,[①] 这是在纪检监察工作中严格贯彻"老虎苍蝇一起打"的有力例证。当然,打老虎与打苍蝇在打的力度以及是否移交司法机关处理等具体措施上还是应依法进行区别处理。

同时,也要重视"老虎苍蝇一起打"策略思想对于刑事司法工作的政策指导价值。司法工作中贯彻"老虎苍蝇一起打"策略思想,既要反对只打老虎不打苍蝇的做法,又要反对眉毛胡子一把抓、不分轻重胡乱打的思路,还要反对单纯重打击、超越法治的思想。在反腐败犯罪的侦查工作中,一定要深挖细查,将全部腐败犯罪揭露深挖出来,决不能搞留有余地、留下后患,这是"老虎苍蝇一起打"策略思想的根本内容。同时,在公诉和司法审判环节的定性处理上,要切实做到定性准确、处理适当,既要注意依法严厉打击严重腐败犯罪的老虎,也要依法处理打击确有轻微腐败犯罪的苍蝇,而不能让苍蝇们钻了法律的空子、逃脱了法律的制裁。即使依法需要将部分腐败犯罪分子予以免除处罚处理、缓刑处理等宽大处理,也要将其宣布为犯罪;即使依法需要将部分十分轻微的腐败犯罪不作为犯罪处理,也要将其已有犯罪行为彻底揭露出来并依法给予党纪政纪处分,而不能让其隐藏在阴暗角落之中。

二 "严打":司法解释可能存在的误读误导

"老虎苍蝇一起打"在反腐败工作中、尤其是在司法实务中可能存在被误读误导为片面强调"严打"的现象。在当下我国贯彻执行宽严相济刑事政策的过程中,是否可以说反腐败就不执行宽严相济刑事政策而是实行"严打"政策呢?对此疑问,恐怕不仅是在社会上较为广泛地存在,而且在司法实践部门中也存在,从而需要严肃讨论并以正视听。

通过观察可以发现,目前我国司法机关对于特别重大贿赂犯罪案件的刑事司法活动就可能部分存在误读误导我国反腐败刑事政策的现象,其表现之一在于最高人民检察院对我国刑事诉讼法第37条第三款的司法解释

---

① 《中纪委通报违反八项规定典型问题,强调整治规避行为》,新华网,http://news.xinhuanet.com/legal/2013-07/30/c_125086243.htm,访问时间:2013年7月30日。

文本，以及我国部分地区的人民检察院乃至公安机关随意限制律师会见权而在部分贿赂犯罪案件的侦查工作中搞"暗箱操作"的实践做法。

我国《刑事诉讼法》第三十七条第三款明确规定了对"特别重大贿赂犯罪案件"侦查期间的律师会见权予以限制，这一规定本身尽管有一定合理性，其体现了我国对于"特别重大贿赂犯罪"予以严厉打击的"从严"刑事政策精神，亦即其所体现的是我国宽严相济刑事政策之"严"的一面，同时考虑了特别重大贿赂犯罪难以侦破、难以取证以及其特别重大危害性等特点；但是，我们应当看到其在刑事政策上、程序法上的合理性十分有限，根本不宜对其适用范围做出宽泛解释，从而造成较大数量的贿赂犯罪案件被作为"特别重大贿赂犯罪案件"而过度限制了相关案件中犯罪嫌疑人获得的律师辩护权以及律师会见权。

最高人民检察院2012年修订《人民检察院刑事诉讼规则（试行）》分若干条款对"特别重大贿赂犯罪案件"问题进行了系统规定和明文解释。其中第8条第二款明确规定："贪污贿赂犯罪是指刑法分则第八章规定的贪污贿赂犯罪及其他章中明确规定依照第八章相关条文定罪处罚的犯罪案件。"其第四十五条规定："有下列情形之一的，属于特别重大贿赂犯罪：（1）涉嫌贿赂犯罪数额在五十万元以上，犯罪情节恶劣的；（2）有重大社会影响的；（3）涉及国家重大利益的。"从上列规定可以发现，值得关注的问题是"特别重大贿赂犯罪案件"程序法规定本身及其既有司法解释的以下问题：

（一）关于"贿赂犯罪"的程序法解释与刑法实体法解释不完全协调

何为"特别重大贿赂犯罪"？应当说这是一个关涉反腐败刑事政策的重大问题。我国刑法并没有对"特别重大贿赂犯罪案件"予以明确规定，因而可以说"特别重大贿赂犯罪案件"并非一个规范的刑法实体法的法律用语。"特别重大贿赂犯罪案件"这一法律用语仅出现在我国刑事诉讼法第37条第三款之中，因而可以认为，"特别重大贿赂犯罪案件"是一个规范的刑事程序法的法律用语。尽管如此，我们仍然应当注意"特别重大贿赂犯罪案件"这一法律用语之中包含了规范的刑法用语"贿赂犯罪"。因此，对"特别重大贿赂犯罪案件"的规范解释无法脱离刑法解释而独立存在，而有必要从刑法和刑事诉讼法双重视角对其进行规范解释。

从刑法解释论看，"特别重大贿赂犯罪"包含有中心词"贿赂犯罪"

和限制性定语"特别重大"两个部分，需要分别予以解释。"贿赂犯罪"的刑法含义本来是十分明确的，但是，前述最高人民检察院解释文本第8条却将"贪污贿赂犯罪"一起加以规定，即规定"贪污贿赂犯罪是指刑法分则第八章规定的贪污贿赂犯罪及其他章中明确规定依照第八章相关条文定罪处罚的犯罪案件"；后在其第四十五条对于"特别重大贿赂犯罪案件"的解释中也没有明确列举具体罪名。这样的笼统规定可能导致司法实践部门"打擦边球"而违法限制犯罪嫌疑人获得律师辩护权和律师会见权。如某地基层人民检察院在侦办某涉嫌贪污500余万元的案件中，就明确限制犯罪嫌疑人获得律师辩护权和律师会见权，后来在辩护律师的反复要求下，该人民检察院又以便签纸加盖公章的形式书面通知律师"本案在侦查中发现犯罪嫌疑人涉嫌特别重大贿赂犯罪"而限制犯罪嫌疑人获得律师辩护权和律师会见权，最终才在辩护律师要求其出具正式的立案证明材料之后而不能出具的情况下才停止了违法侦查行为，但是这时案件侦查工作已经经过了半个月时间。再如，某地级市人民检察院在侦办某官员涉嫌受贿30余万元、贪污20万元的刑事案件中，直接将两个数额添加在一起作为"涉嫌受贿50余万元"的案件进行立案侦查，如此一来，该市人民检察院即理所当然地"依法"限制了犯罪嫌疑人获得律师辩护权和律师会见权。

更有甚者，个别地方的公安机关在侦办普通刑事案件的过程中，也有借口本案还涉及"特别重大贿赂案件"而违法限制犯罪嫌疑人获得律师辩护权和律师会见权的现象。如某省会市公安经侦部门在侦办一起涉嫌伪造金融票证案的过程中，起先是直接通过公安机关内部对看守所打招呼的形式限制律师会见权，其后在对犯罪嫌疑人取保候审时又明确告知该犯罪嫌疑人不得同其聘请的辩护律师见面（即限制律师会见权），其理由之一即是该案犯罪嫌疑人还与"特别重大贿赂犯罪案件"有关联，但是自始至终该公安机关均没有向辩护律师出具该犯罪嫌疑人涉嫌"特别重大贿赂犯罪案件"的任何正式的规范文书。

（二）关于"特别重大"的程序法解释存在较大模糊性

刑法关于贿赂犯罪的规定中仅有"数额"和"情节"的规定，如"数额较大"、"数额巨大"与"数额特别巨大"，以及"情节严重"、"情节特别严重"等规定，而并没有"特别重大"的规定。那么，在哪些数额加情节的情况下才能界定为"特别重大"呢？这是刑法实体法上没有明确规定的问题。而最高人民检察院解释文本关于"有下列情形之一的，属于特别重大贿赂犯罪：（一）涉嫌贿赂犯罪数额在五十万元以上，犯罪情节恶劣的；（二）有重大社会影响的；（三）涉及国家重大利益的"之规定，缺乏应有的刑法依据。而且从司法实践来看，最高人民检察院解释文本关于"特别重大贿赂犯罪案件"的规定也是太过于宽泛，因为现在发现的一些高官受贿案件动辄涉案数额高达数百万元、数千万元甚至上亿元，从而"涉嫌贿赂犯罪数额在五十万元以上"的贿赂案件难说宜于界定为"特别重大贿赂犯罪案件"。

如前所述，最高人民检察院解释文本还将"犯罪情节恶劣的""有重大社会影响的""涉及国家重大利益的"等可变而模糊的因素直接纳入对"特别重大贿赂犯罪案件"的判断依据，客观上也为司法实践部门随意将较多普通贿赂犯罪案件认定为"特别重大贿赂犯罪案件"提供了方便。如某基层人民检察院在侦办一起涉嫌单位行贿 30 余万元的刑事案件中，直接以该案属于"有重大社会影响的"为由限制犯罪嫌疑人获得律师辩护权和律师会见权，任凭辩护律师如何申辩均无法更改。

（三）程序法解释整体上存在一定的刑事政策偏差

为更加有效地揭露和指控特别重大贿赂犯罪，限制律师会见权并在一定程度上牺牲犯罪嫌疑人的程序性权利，在一定程度上违背了现代刑事法治基本理性。本来，无论是我国宽严相济刑事政策之"严"的一面，还是西方国家轻轻重重刑事政策之"重"的一面，均仅限于实体法上的"严"和"重"，而不是在程序法上对犯罪嫌疑人程序权利的克减，即程序权利的不可克减性原理；以此为据，我国刑事诉讼法第 37 条第三款规定对特别重大贿赂犯罪案件之程序权利克减本身是存在一定疑问的，那么，在此基础上我国有关司法解释文本对此程序权利克减的解释限制不足应当说有违我国宽严相济刑事政策精神，而部分司法实践部门又在此基础上更进一步地随意对此程序权利进行"恶意"克减就更加为害甚重，不得不令人深思和警惕。

因此，有必要针对"特别重大贿赂犯罪案件"程序法规定本身及其既有司法解释对律师会见权的过度限制进行某种刑事政策考量。例如，是否存在将贿赂犯罪等同于信仰犯罪、极端犯罪的问题，以及将腐败犯罪标本兼治降格为重标轻本的问题，以及宽严相济刑事政策被消解的问题。再如，是否存在部分地方的司法实践部门将普通贿赂案件虚假升格为"特别重大贿赂犯罪案件"、将排斥律师升格为侵蚀不可克减性程序正义底线的问题。还有一些附随问题值得注意，如：可能进一步导致非法证据排除的难以实现，实体定性上可能在受贿、行贿、介绍贿赂的界限被消弭而纠缠不清，量刑情节上可能更加易于丧失获得从宽情节良机，审判上可能将进一步加剧控辩失衡，等等。

以上现象表明，最高人民检察院解释文本的相关规定是过于宽泛的、模糊不清的，也是不完全符合我国当下宽严相济刑事政策精神的，其不当可能在于误将"老虎苍蝇一起打"策略思路蜕变为"严打"老路，其客观上也为司法实践部门违法限制犯罪嫌疑人获得律师辩护权和律师会见权提供了便利。尤其是现在司法实践中已经部分存在执法随意性，目前已经在并非个别案件中出现了办案机关寻找各种借口将一些普通贿赂案件十分随意地界定为"特别重大贿赂犯罪案件"以限制犯罪嫌疑人获得律师辩护权和律师的会见权之现象，这种现象如不加以严格规范将可能进一步放大侦查随意性并严重侵蚀人权的恶果。因此，最高人民检察院解释文本的相关规定需要从宽严相济刑事政策精神和现代刑事法治立场上进行适当的修改完善。

三 "宽严相济"：理论阐释可能存在四种误区

宽严相济刑事政策，是当下我国基本刑事政策，理论界一般认为，其已经取代了此前我国比较突出强调的单纯的"严打"政策，而是较多地强调了"依法从宽"和"宽严相济"，尤其是针对绝大多数轻罪、未成年人犯罪、老年人犯罪等"应当"依法从宽的刑事政策精神。当然，对于严重的贪污贿赂犯罪、严重暴力犯罪、严重经济犯罪以及严重危及民生的犯罪等，仍然要"依法从严"处理。

宽严相济刑事政策是现阶段我国确定的重要刑事政策，应当坚定不移地予以贯彻执行。应当说，这是一个表面上看似获得了共识的无须讨论的问题。但实际上，可能由于人们对宽严相济刑事政策本身的科学内涵并没有获得真正共识，理论界与实践部门针对如何贯彻宽严相济刑事政策的问题客观上存有偏差，值得认真检讨和纠正。总体上看，当前我国学术界对宽严相济刑事政策科学内涵上的理论误解十分严重，尤其集中表现在对政策根据、政策立场、政策策略和政策技术等四个方面的反科学化解读比较突出，急需进行理论厘清。可以说，学术界对宽严相济刑事政策科学内涵上的这些误解分歧，严重违背了当下我国所大力倡导的落实科学发展观和建设社会主义和谐社会的基本要求，直接导致了我国刑事政策实践的混乱无序，尤其突出地制约了我国贯彻宽严相济刑事政策的实际成效，值得学术界的深刻反思。

归纳起来看，目前学术界对我国宽严相济刑事政策科学内涵上存在的突出的理论误解包括以下四个方面：

（一）政策根据上（动因上）的误解：局限于"反思严打、犯罪防控"的经验工具主义

我国为什么提出并施行宽严相济刑事政策，即我国宽严相济刑事政策的政策根据或者说政策动因是什么？这是一个十分值得探讨的原初性问题，对其不同的回答和认知将在根本上制约我国贯彻宽严相济刑事政策的整体状态和基本成效。

应当认识到，我国当下施行宽严相济刑事政策的动因并不仅仅是基于对严打政策的反思以弥补严打政策的不足，也不仅仅是纯粹针对犯罪防控策略思想的改进，而是具有更根本的、更深刻的政策动因，即更主要的是基于我国适应现代人文理性和政治文明的时代要求。宽严相济刑事政策的政治基础，恰恰是落实科学发展观与建设和谐社会对刑事政策的应然选择，科学发展观必然否定片面发展和不公正发展，而和谐社会作为一种优化的公共政策选择，也必然有别于专制的或者畸形的社会的公共政策选择。总体上看，宽严相济刑事政策在根本上跳出了政策经验工具主义的窠臼，而是更加注重政策公正价值理性主义的新境界。

（二）政策立场上的误解：局限于"当宽则宽、当严则严"的形式主义

政策立场必然内在要求其契合政策公正价值理性主义的实质层面，它不但是一种根本政治立场，也是一定社会的主流意识形态立场、根本价值理性立场，还是一种直接关涉整体政策策略的基本立场。就宽严相济刑事政策而言，那种玩文字游戏式的"当宽则宽、当严则严"的形式化解读并不适当，甚至可能在根本方面背离了宽严相济刑事政策的真实要旨。

基于宽严相济刑事政策深刻的政治文化背景和政策价值诉求，笔者认为，宽严相济刑事政策的基本内涵，应当是在刑事政策整体上轻缓化的前提下，实行"以宽为主（针对大多数普通刑事犯罪的广泛性从宽）、以严为辅（仅对少数严重暴力犯罪从严）、宽严相济"（广泛性从宽与少数性从严的动态协调），包括立法上的宽严相济与司法上的宽严相济。

（三）政策方略上的误解：局限于刑罚措施的狭隘主义

刑事政策包含有刑事法措施与非刑事法措施。虽然，宽严相济主要是"惩治"政策，但是仍然与"非刑事类措施""非惩治性措施"相关。因此，宽严相济与"惩办与宽大相结合"有区别，宽严相济刑事政策内含有惩治与防范两种因素，而且宽严相济刑事政策将防范因素置于更加突出的重要地位，仅仅将惩治因素作为防范因素的补充。从而，宽严相济刑事政策强调在刑事政策整体上实行刑罚措施宽缓化（宽刑）、非刑罚措施严密化（严事）、刑罚措施与非刑罚措施有机结合，即实行"宽刑严事、刑事结合、宽严相济"的公共政策。

将宽严相济刑事政策在政策方略上局限于刑罚措施的狭隘主义理论见解，这种理论误解也与我国部分学者对西方国家当下实行的刑事政策方略、尤其是其中的"轻轻重重刑事政策""两极化刑事政策"等的误解密切相关。如前所述，西方国家刑事政策的总体发展趋势应当说是"刑罚总体上趋于缓和，同时出现了'轻轻重重'的战略调整"。[1] 应当说，这才是轻轻重重刑事政策与两极化刑事政策的基本含义。对此，我国有的学者将其表述为"整体趋轻，两极走向"。[2] 其中，对于"轻微犯罪事件处理，尽可能避开正常刑事司法处遇程序"的"非刑事类措施""非惩治性措施"的内容往往被我国部分学者所忽视，刑事和解与辩诉交易等制度性措施经常性地受到我国法律界学者专家的批评。

---

[1] 何秉松主编：《刑事政策学》，群众出版社2002年版，第4页。
[2] 储槐植：《刑事一体化与关系刑法学》，北京大学出版社1997年版，第169页。

（四）政策技术上的误解：局限于实体公正价值而忽视程序公正价值的技术片面主义

仅考虑了刑事实体法上公正价值的技术需要，而忽略了程序法上公正价值的技术需要，这是我国部分学者解读宽严相济刑事政策在政策技术上（实质上仍然是政策价值）的重大错误。宽严相济不能包括刑事程序法上（尤其是证据法上）的宽严相济，不得降低证据标准，即不得为片面追求刑事实体法上的宽严相济而牺牲程序法上的公正价值，从而宽严相济刑事政策仅限于刑事实体法上的宽严相济。从前面的介绍可以看出，学术界一般也认为，现代西方两极化刑事政策仍然有所限制，即仍然强调罪刑法定原则和刑事程序公正，反对滥用刑事司法权和法外用刑。如我国台湾学者指出：在犯罪控制问题上，对于"加重实体刑罚"与"牺牲程序正义"须分别看待。纵使人民厌恶"黑金政治"、极力支持严厉扫黑，但是针对重大犯罪者一律实行由侦控机关行使羁押权和禁止会见等非法程序性措施，仍然遭受严厉批评。[①] 这说明，即使实行轻轻重重政策下的重重政策方面，也只能局限于实体法意义上的"严格处置"，但在根本上仍然需要反对滥用刑事司法权和非法程序性措施。

四 "正能量"：反腐败犯罪的法治回归

尽管总体上观察我们可以说，当代中国防治腐败犯罪的刑事政策可以概括为：宽严相济刑事政策、"老虎苍蝇一起打""受贿行贿一起抓"。但是，这三句话并非分散独立的一盘散沙，而是有其核心和精髓的。这三句话的核心和精髓，正在于宽严相济刑事政策精神与"老虎苍蝇一起打"等各种具体策略思想的协调统一，亦即当代中国防治腐败犯罪的刑事政策体系化。这需要我们站在国家总体方针政策和反腐败大局的高度，进行认真领会和严格贯彻执行。

当下我国防治腐败犯罪的刑事政策体系化，是指对于当下我国在反腐败犯罪工作中，必须恰当处理好宽严相济刑事政策精神、"老虎苍蝇一起打"和"受贿行贿一起抓"策略思想三者之间的关系，使得其三者在我国防治腐败犯罪中协调发挥应有作用而不至于出现政策策略上的偏差，从

---

① 许福生：《刑事学讲义》，（中国台湾）国兴印刷厂2001年版，第36—37页。

而在整体上为我国防治腐败犯罪具体工作和刑事法治建设大局增添"正能量"。

如前所述，宽严相济刑事政策精神必须予以一体化遵行。就当代中国防治腐败犯罪领域贯彻宽严相济刑事政策而言，仍然必须强调对宽严相济刑事政策的一体化遵行。因而"老虎苍蝇一起打"策略思想中必须明确"打"的区别，即要体现重在打老虎，不能因为打苍蝇而影响了打老虎；同时也要注意打苍蝇，但是对于苍蝇而言应当重在通过"清洁环境"而加以防范，因而不能像打老虎一样地打苍蝇，尤其不能为了像打老虎一样地打苍蝇就侵蚀国家法治肌体（如违法限制犯罪嫌疑人获得律师辩护权和律师会见权），而是依法该宽则宽、该放则放。

那么，我们有必要在正确领会"老虎苍蝇一起打"策略思想的基础上，认真贯彻执行宽严相济刑事政策精神，恰当区分老虎和苍蝇并切实把握好各自不同的打法，真正将打击重点放在打老虎上。为此，有必要对"特别重大贿赂犯罪案件"进行政策性限缩解释。"特别重大贿赂犯罪案件"的政策性限缩解释，目标是针对"特别重大贿赂犯罪案件"中律师会见权限制进行适度调整，适当权衡好揭露惩办特别重大贿赂犯罪与确保犯罪嫌疑人获得律师辩护权和律师会见权之间的关系，最终有利于我国反腐败走向法治化、制度化的良性发展道路，服务于我国社会主义法治建设大局。

基于法治反腐、制度反腐和宽严相济刑事政策的基本立场，我们主张对"特别重大贿赂犯罪案件"进行如下政策性限缩解释：

其一，实体法上限缩解释为"具有全国或者全省（自治区、直辖市）影响的特别重大贿赂犯罪案件"；

其二，程序法上限缩解释为"经省级以上人民检察院审查认定的特别重大贿赂犯罪案件"，且必须有正式规范的立案决定书或者立案通知书、刑事拘留通知书、逮捕通知书等文书载明涉嫌贿赂犯罪；

其三，程度上限缩解释为"自逮捕之日起，可以在办案人员陪同下安排律师会见在押的犯罪嫌疑人"。

文末还需要指出："受贿行贿一起抓"策略思想中也必须明确"抓"的差异。"受贿行贿一起抓"，也是近年来新提出来的反腐败的一个重要思想，强调既要惩罚贪污受贿的腐败分子，又要注意打击那些大肆行贿和谋取私利的行贿人员，本身是正确的。不过，这里面也有一个贯彻执行宽严相济刑事政策和妥善处理其政治智慧的问题。受贿和行贿是一种对向犯，两个方面一起抓是有利于抓出成效的；但是，对于行贿犯罪的打击处理必须依法办事，有的案件依法不处罚行贿罪可能更有利于揭露和打击受贿犯罪，这时十分有必要恰当处理好"受贿行贿一起抓"的政治智慧问题。

第 九 章

中国当下死刑政策检讨[①]

死刑存废的论战滥觞于1764年贝卡利亚的著作《论犯罪与刑罚》，至此已持续两个半世纪之久。如今，这一理论热点，如同日本学者西原春夫所说，已经成了一个"枯竭的问题"，所剩的只是关于存续或是废除的法律信念而已。[②] 从死刑的最终命运观察，死刑的必然废除已经是不可逆转的国际趋势，也是我国学术界已基本达成的理论共识。然而在当前，中国关于研究死刑存废争议的著作可谓汗牛充栋，几乎穷尽了所有可能想到的理由；其中对于（尽快）死刑废除论者而言，死刑废除的具体路径设计却略显单薄。因此，本书本着务实的精神，在认同死刑必然走向废除这一基本前提下，深入分析中国死刑废除的具体路径和合理期待，以期对于中国死刑废除制度研究有所裨益。

一 梦魇缠身：中国死刑实践问题

死刑自古就在中国刑罚历史长河中占有举足轻重的地位。从"墨、劓、剕、宫、大辟""笞、杖、徒、流、死"到现今的"管制、拘役、有期徒刑、无期徒刑、死刑"，唯一不变的即为死刑。新中国成立以来直到1979年止，虽因为各种原因没有颁布刑法典，但在多种单行刑法中均规定有死刑。1979年刑法出台，其中规定了28个死刑罪名，并且15个罪名是备而不用的反革命罪名。在总则部分，既对死刑适用做出了限制性的规定，又独创性地提出了中国刑法特有的死刑缓期执行制度。可以说，

[①] 本章是作者同吴尚赟硕士合作研究的成果。
[②] 参见长井园《围绕舆论与误判的死刑废除论》，张弘译，载《外国法评议》1999年第2期。

1979年刑法典关于死刑罪名的规定，比较鲜明地反映出慎用死刑的立法思想，有利于限制死刑的适用。①

自1978年改革开放以来，由于社会转型期特有的社会失范效应，犯罪率大幅上涨。根据历年资料统计，1979年改革开放前三十年间，我国刑事犯罪案件每年立案数一般都在50万起以下（大案5万起以下）。改革开放后1979年突破60万起，之后持续上升，1981年达到89万起。②至此严打运动出台，我国进入死刑数量的迅速膨胀时代。直到1997年刑法出台之前，中国的死刑罪名已增至74个之多，且基本集中在经济犯罪和普通刑事犯罪者两个方面。在此期间，不仅在立法上过于倚重死刑，而且在司法中通过各种司法解释的出台扩大死刑的适用范围。20世纪80年代最高人民法院死刑复核权的下放，更在程序上进一步助长了死刑适用的高潮。这种重刑主义思想一直延续到了1997年刑法的修订。尽管在1997年刑法出台前，我国一些刑法学者已对死刑的大幅度适用表现出了忧虑，例如高铭暄教授指出："目前刑法中可判死刑之罪，约占全部现行刑法（含特别刑法）罪种数的29%，这是一个令人震惊的数字，不仅在建国以来的刑法历史上是空前的，而且在当代世界保留死刑的各国刑法中也是名列前茅的。死刑多，不是一件值得骄傲的事。"③ 但是出于严打惯性的影响、死刑在民众中的广泛认同、法治精神的缺位等多重原因，立法机关并未采纳相关刑法学者的建议，对于原有死刑罪名只是略作压缩，1997年刑法仍对于高达68种罪名保留了死刑。

进入21世纪后，中国进入了全面建设小康社会、加快推进社会主义现代化的新的发展阶段。物质文明水平、法制建设程度及人权发展水平均有了大幅度的提升。在这种历史背景下，刑法学界对于死刑限制、废除的研究也如火如荼，成为当今刑事法治领域的前沿、热点课题。2007年死刑案件复核权统一收归最高人民法院行使，成为司法领域对于死刑限制适用呼声的一次响亮回应；2011年施行的《刑法修正案（八）》，更是被视为死刑废除之路上具有里程碑意义的破冰之举。然而，由于我国历来重刑

---

① 参见赵秉志《我国现阶段死刑制度改革的难点及对策——从刑事实体法视角的考察》，载《中国法学》2007年第2期。
② 参见钱大群、夏锦文《唐律与中国现行刑法比较论》，江苏人民出版社1991年版，第345页。
③ 参见高铭暄主编《刑法修订建议文集》，中国政法大学出版社1997年版，第8、10页。

主义思想和死刑工具主义观念的桎梏，对于死刑的过多依赖及死刑本身具有的深厚的民众基础等原因，死刑的立法和司法现状依旧存在很多不足之处。

（一）我国死刑立法之不足

在 2011 年《刑法修正案（八）》颁布后，我国的死刑罪名减至 54 种，虽然较之前有了可喜的进步，但与世界上留有死刑的国家相比仍是一个触目惊心的数字。此外这部具有"试水"意味的刑法修正案，仍在部分条文如"老者免刑"中留下了"但以特别残忍手段致人死亡的除外"这种进一步退半步的"尾巴"。总体而言，我国死刑立法具有以下不足：

1. 死刑罪名总数繁多

尽管《刑法修正案（八）》废除了 13 项罪名的死刑，但是从死刑的整体适用数目来说，并未带来太大的改变。

2. 死刑罪名涵盖面过广

特别是经济犯罪和普通刑事犯罪领域也保留了大量的死刑。经济犯罪不适用死刑，已成为当前国际社会的通例，并且不论从犯罪成因、社会危害性还是民众接受度上，经济犯罪的"罪不至死"已成为我国刑法学界比较一致的共识。因此对于经济犯罪的去死刑化，可谓我国死刑废除之路上要先行解决的"顽石"。而对于非暴力、危害程度不大的普通刑事犯罪留有死刑，既从罪行相适应的角度凸显了过多重刑主义思想，也不利于我国刑法与世界潮流的接轨和国际形象的维护。

3. 死刑标准过于概括

不论是刑法总则中"罪行极其严重"的死刑适用统一标准、"如果不是必须立即执行"的立即执行和缓期执行之分标准，还是刑法分则中各个死刑罪名具体适用标准，或是当数个量刑情节竞合特别是同时存在从重情节和从轻情节时的处断准则，都没有明确的规定。

4. 刑罚结构的失衡

我国刑罚结构近来因"生刑过轻，死刑过重"而被人诟病，尽管《刑法修正案（八）》的出台有效缓解了这一弊端，即调整了有期徒刑的上线，也以限制减刑的方式在死缓和无期徒刑之间铺设了一条缓冲带，但通过与世界各国刑法的比较，可发现我国刑法之刑罚结构"头轻脚重"的缺陷仍然较为突出。

5. 绝对死刑的存在

尽管绝对法定刑是近代刑法发展史上罪行法定主义的产物，但是由于完全限定法官的自由裁量、悖于人权保障机能等弊端早已被现代各国刑法摒弃。而这一早已与时代脱节的刑罚类别竟大量运用于以剥夺犯人生命权为内容的极刑当中，使得我国的死刑废除之路增添了更多令人不安的壁障。

（二）我国死刑司法之不足

目前，我国死刑司法存在以下不足之处：

1. "少杀，慎杀"的司法观念相对淡薄

"少杀，慎杀"是我国死刑政策的基本内容。然而司法实践中诸多法律事务部门受重刑主义和法律工具主义的束缚，在死刑的具体运作中做出了许多与"少杀，慎杀"政策背道而驰的决断。目前中国的死刑判决和死刑执行，虽然无法得知其准确数量，但是常见而直观的死刑判决书和死刑执行案例足以令人不寒而栗。

2. 死刑裁量规则的缺位

最高人民法院至今都没有出台明确的规定，致使死刑的适用缺乏明确、细致和具体的司法规则。[①] 况且死刑在司法实践中的具体运作，很多情况下都是数个量刑情节组合排列、竞合博弈的过程，具体裁量规则的缺位，会致使各地在死刑案件的具体处断中缺乏统一的适用标准，不利于我国死刑废除之路的健康前行。

3. 死刑复核与死刑执行上欠规范

尽管自 2007 年以来，最高人民法院就收回了下放 20 余年之久的死刑复核权，新刑事诉讼法生效后复核方式也有了较大的开放性，但是现阶段最高人民法院的死刑复核程序仍有许多不完善的地方，如死刑复核中的审理、辩护、监督以及执行并不十分规范，尤其是未对监督程序的有效介入提供合理空间，[②] 以及在复核过程中以有限法官数量审核全国死刑案件时如何平衡质量与效率的关系等，在复核程序的运转中，都是亟待解决的

[①] 参见赵秉志《我国死刑适用若干重大现实问题研讨——以李昌奎案及其争议为主要视角》，载《当代法学》2012 年第 3 期。

[②] 参见王涵《死刑复核——不能单靠最高法》，载《民主与法制时报》2013 年 3 月 4 日。

问题。

二 美梦如歌：中国死刑废减方案

自改革开放以来，随着民主法治建设的不断深入，我国出现了广泛而热烈的死刑存废论战。虽然关于死刑存废争议的研究著作浩如烟海，但系统分析在中国具体国情下如何设计废除死刑路径的却屈指可数。进入 21 世纪后，关于死刑废除的研究逐渐深入，死刑废除方案的研究逐渐形成了全新的学术主流观点。

目前学界对于死刑废除的方案，主要有死刑立即废除论（即时废止论）、死刑逐步限制而最终废止论两种。应当说，这是中国刑法学者针对死刑理性进行严肃反思后向国民传递的两场美梦："最美的梦想"是死刑立即废除论（即时废止论），"五十年梦想"与"百年梦想"是死刑逐步限制而最终废止论。

死刑立即废除论（即时废止论）是"突然死亡法"，即政治家通过修法，立即全面废除死刑；后者是"慢性死亡法"，即先严格限制，再弃而不用，最后全面废除。① 死刑即时废除论最早是由邱兴隆教授于 2000 年在北京大学法学院所做的演讲《死刑的德行》中提出的。该报告对死刑进行了激烈的批驳，提出了立即废除死刑的立场观点。邱兴隆教授认为，不论从传统的刑法理论中报应和功利两方面功能来看，死刑的正当性在道德上都是令人质疑的；死刑的存在没有道德基础，是荒谬的，我国的死刑应当立即废除；② 并且从刑罚的效益性角度出发，也应当立即废除死刑。③ 邱兴隆教授的观点在刑法学界掀起了一股新思潮，并得到了部分学者的热烈响应，如曲新久教授亦认为死刑必须立即废除，而且越快越好，哪怕提早一天都好。④

而死刑逐步限制而最终废止论最早于 20 世纪 90 年代中期开始由我国部分学者提出。如胡云腾教授认为，应当根据我国目前的政治、经济、文化发展水平，并参照其他国家的经验，逐步实现在法律上和实践中全面废

---

① 参见赵秉志《死刑存废的政策分析与我国的选择》，载《法学》2004 年第 4 期。
② 参见邱兴隆《死刑的德性》，《中国死刑观察》http://www.chinamonitor.org。
③ 参见邱兴隆《死刑的效益之维》，载《法学家》2003 年第 2 期。
④ 参见曲新久《推动废除死刑：刑法学者的责任》，载《法学》2003 年第 4 期。

除死刑。① 该学说一经提出，就获得刑法界众多学者的支持，至今这种渐进式的死刑改革模式已在我国成为理论界的共识。高铭暄教授认为，在我国现阶段，不大可能从整体上把死刑作为一种刑罚制度完全废除，其在我国还有存在的必要性和支撑点，因此在现阶段要积极创造废除死刑的条件，努力追求将来废除死刑这个目标。② 赵秉志教授认为，虽然目前我国废除死刑的社会物质生活条件和法治思想等条件并不完全具备，但在我国死刑立法过于宽泛的情况下，我国仍然是可以对死刑进行严格控制和减少的，我国的刑事立法、司法应当予以重视；尽量减少死刑，最终在条件成熟时废除死刑，应当成为我国刑事立法、司法和刑法理论在死刑问题上的主导方向。③ 陈兴良教授认为，我们是在中国社会转型这样一个大的历史背景下讨论死刑的问题，不能将问题简单化。中国走向死刑废止是一个逐渐的过程，这不仅是我国学者的共识，也是一种较为客观的态度。④ 事实上，即便是提出死刑即时废止论的邱兴隆教授也认为，从中国的具体国情来看，不论是出于普通民众的情绪还是决策者的心态，在短时期内不具有废除死刑的可行性，而在现阶段采取限制死刑的措施，则是一种完全可行的选择。⑤ 因此，可以说，从严格限制死刑的适用开始到逐步过渡到全面废除死刑的渐进之路，既是目前我国多数学者达成的一致共识，亦是指引中国通往废除死刑的现实方向。⑥

然而，在为死刑废除方案的大方向定下基调后，要及时着手于技术层面死刑制度废除的步骤构想和制度构建，否则死刑废除在中国仍停留在口号性的呼吁和倡导上。在死刑逐步限制而最终废除论框架内，我国不少学者通过各种具体路径的设计对我国死刑废除问题进行了探讨。这是值得我们高度重视的学术热点。

胡云腾教授在 1995 年就提出了废除死刑的"百年梦想"。他认为废

---

① 参见胡云腾《死刑通论》，中国政法大学出版社 1995 年版，第 301—302 页。
② 参见高铭暄、苏惠渔、于志刚《从此踏上废止死刑的征途〈刑法修正案（八）草案〉死刑问题三人谈》，载《法学》2010 年第 9 期。
③ 参见赵秉志、肖中华《死刑的限制与扩张——建国以来法学界重大事件研究（十七）》，载《法学》1998 年第 10 期。
④ 参见陈兴良《中国死刑的当代命运》，载《中外法学》2005 年第 5 期。
⑤ 参见邱兴隆主编《比较刑法第一卷·死刑专号》，中国检察出版社 2001 年版，第 97 页。
⑥ 参见《湖南召开首个死刑问题研讨会，我国是否应废除死刑》，见 http://news.sohu.com/93/84/news205608493.shtml。

除死刑的进程要分三个阶段：第一个阶段是 1995 年左右到 2010 年，争取大量废除死刑，将现行刑法中的死刑罪名限制在 15 个左右（军职死刑罪名除外），并将全部死刑案件的复核权收归最高人民法院，对于未废除死刑罪名的数量降为当时的 1/10 左右；第二个阶段是 2010 年到 2050 年左右，做到基本废除死刑，只对故意杀人、叛乱、恐怖活动等 2—3 种罪名适用死刑，且死刑案件适用的数量再降为上个阶段的 1/10 左右；第三个阶段是 2050 年到 2100 年，这个阶段要做到全面废除死刑，争取做到立法上没有死刑，司法实践中不适用死刑。这一阶段中，可以再分一些步骤，先废除死刑立即执行，对于罪大恶极的犯罪分子统一适用死缓，之后再将死缓废除，逐步过渡到死刑的全面废除。① 然而，这一死刑废除的百年计划表在现在看来明显带有过于理想化的色彩，并且缺乏详尽的理论支撑和配套制度分析，不过就当时的法治背景和理论探讨深度而言，亦不失为一次成功的带有投石问路意味的尝试，为后来的死刑废止论学者提供了广阔的思索空间。

  赵秉志教授则在 2005 年明确提出了废除死刑的"五十年构想"，并对死刑逐步废止问题进行了纲要式的构想和论述。他认为死刑的废止进程离不开社会文明、法治进程、人权发展状况的推动和支撑，应与社会主义现代化建设的不同发展阶段相适应，因此从宏观角度"根据党中央所提出的在 21 世纪的阶段性发展目标，可以设想中国经过如下三个阶段逐步废止死刑：一是到 2020 年亦即建党一百周年，先行逐步废止非暴力犯罪的死刑；二是再经过 10 至 20 年的发展，在条件成熟时进一步废止非致命性暴力犯罪（非侵犯生命的暴力犯罪）的死刑；三是在社会文明和法治发展到相当发达程度时，到 2050 年亦即新中国成立一百周年之际，全面废止死刑"。②

  在制度设计上，赵秉志教授从立法和司法两个层面对于我国死刑废止方案进行了阐述。首先在立法上以采取暴力与否、采取致命性暴力与否、主观上是故意还是过失三层面逐步递进的标准，将现有死刑罪名分为非暴力死刑罪名、非致命性普通暴力死刑罪名、致命性暴力死刑罪名和战时暴

---

① 参见胡云腾《死刑通论》，中国政法大学出版社 1995 年版，第 302 页。
② 参见赵秉志《中国逐步废止死刑论纲》，载《法学》2005 年第 1 期。

力死刑罪名,以废止非暴力罪名的死刑为切入点对于现行死刑罪名进行修正。① 另外采取配套制度保驾护航,不断提高死刑适用的标准,修改设有绝对死刑的罪名。其次在司法上对死刑进行控制,拓宽死缓的适用空间,对于对限制死刑起到重要作用的酌定量刑情节进行司法改进,在司法实践中完善死刑适用指导意见,积极推行死刑案例指导制度等。② 在此过程中,注重司法改革和立法改革相结合,并以刑法的司法改革为中心,既注重二者的齐头并进,又有针对性地从司法领域角度做出更积极的探索。③

高铭暄教授提出,"我国死刑立法的进一步改革必须司法先行,立法紧跟,两者互相配合,待司法经验积累成熟,立法一举突破"。首先,立法改革方面应当首先从犯罪危害性最小的、非暴力犯罪中的经济犯罪(不包括贪污罪、受贿罪)入手,由轻到重、由浅到深地对我国刑罚体系进行修正,并辅之以死刑替代措施对死刑的现存功能进行弱化。④ 其次,在司法改革方面切实贯彻"少杀、慎杀"的死刑政策,统一司法中死刑的适用标准,可以由最高人民法院以司法解释的形式颁布统一的死刑适用规则,同时辅之以典型判例加以规范。立法改革和司法改革是死刑废止中一脉相承的问题,目前因为立法短期难以取消死刑,固司法控制的地位和作用就十分突出了,因此要司法先行,立法紧跟,相辅相成,逐步限制、减少死刑的适用。⑤

陈兴良教授同样认为死刑的废止需要立法活动和司法活动的共同作用。在立法设置上,要从备而不用的死刑罪名入手,对于危害国家安全犯罪、危害国防利益犯罪和军人违反职责犯罪中大部分的死刑设置予以废止,其次对于除贪污贿赂犯罪以外的经济犯罪中的死刑进行大幅度削减,最后,依据社会危害性对于普通刑事犯罪进行调整,当中即便有部分罪名现阶段难以废除死刑,也要进行严格的司法限制。⑥ 在司法控制上,应颁

---

① 参见赵秉志《论中国非暴力犯罪死刑的逐步废止》,载《政法论坛》2005年第1期。
② 参见赵秉志、彭新林《论酌定量刑情节在限制死刑适用中的作用》,载《中国刑事法杂志》2011年第12期。
③ 参见赵秉志《我国现阶段死刑制度改革的难点及对策——从刑事实体法视角的考察》,载《中国法学》2007年第2期。
④ 参见高铭暄《新中国死刑立法的变迁与展望》,载《文史参考》2010年第20期。
⑤ 参见高铭暄、苏惠渔、于志刚《从此踏上废止死刑的征途〈刑法修正案(八)草案〉死刑问题三人谈》,载《法学》2010年第9期。
⑥ 参见陈兴良《中国死刑的当代命运》,载《中外法学》2005年第5期。

布控制死刑的司法政策，提供死刑的裁判规则，颁布死刑的指导案例，以求在司法实践中能够运用统一的死刑裁量规则，并且在适用死刑上要扩大死缓的适用范围。陈兴良教授同样重视死刑的司法控制效果，其认为死刑的立法控制虽然有一劳永逸之效，但是具有一定的政治风险，在废除死刑的社会基础尚不坚实的背景下，骤然减少死刑反而可能会引发社会动荡，而司法控制作为一种个案控制，可以起到积沙成塔的积累效应。[1]

张明楷教授则从解释学的立场为死刑废止之路做了独辟蹊径的诠释。张明楷教授认为，在现行刑法之内，刑法学者要"将削减死刑的刑法理念落实于具体的解释结论，即应当将削减死刑的理念具体化为削减死刑的解释结论，从而使削减死刑的理念得以实现"。对于死刑存废之争达成一致仅仅具有宣示性的意义，在现行法的存续期间，修改和废止都需要漫长的周期以及存在难以预料的障碍，刑法的研究应注重解释学而非立法学。固要将减少死刑的理念贯彻于刑法解释的全过程，才能更加有效地推进削减乃至废除死刑的进程。如关于死缓制度，我国《刑法》第50条规定："判处死刑缓期执行的，在死刑缓期执行期间，如果没有故意犯罪，二年期满以后，减为无期徒刑；如果确有重大立功表现，二年期满以后，减为25年有期徒刑；如果故意犯罪，查证属实的，由最高人民法院核准，执行死刑。"当中关于故意犯罪的范围应当如何解释？如果包括刑法分则规定的各种故意犯罪，并且涵盖故意犯罪的全部犯罪形态，显然扩大了死刑立即执行的范围。但本着限制死刑的理念，在符合罪刑法定原则、解释原理的前提下将故意犯罪解释为"明显反映死缓犯人抗拒改造情节严重的故意犯罪，而且不包含预备行为"，就在不对现行刑法"伤筋动骨"的前提下，合乎原则和理念地限制了死刑的适用范围。此外对于在死刑缓期执行期间，先有重大立功表现，后又故意犯罪的，应如何处理？减为有期徒刑显然不合理，那么是减为无期徒刑还是改为死刑立即执行？面对法律并未明确的灰色地带，如果本着限制死刑的理念，答案即见分晓，显然减为无期徒刑既有利于死刑的限制，又体现了死缓制度本身的目的。此外刑法分则中还存在着许多类似这样法条内的"域外空间"，如许多条

---

[1] 参见陈兴良《死刑适用的司法控制——以首批刑事指导案例为视角》，载《法学》2013年第2期。

文都规定了结果加重犯，因为刑法本身对于基本犯规定死刑的并不多，固因为加重结果而被判处死刑罪犯不乏其人，如果只是机械地适用结果加重犯的条文，势必会扩大死刑的适用范围，但是若本着限制死刑的理念，在解释论上限制结果加重犯的成立范围，便可使相关的死刑判决大为减少。类似的例子不一而足，由此可见，并非只有削减死刑条文才能削减死刑。张明楷教授认为，尽管在现阶段还难以达成，但是从纯粹的法律逻辑上来说，即使对现行刑法不做任何修改，法官也可以做到不判处一例死刑。[①] 张明楷教授的观点为当今中国死刑限制方案提供了更加广阔的探索空间。

如储槐植教授认为，"罪行极其严重"量定客观危害，是死刑适用的一般化标准，不因人而异，而罪行极其严重的"犯罪分子"，测查主观恶性，是死刑执行裁量的个别化根据，"罪行极其严重"乃"罪大"，"犯罪分子"乃"恶极"，死刑执行方式取决于内因，罪大又恶极适用死刑立即执行，罪大不恶极的适用死刑缓期执行；在此区分基础上，对于死缓的适用范围进行司法控制。[②] 又如梁根林教授完全跳出法律技术的窠臼，认为死刑废除问题"在根本上是一个受集体意识的公众认同以及政治领袖的政治意志左右的政策选择"。[③] 这些学术见解在最终废除死刑的基本立场上是比较一致的，在此因篇幅有限，不多加赘述。

可见，我国限制、废除死刑论者的观点尽管在个别"分支"上见仁见智，但对于最终废除死刑方案的大体走向趋于一致，并在相当部分制度设计上存在重叠和承袭，即以立法限制与司法控制的相互作用为主线，司法先行，立法紧跟，兼辅之配套制度，并秉持死刑限制理念对现存制度缺陷进行补足和修正。

三　梦醒时分：中国死刑废减的合理期待

以上论述仅从刑事实体法层面对于死刑废除方案进行构建设计，然而，学者梦想并没有获得太多的现实认同，步入理论付诸实践、方案对接

---

① 参见张明楷《刑法学者如果为削减死刑做贡献》，载《当代法学》2005年第1期。
② 参见储槐植《死刑司法控制：完整解读刑法第四十八条》，载《中外法学》2012年第5期。
③ 参见梁根林《公众认同、政治抉择与死刑控制》，载《法学研究》2004年第4期。

现实的阶段，学者们的高瞻远瞩多多少少在当前的社会背景下带着些许"众人皆醉我独醒"的落寞的精英姿态。不得不说，死刑的废除并非简单的法律问题，而是社会文明程度、法治发展状况、人权发展水平等因素共同作用的结果，特别是民众对于死刑依赖程度、领导决策层对于方案的认同度都对死刑废止的进程起着举足轻重的影响。技术瓶颈还未突破，而意识壁垒早已存在，许多在刑法学界奉为圭臬的信仰原则，回归现实却存在举步维艰的风险。因此要从远期对废除死刑保有合理期待，必须寻求一个多数学者、多数政要、多数法学均能接受的契合点，否则死刑在中国的废止，只会化为"路漫漫其修远兮"的感叹。梦醒时分，学理应当回归现实并针对具有现实紧迫性的死刑政策理性期待、政府主导与民意引导等问题提出合理的解决方案。

（一）死刑政策与理性期待

死刑政策在我国是一个亟待进一步研究开拓的刑事政策领域，具体是指一国根据本国法制状况制定的关于死刑的立法存废、司法适用以及行刑处遇的指导思想、方针、政策等的策略体系的总和，分为死刑立法政策、死刑司法政策和死刑执行政策三个方面。[①] 至此，我们将从刑事政策统筹全局的角度出发，以死刑政策为阐释脉络，在死刑必将走向废除这一基调的前提下，对死刑废止方案进行更加深入的解读。

1. 死刑的立法政策

死刑的立法政策在广义上包括死刑罪名、死刑的适用条件、死缓制度等内容。目前，刑法中规定54种死刑罪名，不论是绝对数量还是非暴力剥夺生命犯罪所占的相对数量在世界范围内都是罕见的。因此在死刑的立法设置上，应当以非暴力剥夺生命犯罪（尤其是经济犯罪）作为突破口进行削减。不过要特别注意的是，理论上有人认为，贪污贿赂罪的死刑废止问题需要区别看待，因为我国目前贪污腐败现象较为严重，尽管根本原因是权力垄断等制度性缺陷，但是对此设以极刑仍有不可忽视的震慑作用，尤其是从民众心理上来说，贪污腐败类案件无时不牵动着公众的神经，其主角在未锒铛入狱时就已是公众焦点，更何况是触及贪腐这一民众

[①] 参见魏东《死刑政策的分析检讨》，四川刑事辩护专家律师网，http://www.cncdrc.com/Container.aspx?l=zh&c=bfclyj&d=780。

雷区以后，此时若是对于贪腐案件的死刑改革操之过急，反而会使民众的情绪变得过度紧张，引发得不偿失的反弹效应，因此现阶段要着重解决的问题应限于对贪污腐败案件死刑的限制使用，等待各方面条件成熟后，再提上日程将其废止。这种见解我们并不完全认同，而是应将贪污贿赂犯罪作为非暴力剥夺生命犯罪对待，其死刑废除应尽快纳入立法议事日程。之后应逐步对严重暴力犯罪废除死刑适用，最终实现彻底废止死刑的理想。在此问题上，曾有学者提议，在目前完全废除死刑条件尚且不充分的前提下，可以在废止经济犯罪的死刑后，对于大部分原本属于故意致命性的普通暴力犯罪，通过立法技术的调整，将其转以故意杀人罪论处，从而从立法技术的角度废止其死刑条款。易言之，就是凡是故意侵犯生命的犯罪情形，一律都按故意杀人罪论处，包括放火故意致死、爆炸故意致死、绑架故意致死和抢劫故意致死等，这一立法举措不仅可以彻底废止除故意杀人罪外所有其他致命暴力犯罪的死刑条款，而且也与许多国家废止、减少死刑之实际路径相吻合。[①] 这是值得重视和认真研究的意见。

近期的死刑立法政策还包括死刑适用范围问题。2011年《刑法修正案（八）》对"老者免死"进行了规定，使我国死刑适用范围终于完整地体现了"怜幼恤老"的优良传统精神，虽留下了"但以特别残忍手段致人死亡的除外"这样的"尾巴"，但也不失为对于近几年学者呼吁的可喜的回应。但是对于精神病人等弱势群体的关注上仍可有进一步的空间。联合国经济与社会理事会《关于保障面临死刑的人的权利的措施》第3条规定："对已患精神病者不得执行死刑。"联合国经济与社会理事会1989/64号决议通过的《对保障措施的补充规定》第3条规定："在量刑或执行阶段停止对弱智人与精神严重不健全者适用死刑。"尽管我国在刑法第18条规定："精神病人在不能辨认或者不能控制……不负刑事责任；……但是可以从轻或者减轻处罚。"表面上似乎从刑事责任上阻断精神病人处以死刑的可能性，但是，从近几年邱兴华案、郑民生案反映的情况来看，司法程序中对于精神病人的前置性确认程序就存在诸多缺陷。况且对于行为时心智健全的犯罪人被宣告死刑，出于精神极度恐惧而在临刑前突发精神疾病，或者间歇性精神病人在精神正常时犯罪被判处死刑，行刑前精神失常又当如何处理，立法和司法实践都未提供统一的参照标

[①] 参见赵秉志《中国逐步废止死刑论纲》，载《法学》2005年第1期。

准。因此,我们认为,本着人道主义的精神和与国际司法惯例接轨的理念,应在立法上明确规定:在对于精神病人司法鉴定程序完善的同时,对于心智健全的犯罪人,只要行刑前处于精神疾病的状态,就不应该执行死刑。

2. 死刑的司法政策

我们认为,严格意义的死刑司法政策是指法官在运用刑事立法规格(包括书面司法解释)去衡平死刑案件的过程中所应遵循的理念、原则、方针等。在当中,要格外重视舆情民意对于死刑判决的影响。在稳定压倒一切的大环境下,民众的呼声可谓众多案件不成文的量刑参考条件。云南李昌奎案虽已随着最高人民法院核准执行死刑而尘埃落定,但给我们的启示却是深远的。云南省高级人民法院二审时在民众的质疑和指摘声中逆流而上,对李昌奎判以死刑缓期执行,力图通过司法个案树立死刑改革领域标杆和促进民众司法观念变革,最终却以戏剧性的再审改判落幕,反而为我国死刑司法改革制度留下落寞的一笔。李昌奎案这样戏剧化的逆转收场,也不能不说是各路舆情民意交互作用加之公众与药家鑫案攀比效应的结果。可见,在当今中国司法界,要法官为代表的司法部门秉持坚韧的法治勇气,不被民意所影响乃至裹挟,本来就不是一件简单的事。死刑身为最严厉的刑法,而司法运作本身又作为死刑改革最前沿的阵地,倘若法官不能在三角诉讼架构中保持中立,所带来的负面作用显然要高于一般刑事案件。因此,我们认为有必要结合我国国情尝试一些新的制度设计,比如:在死刑案件中准许检察官和辩护律师共同参与有关人民法院审委会会议,并准许检察官和辩护律师在会议上做针对性的发言和论证(但是不得参与表决);在终审判决作出前,仅允许媒体就案件的事实层面以及程序进程做客观报道,严格禁止做相应的法律与道义评价,更不容许对审理结果做预断,等等。对于既已做出的终审司法裁判,可以从法律角度展开讨论,但禁止对案件是否牵涉幕后因素及司法腐败做出没有根据的臆断,否则将依法追究相应责任。争取做到公民的知情权、新闻界的报道权应当与公正的司法裁量权的统合和平衡。[①]

此外,死刑的核准程序也是死刑司法政策的重要方面。尽管自 2007

[①] 参见魏东《死刑政策的分析检讨》,四川刑事辩护专家律师网,http://www.cncdrc.com/Container.aspx?l=zh&c=bfclyj&d=780。

年以来最高人民法院就收回了死刑复核权,新刑事诉讼法生效后复核方式也有了较大的开放性,但是现阶段最高人民法院的死刑复核程序仍有许多不完善的地方。最高人民法院的死刑复核程序是对死刑立即执行的案件进行控制的最后一道防线,在现代的司法系统中具有"刀下留人"的重要意义,因此这一程序中,更要强化法律监督、多方参与以保证死刑的公正慎重适用。最高人民检察院在2012年已成立专门的死刑复核监察厅,可以以更加丰富立体的角度,介入这一之前较为封闭的程序,发挥监督职能。但是不得不说,现行的死刑案件无论是从死刑复核的启动方式、审理模式还是从裁判的执行来看,都未给检察机关进行监督留有太多的空间和途径,而且还有一些程序性的障碍,也会使得检察院在对死刑复核程序行使监督权时略显被动。[①] 此外,最高人民法院院长签发执行死刑的命令后,7日内死刑犯就被交付执行,间隔的时间非常短暂,影响了死刑犯在生命结束前最后关卡寻求法律救助的有效性,因而可以将死刑犯交付执行的时间延长至最高人民法院院长签发执行死刑的命令10日以后、30日以内执行,这都是死刑复核程序这一死刑执行终端程序在日后的发展中应当完善的。

3. 死刑的执行政策

死刑的执行政策为指导死刑执行过程的方针、策略,即对犯罪人自死刑执行令签发直至付诸行刑诸环节的处遇问题以及死缓犯的处遇问题。刑罚的本质,是在国家从受害者或其亲属手中攫取了报复的权利之后形成的多数人对一个人的对抗,在强大的国家机器面前,单个公民与之任何的对峙与抗衡都是十分困难的,这是刑罚自诞生之日起无法回避的缺陷。对于已判处极刑,等待立即执行抑或缓期执行的死刑犯来说,在"早死晚死都是死"简单粗暴的逻辑下与其他囚犯相比更缺乏讨价还价的筹码和关怀。人道主义的关怀应该渗透于与死刑相关的每一个环节,而不能仅着眼于将来废止的规划。如何以更加尽量减轻痛苦的方式执行死刑、如何保障死刑犯特别是立即执行死刑犯的合法权利,都是现阶段无法回避的问题。曾被网友们称为现代版"缇萦上书救父"的曾成杰案在互联网上广为传播,尽管该案的真实情况有待考证,但是却说明在死刑犯部分权利保障比如家属会见权、通知权等方面存在着一些不能令人满意的现象。我们认

---

① 参见王涵《死刑复核——不能单靠最高法》,载《民主与法制时报》2013年3月4日。

为,最根本的生命权只要一天没有消失,作为人本身所应享受的权利和关怀就不应该缺位,即便因为囚犯的身份而丧失了部分权利和行使的可能性,也不能因此将其全部应有权利一概剥夺。不仅是死刑执行政策,宽容的人道主义关怀作为终极原则应贯穿死刑政策的全阶段。

(二) 政府主导与民意引导

决策领导层认识与舆情民意是死刑废止道路上无法回避的意识壁垒。当今,人文关怀尚未成为社会大众的主流意识,传统报应刑观念的思想又植根颇深,在这种民意趋向及稳定压倒一切的环境下,决策领导层固然做出保守的改革选择,而在我国传统"自上而下"制度变革模式中,决策领导层、政府又起着至关重要的作用。在此我们认为,在死刑废止的道路上,仅有法学家们刮骨疗毒的勇气和壮士断腕的决心是远远不够的,还要通过政府的责任主导和对民众的理性引导,在彼此契合的基础上才能使死刑废止作为一项有生命力的制度变革活动在中国顺利展开。

众所周知,政府承担着公共事务的责任,因其强制性、制度化的特征更能推行政策和目标的实现,其统筹性的地位可以根据社会各方面的状况采取更加高屋建瓴的政策方针。在国际社会中,不乏一国尚且不具备死刑废除的条件、民众意愿也不尽如人意、但是由于政府坚持推行废除死刑政策致使死刑制度在本国版图内就此消失的案例。如1981年法国废除死刑时,经调查支持死刑的民意占据上风(约63%),但密特朗总统仍在法国前司法部长罗贝尔·巴丹戴尔等少数人的极力推动下毅然废除了死刑,又如许多为了满足加入欧盟条件而采取"突然死亡法"废除死刑的诸多前东欧国家。尽管"除了一切人所共有的准则以外,每个民族的自身都包含着某些原因,使它必须以特殊的方式来规划自己的秩序",[①] 西方国家的废除死刑之路不一定适合我国,目前我国也不存在国际组织要求这样的刚性的死刑废除条件,但上述废除过程中政府的主导和推动作用却是令人深思的。从政府责任理论的角度,面对促使社会进步的重要任务,当政府逃避责任、止步不前时,其他社会主体所承受的责任就会加大,整个社会的责任分布和推动力就会呈现一种不均衡的状态,达成目标的难度就会加大;而当政府在整个过程中承担好"掌舵"的职责时,整个社会前行时

---

① 参见[法]卢梭《社会契约论》,何兆武译,商务印书馆1980年版,第71页。

就有了明确立场，并且在稳定的物质和精神保障下更加事半功倍地向目标靠拢。① 因此，对于我国政府来说，在死刑废止变革过程中，最重要的是走出迷信乃至依赖死刑的思想误区，塑造正确的死刑政治观，并对民众进行正确的引导。

废除死刑也无法绕开民意的支持。民意是特定社会的主流群体对特定公共事务的认知、情感、意志、态度以及价值判断的总称，是一种集体的感情和态度。② 中国民众普遍受报应观念和朴素正义观支配，大部分对废除死刑持否定态度。特别在个别踩中公众雷区的案件中，民意情绪更是像一把过度拉开的弓，对死刑的适用控制产生消极影响。但是，我们也应该清楚认识到，民意是可以进行理性引导的。在这里学者和政府承担着不可推卸的职责，学者可以充分利用自己的专业知识，与民意沟通，开启民智，并积极寻求死刑的替代措施，建立过滤层，合理地缓解民众的过激反应；政府在自身死刑政治观转变的基础上，基于在社会生活中统筹性的地位，积极回应民众关于死刑政策中的指摘和质疑，带着废除死刑的政治自信逐步加强民众的宽宥之心。"对于一切事物，尤其是最艰难的事物，人们不应期望播种与收获同时进行，为了使它们逐渐成熟，必须有一个培育的过程。"③ 民意的转变和认同不可能一蹴而就，死刑制度深厚的文化内因也决定了废止死刑不可能毕其功于一役。这个过程中，通过多方主体的不断沟通，弥合意见差异，填补思维鸿沟，减少认知错位。随着社会的不断发展，死刑政策的不断构建，学者、政要、民众之间观念的不断契合，相信废除死刑在中国不再是可望而不可即的梦想。

---

① 参见姜涛《死刑制度改革与政府责任主导》，载《刑法论丛》2012年第2期。
② 参见孙国祥《死刑废除与民意关系之审视》，《载华东政法大学学报》2009年第2期。
③ 参见［意］贝卡利亚《论犯罪与刑罚》，黄风译，中国大百科全书出版社1993年版，卷首页。

第 十 章

中国当下刑民交叉问题对策检讨[①]

刑法与民法的关系，经历了"一体—分立—融合"的变迁轨迹。按照概念法学的刻画，刑民责任应是截然清晰对立的，不然便属刑民不分，司法的恣意在所难免，国民的自由岌岌可危。但是，在实践中，民刑责任"两者毕竟是在同一法律体系下，发挥着各自控制社会的功能，将他们绝对区分也是非常困难的"。[②] 尽管人们对于民法和刑法明确界分有着刻骨铭心的追求，但是随着社会生活的逐渐复杂化以及现代法治的发展，刑法和民法反而有了再接近的趋势，两者的融合交叉不可避免。尽管在理论和立法层面，人们可以规划出刑民并行不悖的法治蓝图，但是在纷繁芜杂的司法实务中，刑民案件的交叉不可避免，对刑民交叉案件的公正合理解决更不容忽视。

一 刑民交叉现象

刑民交叉，是指刑事案件和民事案件由于特定因素的关联而出现交叉或者并存的现象，通常表现在诉讼活动中，刑事案件和民事案件因关联因素的存在而互相影响。学界对于刑民交叉并没有一个统一规范的定义，即使在称谓上，也存在"刑民交叉"[③] 和"刑民交错"[④] 两种说法，由于考虑到最高人民法院在批复中采用过"刑事案件与经济纠纷案件交叉"的

[①] 本章内容的写作得到了钟凯博士和王育林博士的支持，第一至三部分系作者和钟凯博士合作研究成果，第四部分系作者和王育林博士合作研究成果。
[②] 参见何帆《刑民交叉案件审理的基本思路》，中国法制出版社2007年版，第11页。
[③] 参见赵鬼《刑民交叉案件的审理原则》，载《法律适用》2000年第11期。
[④] 参见童可兴《刑民交错案件的司法界定》，载《人民检察》2004年第6期。

说法，以及学术统一规范的考虑，本章采用刑民交叉的提法。

刑民交叉概念的理解，首要的是对"刑"和"民"的界定。对此，由于研究的侧重点各有不同，因而各自的界定也各有不同。"刑"大致有"刑事犯罪"和"经济犯罪"两种提法，"民"大致有"民商事纠纷"、"民事纠纷"和"经济纠纷"三种提法，"刑民交叉"便存在"经济犯罪与民事纠纷交叉""经济犯罪与经济纠纷交叉"和"刑事犯罪与民商事纠纷交叉"几种提法。按理说，刑事犯罪与民事纠纷是对应的一组概念，而经济犯罪作为刑事犯罪的下位概念，将其与民事纠纷并列是不合适的。自从2000年建立大民事审判格局以后，经济纠纷案件已更名为民商事纠纷案件，经济审判也更名为民商事审判。"经济纠纷"这一带有时代性和阶段性的称谓已被"民商事纠纷"取代。因此，刑民交叉中的"刑"，本应当包括一切刑事犯罪，而不仅仅是经济犯罪，把"经济纠纷与经济犯罪交叉"的称谓变更为"民商事纠纷与刑事犯罪交叉"的称谓，本来要更准确、更严谨，适用面也更为广泛。[①] 但在本课题研究中，考虑到总课题项目是针对"当前中国经济犯罪"这一特定论题的特殊课题需求，我们主张将刑民交叉问题的研究视野主要限定于针对经济犯罪与民商事纠纷（其中主要是经济纠纷）之间的交叉问题；其中，"经济犯罪"主要是指刑法分则第三章规定的破坏社会主义市场经济秩序犯罪以及刑法分则第五章规定的职务侵占罪等个别财产犯罪，而民商事纠纷又主要是指经济纠纷。

同时，刑民交叉是一个实体和程序高度融合的问题。刑民交叉案件的法律问题缘起于实践，在实践中又缘起于程序。程序的选择和协调与实体权利的保护是一体两面、密不可分的。但是，对于司法实践而言，人们往往更为关注刑民交叉案件的程序处理机制，着眼于如何协调处理相关联的刑事诉讼和民事诉讼的关系，是"先刑后民"，还是"先民后刑"，或是"刑民并行"。刑民交叉案件的处理机制，是刑民交叉问题的重要领域。只有合理的架构交叉案件的处理机制，才能为刑事正义与民事正义的实现创造条件。同时，在刑民交叉案件中，刑事责任和民事责任的承担，也是刑民关系的重要一环。刑事责任与民事责任的相互影响，是刑民交叉案件实体研究的主要内容，具体体现在两种责任的确定及两种责任之间关系的

---

① 参见徐柏瑞《民商事纠纷与刑事犯罪交叉的司法对策》，中国民商法律网。

梳理。在刑事视角下，实体问题表现为如何确定刑事责任，重点在于罪与非罪的区分（同时还包括此罪与彼罪的区分）；但在民法视角下，实体问题表现为犯罪引起或与犯罪有关的民事责任的承担，重点在于探讨与犯罪行为人和被害人相关的主体对犯罪造成的损害结果（有的还包括可得预期收益）是否承担民事赔偿责任及其责任形态。①

因此，就当下而言，刑民交叉问题的研究，重点在于对经济犯罪和经济纠纷交叉案件的程序协调机制。首先，经济犯罪与经济纠纷交叉案件，是刑民交叉案件的主流。随着市场经济体制的深入发展和完善，经济犯罪与经济纠纷的交叉，越来越呈现多样化和复杂化的趋势，在合同诈骗与合同纠纷、金融诈骗与金融纠纷、知识产权犯罪与知识产权民事纠纷等领域，刑民案件的交叉非常突出。司法实践中所面临的问题，亟待理论上的深入研究论证。其次，刑民交叉案件的程序协调机制，是刑民交叉问题的难点和重点。司法实践中，刑民交叉问题主要集中于程序协调机制，亦即刑事诉讼和民事诉讼的关系问题，是"先刑后民""先民后刑"还是"刑民并行"，成为聚讼良久的问题，也是一系列司法解释力图着力解决的问题，值得深入研究，因而也成为本课题研究的重点。最后，刑民交叉问题是有关"刑民交叉"的一系列"问题"的综合性文字表达，因此，本课题研究将根据不同语言环境的需要而交叉使用"刑民交叉""刑民交叉问题"与"刑民交叉案件"等不同文字表述，这些不同表述均表明其核心是始终"刑民交叉"而不至于有其他歧义。

二 刑民交叉案件的分类

刑民交叉案件的合理分类，是对其展开理论研究的前提。理论上讲，分类可以根据其逻辑特征做出多种划分，其中讲求逻辑严密、外延周全的分类具有类型学意义，其逻辑特征是"总体等于部分总和"；而不讲求逻辑严密和外延周全的形式归纳，虽然其不具有"总体等于部分总和"的逻辑特征，但仍然具有特殊价值，比如有利于揭示被归纳对象的部分共同特征。因此，我们针对刑民交叉案件的分类采取了一种比较务实的态度，既有基于类型学意义上的严密分类，也有非基于类型学意义上的表现形式

---

① 参见董秀婕《刑民交叉法律问题研究》，博士学位论文，吉林大学，2007年，第22页。

归纳。

1. 刑民交叉案件的类型学划分

实践中的刑民交叉案件，错综复杂，存在各种关联因素，只有对其加以必要的类型划分，才能恰当地设定解决方式。目前学界对于刑民交叉案件的类型划分，存在如下几种观点。

"三类说"将刑民交叉案件划分为三大类：第一类，是因不同法律事实分别涉及刑事法律关系和民事法律关系，但法律事实之间具有一定的牵连关系而造成的刑民交叉案件。例如，同一行为主体实施了两个独立的法律行为，分别侵犯了刑事法律关系和民事法律关系，但都基于同一行为主体，属于不同法律事实牵连的刑民案件交叉。第二类，因同一法律事实涉及的法律关系一时难以确定是刑事法律关系还是民事法律关系而造成的刑民交叉案件。法律事实的复杂性和人类认知能力的有限性及差异性，决定了对同一法律事实存在不同的认识和理解，造成了公、检、法三部门对案件性质的认识存在分歧，有的认为是刑事案件，有的则认为是民事案件，由此形成了刑民交叉案件的一种特殊表现形式。第三类，因同一法律事实客观上同时侵犯了刑事法律关系和民事法律关系，从而构成了刑民交叉。此类交叉实质上是源于法规竞合，由于刑法和民法都对该项法律事实做了相应的规定且竞相要求适用于该法律事实，造成刑民案件的交叉。① 有学者将上述三种类型的刑民交叉案件，分别命名为牵连型的刑民交叉案件、疑难型的刑民交叉案件和竞合型的刑民交叉案件。②

"两类说"将刑民交叉案件分为两大类：第一类是因不同法律事实，分别涉及刑事法律关系和民事法律关系，但法律事实之间具有一定的牵连关系而造成的刑民交叉案件。第二类是因同一法律事实，同时涉及刑事法律关系和民事法律关系，从而构成刑民案件交叉。此类案件可细分为（1）刑事附带民事诉讼；（2）决定民事判决结果的重要事实，有待刑事审判认定与查明的案件；（3）决定民事判决结果的重要事实，无须刑事审判认定与查明的案件。③

---

① 参见江伟、范跃如《刑民交叉案件处理机制研究》，载《法商研究》2005年第4期。
② 参见刘宇《民刑关系要论》，博士学位论文，吉林大学，2007年，第315页。
③ 参见何帆《刑民交叉案件审理的基本思路》，中国法制出版社2007年版，第28—29页。

从一系列刑民交叉案件司法解释的规定来看，在对刑民交叉案件进行类型划分上存在困惑。最高人民法院1998年颁布的《关于在审理经济纠纷案件中涉及经济犯罪嫌疑若干问题的规定》第一条指出："同一公民、法人或其他经济组织因不同的法律事实，分别涉及经济纠纷和经济犯罪嫌疑的，经济纠纷案件和经济犯罪嫌疑案件应当分开审理。"但第十条又规定："人民法院在审理经济纠纷案件中，发现与本案有牵连，但与本案不是同一法律关系的经济犯罪嫌疑线索、材料，应将犯罪嫌疑线索、材料移送有关公安机关或检察机关查处，经济纠纷案件继续审理"。第十一条规定："人民法院作为经济纠纷受理的案件，经审理认为不属经济纠纷案件而有经济犯罪嫌疑的，应当裁定驳回起诉，将有关材料移送公安机关或检察机关。"换言之，该规定第一条以是否因"不同的法律事实"作为刑民案件是否可以并行审理的标准，第十条和第十一条以是否为"同一法律关系"作为经济纠纷案件应继续审理还是裁定驳回起诉（移送公安检察机关）的标准。同一司法解释对于问题的处理存在"法律事实"和"法律关系"的双重标准，充分表现了司法解释对刑民交叉案件予以类型化处置过程中的困惑，标准的模糊也造成了司法实践和理论逻辑的混乱。

法律事实，是指由法律规定的，能够产生一定法律后果的客观情况。不同的法律事实，引起不同法律关系产生、变更与消灭的法律后果。同一法律事实可能触及几个不同的法律关系，如一个不法行为，引发刑事法律关系和民事法律关系的双重后果，因此从逻辑上讲，应以法律事实、而非法律关系来划定刑民交叉案件的类型。以法律事实作为认定案件类型的标准比以法律关系作为认定案件类型的标准更为合理。上述"三类说"和"两类说"实质上并没有本质的差异，都是依据法律事实这一要素对刑民交叉案件的分类。"三类说"中的第二类和第三类案件，实质上都属于同一法律事实所引发的刑民交叉案件而将其归入一类更为妥当。

因此，我们主张以法律事实的个数为"统一标准"对刑民交叉案件进行分类的"二类说"，即将刑民交叉案件总体上分为以下两类：一类是基于多个不同法律事实的关联性而引发的刑民交叉案件，成为"多个事实关联型"刑民交叉；第二类是基于同一法律事实的不同法律属性判断而引发的刑民交叉案件，成为"同一事实竞合型"刑民交叉。其中第二类刑民交叉案件（同一事实竞合型）还可以具体再分为法律关系性质无争议的刑民交叉案件（即因同一法律事实客观上同时侵犯了刑事法律关系和民事法律关系而构成的刑民交叉案件）与法律关系性质有争议的刑民交叉案件（即因同一法律事实涉及的法律关系一时难以确定是刑事法律关系还是民事法律关系而形成的刑民交叉案件）两种情况。

2. 刑民交叉案件的具体表现形式

关于刑民交叉案件的具体表现形式，理论界和实践部分都有许多不同的归纳，总体上认识比较混乱。我们认为，刑民交叉案件总体上可以划分为"多个事实关联型"刑民交叉与"同一事实竞合型"刑民交叉两类，但由于关联因素的复杂性而往往具有复杂的具体表现形式，因此进一步总结归纳刑民交叉案件的具体表现形式还是必要的。根据我们观察，实践中经济犯罪（包括经营管理者职务犯罪）与经济纠纷交叉案件突出而常见的表现形式有以下五种：（1）合同诈骗犯罪与合同纠纷交叉案件；（2）经营管理者职务犯罪与经济纠纷交叉案件；（3）金融犯罪与金融纠纷交叉案件；（4）知识产权犯罪与知识产权纠纷交叉案件；（5）经营管理者生产销售伪劣商品犯罪与经济纠纷交叉案件。

我们对刑民交叉案件具体表现形式的上述归纳，有的相对笼统，如关于合同诈骗犯罪与合同纠纷交叉案件、经营管理者职务犯罪与经济纠纷交叉案件的归纳；而有的则比较具体，如关于金融犯罪与金融纠纷交叉案件、知识产权犯罪与知识产权纠纷交叉案件、经营管理者生产销售伪劣商品犯罪与经济纠纷交叉案件的归纳，但是应当说这种归纳都有其特殊价值。以合同诈骗与合同纠纷交叉案件这种相对笼统的归纳为例，这种归纳虽然是比较笼统的表现形式划分，几乎可以说经济社会的多数刑民交叉案件都呈现出这种表现形式，但是这种划分仍然具有具体性（具体表现为"合同"）和特殊意义，即能够相对具体地体现出"以合同为表现形式"的刑民交叉案件的鲜明特点，从而有利于理论研究确定有针对性的解决路径：在理论逻辑上，办案机关可以将此种表现形式刑民交叉案件的关键问题和突破口确定为对相关合同内容与形式的审查，以此为重要依据并结合类型学判断（"多个事实关联型"刑民交叉与"同一事实竞合型"刑民交叉）来更加合理地确定适当程序。再如以经营管理者职务犯罪与经济纠纷交叉案件这种相对笼统的归纳为例，其中经营管理者职务犯罪的具体涉嫌罪名及其对经济纠纷的关联影响等因素都可能成为此种表现形式刑民交叉案件的焦点问题和鲜明特点，同样有利于理论研究确定有针对性的解决路径：在理论逻辑上，办案机关可以将此种表现形式刑民交叉案件的关键问题和突破口确定为对相关职务犯罪与经济纠纷关联性的审查，以此为重要依据并结合类型学判断（"多个事实关联型"刑民交叉与"同一事实竞合型"刑民交叉）来更加合理地确定适当程序。无须言明，对刑民交叉案件具体表现形式做出比较具体的三种归纳，更有利于理论研究上具体针对相应表现形式刑民交叉案件的鲜明特点来确定有针对性的解决路径。

三　刑民交叉问题的既有解决办法

为了研究刑民交叉问题的妥善解决办法，除了需要恰当界定刑民交叉问题的界限，还需要总结已有解决办法的利弊得失。实践中，我国公安司法机关以相关法律法规及规范性解释为依据，对刑民交叉案件的既有处理办法主要是"先刑后民"（有的称为"先刑后民原则"），同时以"刑民并进"和"先民后刑"为例外和补充。顾名思义，"先刑后民"在处理刑民交叉案件的过程中，采用先刑事后民事或者刑事优先于民事的思路和做法；"先民后刑"则相反，是指在处理刑民交叉案件的过程中，采用先民事后刑事或者民事优先于刑事的思路和做法；而"刑民并进"是指在处理刑民交叉案件的过程中，采用刑事和民事同时进行、并行不悖的思路和做法，既反对民事优先于刑事、也反对刑事优先于民事。由于"先刑后民"在实践中是主要做法而具有突出地位和重大影响，因此这里重点考察归纳"先刑后民"的基本内容和相关问题。

关于先刑后民原则的概念，目前理论上存在不同理解，文字归纳也存在较大差异。如：（1）所谓"先刑后民"原则，乃是"先刑事后民事"的简称，往往也被称为"刑事优先"原则，其具体含义是指，在同一案件中，当刑事法律关系与民事法律关系可能发生竞合、刑事诉讼程序与民事诉讼程序可能发生交叉、冲突时，刑事诉讼在适用的位阶和位序上均应优先于民事诉讼。[1]（2）"先刑后民"是一个简略语，全称为"先刑事诉讼程序而后民事诉讼程序"。具体含义是指当一个民商事纠纷案件与经济犯罪案件发生牵连时，民商事纠纷案件应销案或中止审理，中止审理的案

---

[1] 参见万毅《"先刑后民"原则的实践困境及其理论破解》，载《上海交通大学学报》（哲学社会科学版）2007年第2期。

件要等有关联的刑事案件审结后才能恢复审理。①（3）"先刑后民"原则是指公安机关、检察机关、人民法院在处理案件的过程中发现存在着与本案相互关联的民事纠纷或者刑事犯罪嫌疑，原则上应优先处理刑事案件，然后再处理民事纠纷。（4）"先刑后民"原则是指在民事诉讼活动中发现涉嫌刑事犯罪时，应当在侦查机关对涉嫌刑事犯罪的事实查清之后，由法院先对刑事犯罪进行审理，再就涉及的民事责任问题进行审理，或者由法院审理刑事犯罪的同时，附带审理民事责任问题，在此之前，法院不应单独就其中的民事责任予以审理判决。②（5）所谓的"先刑后民"是指在民事诉讼活动中，发现民事案件当事人涉嫌刑事犯罪时，应当将犯罪线索移送侦查机关，待人民法院对刑事犯罪审理后，再由人民法院对民事诉讼部分进行审理，或由人民法院审理刑事部分的同时附带审理民事部分。一言以蔽之，对于刑民交叉案件，在刑事部分审理以前不得对民事部分予以审理。③（6）"先刑后民"的含义是：对于在民事案件的审理中，当事人涉嫌刑事犯罪案件的诉讼正在进行时，民事案件暂时中止，使刑事案件先行处理。④（7）所谓"先刑后民"，广义是指在以刑代民的历史阶段中，作为调整社会关系的刑事法律手段和民事法律手段，无论是在立法领域还是在司法领域，都体现为刑事优先、重刑轻民、重刑主义的思维定式。狭义的"先刑后民"，是指在刑事犯罪与民事纠纷交叉，或者经济犯罪与经济纠纷交叉时，或者全部按照刑事犯罪处理，或者以刑事处理为民事处理前置条件的模式。⑤（8）所谓"先刑后民"是指在民事诉讼活动中发现涉嫌刑事犯罪时，应当在侦查机关对涉嫌刑事犯罪的事实查清后，由法院先对刑事犯罪进行审理，再就涉及的民事责任问题进行审理，或者由法院在审理刑事犯罪的同时，附带审理民事责任问题，在此之前，法院不应单独就其中的民事责任予以审理判决。⑥（9）"先刑后民"是指在处理刑民

---

① 参见潘爱国《论"先刑后民"面临的困境与刑事、民事诉讼程序的复归》，载《宜昌审判》2003年第3期。
② 参见刘宇《论先刑后民原则》，载《长春理工大学学报》（社会科学版）2007年第4期。
③ 参见董秀婕《刑民交叉法律问题研究》，博士学位论文，吉林大学，2007年，第134页。
④ 参见刘英全《"先刑后民"原则的再思考》，载《人民法院报》2005年11月29日。
⑤ 参见曹守晔《从先刑后民到刑民并用的嬗变（一）》，载《法制日报》2006年2月28日。
⑥ 参见江伟、范跃如《刑民交叉案件处理机制研究》，载《法商研究》2005年第4期。

交叉案件时，应该先对引起责任的违法行为进行刑事审判，在确定其是否承担刑事责任以及该承担什么样的刑事责任后，再决定是否对该行为进行民事审判。①（10）"先刑后民"是指行为人实施的某一违法行为，同时触犯了民事法律规范和刑事法律规范，引起民事责任和刑事责任竞合或并存的情况下，应当先对引起责任的违法行为进行刑事诉讼，在确定其是否构成犯罪以及应否承担刑事责任以后，再视民事责任和刑事责任是竞合还是并存的情形，决定是否对该行为进行民事诉讼。②

我们认为，实践中实行的所谓"先刑后民"原则，又称为"先刑事后民事"原则、"刑事优先"原则，是指在具体案件中，当刑事法律关系与民事法律关系可能发生交叉竞合、刑事诉讼程序与民事诉讼程序可能发生交叉冲突时，刑事诉讼在适用的位阶和位序上均应优先于民事诉讼。③先刑后民的内容包括"位阶上的刑事优先"与"位序上的刑事优先"两方面的要求：④一是位阶上的刑事优先。所谓位阶上的刑事优先，指的是刑事判决的效力在位阶上应当高于民事判决，民事判决的既决内容不能约束刑事判决，相反，刑事判决的内容要对民事判决发生拘束力，即便民事判决已经先行做出并已生效，但刑事判决仍然可以将其推翻。当然，这里必须注意区分有罪判决和无罪判决并予以分别考察：一方面，就有罪判决而言，"不允许民事法官无视刑事法官就构成民事诉讼与刑事诉讼之共同基础的犯罪事实的存在、其罪名以及对受到归咎的人是否有罪所做出的必要而肯定的决定"。⑤换言之，刑事诉讼中的有罪判决将对民事诉讼产生既判力，民事法庭不得做出与刑事法庭所做出的有罪判决相矛盾的判决。另一方面，刑事诉讼中的无罪判决却对民事诉讼不产生既判力，刑事上无罪并不意味着民事上无责任，如美国辛普森杀妻案便是适例。这是因为：从实体上看，刑法所调整的是具有严重社会危害性的违法行为，有些社会危害性较轻的违法行为虽构不成犯罪，但同样侵犯了公民与法人的合法权

---

① 参见左静鸣《完善刑民交叉案件处理机制初探》，载《上海审判实践》2006 年第 7 期。
② 参见姚青《论刑民交叉案件的程序处理原则》，硕士学位论文，华东政法学院，2006 年，第 20 页。
③ 理论上对先刑后民原则概念的含义理解和文字归纳存在较大差异。
④ 参见万毅《"先刑后民"原则的实践困境及其理论破解》，载《上海交通大学学报》（哲学社会科学版）2007 年第 2 期。
⑤ 参见 [法] 卡斯东·斯特法尼、乔治·勒尼索、贝尔纳·布洛克《法国刑事诉讼法精义》，罗结珍译，中国政法大学出版社 1998 年版，第 885 页。

益，已经构成了民法上的侵权，因此刑法上虽然无罪但民法上仍有责任；从程序上看，出于保障被告人人权的目的，刑事诉讼的证明标准严于民事诉讼，依照刑事诉讼的证明标准不能认定为有罪的案件，在民事诉讼中则很可能认定为有责任，因此刑事诉讼中的无罪判决不应对民事诉讼产生既判力。二是位序上的刑事优先。所谓位序上的刑事优先，指的是在程序上刑事法律关系的确定应当优先于民事法律关系，应当优先适用刑事程序以确定被告人的刑事责任或者在不妨碍刑事责任实现的前提下在刑事诉讼程序中附带处理民事责任问题。前一种情形主要是指在民事诉讼进行过程之中，又提起了刑事诉讼的，则民事诉讼应当中止，待刑事诉讼进行完毕之后再行恢复审理，后一种情形主要是指刑事附带民事诉讼，即在进行刑事诉讼的同时，附带进行民事诉讼的审理。两者其实都反映的是刑事诉讼程序在适用位序上的优先性。

一般认为，先刑后民原则在实践中主要适用于主体同一和事实同一的刑民交叉案件。所谓主体同一，指民事案件中的双方当事人同时是刑事案件中的犯罪嫌疑人和被害人，两个案件中的主体完全重合；所谓事实同一，指民事法律行为与刑事犯罪的事实相同。这种条件下的"先刑后民"的程序价值在于它可以保障在追究当事人民事责任的同时，不放纵任何一个可能成立的犯罪，可以做到刑事诉讼程序与民事诉讼程序的有机结合，提高诉讼效率。[①] 因此，过去实践中的"先刑后民"原则主要适用于以下案件：

一是存疑案件。即同一法律事实涉及的法律关系一时难以确定是刑事案件还是民事案件的刑民交叉案件，主要表现为经济纠纷是否涉嫌经济犯罪。在此种情况下，无论是被害人向公安机关报案还是法官在民事诉讼中发现犯罪线索，都应当根据先刑后民的规定中止民事诉讼的审理，先适用刑事诉讼程序进行审查，再根据审查后的刑事处理结果（主要是刑事判决结果）确定民事诉讼是终结审理还是恢复审理。如果该行为被判定构成犯罪，刑事判决已对被害人遭受的物质损失予以了追缴或责令退赔，被害人无其他损失的，则民事诉讼应当终结审理；被害人还有其他损失的，则民事诉讼应当对被害人主张的其他损失部分恢复继续审理。如果该行为

[①] 参见陈虹《对"先刑后民"原则的几点质疑》，载《学术探索》2006年第5期。

被判定不构成犯罪,则原先中止的民事诉讼应当全部恢复审理。①

二是刑事附带民事诉讼案件。即同一法律事实引起民事和刑事两种责任,两种责任同时并存,且符合刑事附带民事诉讼受理范围,被害人依法提起刑事附带民事诉讼的情形。此种情形中,先刑后民的规定应体现在刑事附带民事诉讼审判的各个阶段,具体表现为要遵守从刑事切入,刑事和民事穿插和分段相结合的审理方式。从刑事切入,要求在刑事附带民事诉讼审判程序的各阶段及其具体步骤中,均应先进行刑事诉讼,紧接着再进行相关的民事诉讼。穿插和分段相结合,指的是在审判的各个阶段,都同时体现刑事和民事部分,但刑事在前,民事在后。②

三是其他刑民责任同时并存的案件。即同一法律事实引起民事和刑事两种责任,且两种责任同时并存,但被害人未提起刑事附带民事诉讼或者法院认为不符合刑事附带民事诉讼受案范围而不受理附带民事诉讼的案件。根据法释（2000）47号《最高人民法院关于刑事附带民事诉讼范围问题的规定》（以下简称《规定》）,可以提起刑事附带民事诉讼的情况有两类,一是人身权利受到侵犯而导致被害人遭受物质损失的,二是财物被犯罪分子毁坏而导致被害人遭受物质损失的。由于司法解释采取的是类举而非列举的方法规定刑事附带民事诉讼案件的范围,因此无论在理论上还是实践中,对其内容和含义的理解分歧很大。再加上一些传统认识和操作性难易的选择,在司法实践中,法院实际受理的附带民事诉讼案件范围非常狭窄,多是交通肇事罪、伤害罪、毁坏财物罪等。其他犯罪造成被害人物质损失的,被害人不能提起附带民事诉讼。在这种情形中,先刑后民的规定具体体现为被害人只有在刑事诉讼审结以后才能就赔偿问题另行提出民事诉讼。③

先刑后民的适用效果有积极的一面,也有消极的一面,这是我们必须予以正确认识的问题。(1)以"先刑后民"为由不予立案或者驳回起诉,有的带来一定消极影响。实践中,法院对侦查机关已经立案,或侦查机关

---

① 参见姚青《论刑民交叉案件的程序处理原则》,硕士学位论文,华东政法学院,2006年,第30页。

② 参见邵世星、刘选《刑事附带民事诉讼疑难问题研究》,中国检察出版社2002年版,第86页。

③ 参见姚青《论刑民交叉案件的程序处理原则》,硕士学位论文,华东政法学院,2006年,第30页。

没有立案，或经过其审查认为涉嫌犯罪的刑民交叉案件，一般对于民事纠纷不予立案。对符合民事起诉条件的原告的诉讼请求不予受理，实际上剥夺了当事人单独提起民事诉讼的权利。而有些因犯罪而遭受损害的权利主体在附带民事诉讼中不具有诉讼地位和权利，而待刑事审判结束后，再行提起民事诉讼，其实体权利又得不到有效保护。全国法院系统民事审判庭（包括商事）以"先刑后民"为由不予立案的案件数量非常之大，1998年以前，只要是侦查机关立案或经民事审判人员审查后认为民商纠纷中涉嫌犯罪的，就几乎全部在立案环节被隔离在法院的门外，受害人财产受损，却告状无门，只能眼睁睁"望门兴叹"。[1]（2）"先刑后民"有时被司法机关恶意利用。自从20世纪80年代"先刑后民"的规定出台以来，司法机关对待刑民交叉案件先后有两种态度。80年代初，以"先刑后民"为由拒绝受理当事人的民事起诉，或民事立案后，发现其中涉嫌刑事犯罪问题，即驳回诉讼请求，移送公安机关处理，呈现的是互相"推案"。90年代以后，由于经济观念的转变，受利益驱动，或出于地方保护目的，为保护地方经济，涉及地方要承担巨额赔偿责任时，司法机关就"挺身而出"，以"先刑后民"为由，主动从民事审判部门"抢案"，达到"以刑止民"的目的。刑民交叉案件的审理及判决结果也呈现混乱局面，民转刑案件大量增加，司法机关之间经常为此发生矛盾，司法部门利用刑事司法权力介入经济纠纷的现象时有发生。无论"推案"还是"抢案"，损害的不仅是当事人的合法利益，还有国家的法律尊严和司法的公正，更给行政干预司法提供了便利。[2]（3）"先刑后民"有时被当事人恶意利用。实践中，当事人出于自己的个人目的，一般在两种情况下恶意利用"先刑后民"。一种情况是一方当事人想推脱民事责任，以民事纠纷涉嫌犯罪为由到公安机关控告，要求立案，从而"以刑止民"；还有一种情况，当一方当事人的财产权利受到损害，觉得通过民事诉讼手段力度不够，明知被告人的行为是民事欺诈，不构成犯罪，却向公安机关控告行为人的行为构成合同诈骗犯罪，要求立案，意图借助司法权力挽回财产损失。这种现象最终导致司法机关成为当事人手中的"玩偶"，使得公安司法机关成为当

---

[1] 参见董秀婕《刑民交叉法律问题研究》，博士学位论文，吉林大学，2007年，第141页。

[2] 同上书，第144—145页。

事人实现个人目的的工具，有的造成了极其恶劣的社会影响。

　　实行先刑后民原则的原因可能在于以下几点：（1）先刑后民的价值判断。一是公权优先、重刑轻民的传统思想。二是在公平与效率关系上强调效率优先的理念。三是刑事诉讼较之民事诉讼更具社会意义。（2）先刑后民的技术分析。一是刑事诉讼拥有许多民事诉讼所不具备的侦查、取证手段。二是刑事诉讼中的证明标准高于民事诉讼，证明结果可能更接近于案件事实真相。三是刑事判决预决力高于民事判决的预决力。

　　但是，先刑后民原则面临一系列理论上的质疑和矛盾。主要有以下问题：（1）先刑后民的法律定位问题。"先刑后民"一直为我国司法活动普遍采用，但其是否为法律原则，理论界存在截然相反的两种观点。一种观点认为，"先刑后民"是由司法解释确立的司法原则；另一种观点认为"先刑后民"是处理刑民交叉案件的一种方式，不是司法原则。我们认为："先刑后民"不具备法律原则的品质，不是法律原则。现代法治理念认为，在这个由无数个体组成的社会中，权利的本原是一个个"私"的个体的天然权利，即便是被认可和保障的公共利益，也是为了私权的实现而设。因此，尊重和保护私权，也正随着法治理念的深入而逐渐成为社会的主流声音。在这种理念背景下，凡是被套上了"公权"与"重刑"外衣的制度都难免遭受批判。（2）先刑后民原则是否剥夺了当事人的选择权。当事人应当享有程序上的选择权，这是私权，强行采用"先刑后民"原则是对当事人程序选择权的一种剥夺，体现的是"公权优先"的传统理念，而与现代法治理念不符。[①] 从程序上看，原告的起诉在形式上是符合这四个方面的具体要求的，法院就应当立案受理。按照《规定》，民商事纠纷案件原告的一个符合法律要求的起诉就被强行终结了，而刑事案件侦查的结果具有两种可能性，一种可能性是行为人构成犯罪，另一种可能性是行为人不构成犯罪。然而不论出现哪一种结果，原告民事权益的救济途径都受到了一定程度的限制，造成了事实上的"讼累"，增加了受害人诉讼成本，剥夺了受害人应有的诉权。[②]（3）先刑后民是否导致对私权无法寻求及时的救助。有学者指出，过分强调"先刑后民"的刚性，将导

　　[①] 参见陈兴良等《关于"先刑后民"司法原则的反思》，载《北京市政法管理干部学院学报》2004 年第 2 期。
　　[②] 参见陈虹《对"先刑后民"原则的几点质疑》，载《学术探索》2006 年第 5 期。

致因为某些常见的诉讼情形如犯罪嫌疑人潜逃、长期无法归案,刑事追究迟迟不能发动时,私权也无法寻求及时救济。① 在"先刑后民"的制约下,民商事纠纷案件的原告无法通过及时起诉来获得主动,无法向法院提出诉前保全或诉讼保全的申请,同时由于刑事案件的审结需要一个相对较长的时间,这就给债务人转移财产以逃避债务提供了充分的条件,债务人可以利用这段时间悉数转移财产,最后原告即使胜诉,他所面对的也将可能是一个一无所获的结果。②(4)先刑后民原则是否存在恶意启动刑事程序,"以刑止民"的可能。有学者指出,在一些民事诉讼中,实际上并没有经济犯罪,但被告通过不正当手段人为地制造存在经济犯罪嫌疑的假象,利用"先刑后民"的规定拖延民事案件的审理,从而逃避民事责任,侵害原告的合法权益。③(5)先刑后民原则是否缺乏可操作性标准。1998年最高人民法院颁布的《关于在审理经济纠纷案件中涉及经济犯罪嫌疑若干问题的规定》中规定:"同一公民、法人或其他经济组织因不同的法律事实,分别涉及经济纠纷和经济犯罪嫌疑的,经济纠纷和经济犯罪案件应分开审理","人民法院在审理经济纠纷案件中,发现与本案有牵连,但与本案不是同一法律关系的经济犯罪嫌疑线索、材料,应将犯罪嫌疑线索、材料移送有关公安机关或检察机关查处,经济纠纷案件继续审理"。这两个条文试图用排除法确定适用"先刑后民"的条件,但两个条款中分别是"同一法律事实""同一法律关系",概念模糊,而且1998年规定前的《通知》中对移送范围是全案还是只移送犯罪线索规定不明确,操作起来做法不一,因此"先刑后民"不具有规则的属性。④(6)先刑后民原则是否与刑法谦抑原则相背离。刑法的谦抑性要求刑法调控的范围和强度应该适当。对某一行为,运用刑法还是其他法律调整发生争议时,必须考虑其他法律的优先适用。对于某种危害行为,应首先考虑其他法律调整适用的可能性,只有当其他法律无法调整或虽能调整仍达不到预期目标的时候,才能考虑运用刑法来干预。刑法的最后性就是指刑法在干预社会

---

① 参见万毅《"先刑后民"原则的实践困境及其理论破解》,载《上海交通大学学报》(哲学社会科学版)2007年第2期。
② 参见陈虹《对"先刑后民"原则的几点质疑》,载《学术探索》2006年第5期。
③ 参见李家胜《经济犯罪与经济纠纷交叉案件审理中的若干问题的探讨》,载《法制与经济》2008年第1期。
④ 参见潘永平《论先后民刑》,中国律师服务网,http//www.lawguwen.com。

生活时，在法律体系的调整动态序列上，处于其他法律调整之后，以弥补其他法律的调整之不足或不能。① "先刑后民"却完全颠倒了这个顺序。(7) 先刑后民原则到底有多大的适用空间。有学者认为，实践中，刑民交叉案件中的刑事判决结果会影响民事案件处理的情况极少，而"先民后刑"适用的空间反而多于"先刑后民"。知识产权犯罪案，林木权属不清的盗伐林木犯罪案，犯罪对象特定（国有财产、公共财产）的贪污、挪用、私分国有资产犯罪案恰恰需要"先民后刑"。知识产权不同于其他案件，专业性极强，且犯罪要以侵权为前提，侵权要以确权为前提，并且诉讼时一般侵权正在进行，而民事上的诉前保全措施可以有效救济所受损害，及时固定证据。同时，如果民事上及时、足量赔偿，双方又达成谅解，没有必要追究刑事责任。② 实践中大量案件民事、刑事审理结果互不影响，因此适用"先刑后民"的范围极其有限，将其确定为原则违背客观规律。(8) 先刑后民原则是否存在违法因素。有学者认为，受害人完全具备《民事诉讼法》第 108 条明确规定的民事案件起诉条件，按照"先刑后民"的要求，受害人向法院起诉，法院却因刑事案件没有审结而不予立案，实际上变相剥夺了受害人启动民事诉讼程序的权利，违反《民事诉讼法》。已经立案的，1998 年最高人民法院颁布的《关于在审理经济纠纷案件中涉及经济犯罪嫌疑若干问题的规定》第 11 条明确规定裁定驳回起诉。裁定驳回起诉，是程序审，而不是实体审，而刑民交叉案件中涉及的刑事犯罪与民事纠纷区分属于实体问题，应经过实体审理，适用裁定驳回起诉是错误的。《刑法》第 36 条第 2 款规定："承担民事赔偿责任的犯罪分子，同时被判处罚金，其财产不足以全部支付的，或者被判处没收财产的，应当先承担对被害人的民事赔偿责任。"第 60 条规定："没收财产以前犯罪分子所负正当债务，需要以没收的财产偿还的，经债权人请求，应当偿还。"如果先予以刑事判决，财产刑已经执行，罚金、没收的财产按照规定应上缴国库，那么此时债权人向谁主张权利，权利又如何保障？因此"先刑后民"也明显与《刑法》的精神相违背。③

---

① 参见甘雨沛、何鹏《外国刑法学》（上册），北京大学出版社 1984 年版，第 193、200 页。
② 参见江伟、范跃如《刑民交叉案件处理机制研究》，载《法商研究》2005 年第 4 期。
③ 参见董秀婕《刑民交叉法律问题研究》，博士学位论文，吉林大学，2007 年，第 139 页。

四 刑民交叉问题的对策建议

刑民交叉案件源于刑民交叉问题，其关涉的诸方面问题已经引起理论界和实践部门的广泛关注，相关的理论研究成果尤其是其中提出的对策建议十分丰富，有的对策建议已经得到实践检验并成为广为认同的成功做法，但也有许多疑难问题仍然没有得到合理解决，部分对策建议缺乏充分的理性论证和可操作性，这种理论和实践现状都深刻呼唤着理论创新，运用新的研究方法、提出新的解决思路，完成这种理论创新任务需要全体理论工作者共同努力。从系统论（思维）立场上看，刑民交叉问题对策研究的理论创新，需要从理论上协调解决好以下宏观和微观问题：一是从宏观上设定各有关机关（包括立法机关、公安机关、司法机关）处置刑民交叉问题的整体思路和处理机制，二是从微观上确立各有关机关、案件当事人和律师协同采取具体措施。只有上列宏观和微观的有机结合，才可能比较圆满地解决好刑民交叉问题对策研究的理论创新问题。正是沿着这种理论创新思路，我们设计了以下一系列解决刑民交叉问题的处置原则、应对机制和有关具体措施等理论创新课题，供学界同仁参考。

（一）关于刑民交叉问题的处置原则

之所以将这个问题作为刑民交叉问题对策研究的理论创新课题提出，是因为刑民交叉问题的恰当处置事关经济社会的健康发展和公平正义，因而必须有统一的处置原则，以最大限度地促进刑民交叉问题合理解决。我们认为，依法办事是现代法治国家的基本原则要求，它当然成为刑民交叉问题的主要原则；在缺乏法律明确规定的情况下，刑民交叉问题也应当按照法制所体现的兼顾公正与效率原则来处置。因此，指导解决刑民交叉问题的整体思路与处置原则应当包括两项，即法制原则、兼顾公正与效率原则。

1. 法制原则

刑民交叉首先是个法律问题，依法解决当是题中应有之义，因此，法制原则是刑民交叉问题处置中必须坚持的首要原则。有法可依、有法必依、执法必严、违法必究，是法制原则的基本要求。法制原则要求我们必须首先从现行法律制度上寻求具体刑民交叉案件的解决办法，而不能无视现行法律制度的明确规定，不能超越现行法律制度而行非法之事；同时，我们在研究解决刑民交叉问题的对策框架时，也必须力求在法律制度层面上对刑民交叉问题提出对策性建议，通过修订完善现行立法、司法解释及规章制度等，从法律法制的角度规范刑民交叉问题的解决方式，在保证立法和司法统一性的原则下，实现对该问题的合法且规范的解决。

因此，任何机关和个人，包括公安机关、人民法院以及案件当事人等在面临刑民交叉问题时，都只能在法制范围内寻求解决办法，而不得超越法制界限行非法之事。例如，公安机关不得违法立案侦查，尤其在犯罪嫌疑证据不足达不到刑事侦查立案标准甚至缺乏基本指控证据的情况下，公安机关不得随意立案并启动侦查程序。再如，人民法院不得违法限制或者剥夺公民诉权，公安机关与人民法院在协调具体案件管辖权的时候必须严格依法办事，等等。

2. 兼顾公正与效率原则

作为法制原则的补充，兼顾公正与效率原则也是处置刑民交叉问题的重要原则。按说，一方面，法律规定本身一般都比较充分地兼顾好公正与效率，因此，在有法律明确规定的情况下，坚持法制原则本身也就能够体现兼顾公正与效率的要求；但另一方面，由于种种复杂原因，我国法制建设本身还不健全，对刑民交叉问题的处置规定并不全面，有的成了法律空当，因此，在处理这些缺乏法律明确规定的刑民交叉问题时就需要坚持兼顾公正与效率原则，力求做出最符合法律规定精神的、兼顾公正与效率的合理处理。

之所以在刑民交叉问题解决中强调兼顾公正与效率，还因为刑民交叉问题往往与经济发展、公民权利和社会公正等密切相关，如何公正和有效率地处理刑民交叉案件，既对企业和个人带来直接影响，也关系到国家和地方的社会经济发展。实际上，兼顾公正与效率原则的内涵十分丰富，既有尊重经济发展规律、兼顾经济人权利与经济秩序的内容，也有刑法谦抑、模糊行为不得以刑事处罚等内容。例如，刑法可以成为保护经济健康发展的利器，但刑法却不能过度干预或介入经济发展，否则只能适得其反。刑法应当保持自己的谦抑态度，克制住不当干预和插手的冲动，正确地认识自己在社会保障和人权保护中的地位和作用，正确地认识自己在法制体系中的地位和作用，从而更好地发挥自己的作用。

(二) 关于刑民交叉案件的程序选择机制

在现有法制框架内确定刑民交叉案件的程序选择机制，是刑民交叉问题对策研究的重要目标和核心内容，因而这个问题应当成为一个重要的理论创新课题。通过对刑民交叉问题的理论归纳，我们认为刑民交叉案件的程序选择机制应当包括以下四项：一是类型化处置机制；二是疑案沟通协调机制；三是应急处置机制；四是规范修订机制。

1. 类型化处置机制

类型化是类型化处置的前提。如前所述，我们主张以法律事实的个数为"统一标准"将刑民交叉案件总体上分为"多个事实关联型"刑民交叉与"同一事实竞合型"刑民交叉两个大类。这种分类的程序意义就在于我们可以建立起对刑民交叉案件的如下类型化处置机制：

一是"同一事实竞合型"刑民交叉案件的程序选择，应以"先刑后民"为原则，以"刑民并行"和"先民后刑"为补充。这种程序选择的主要理由是：（1）有利于发现事实真相。此类刑民交叉案件的核心和关键问题是"同一事实"，只有查清了这个"同一事实"真相，最终才能够合理有效地解决好案件问题。而查清事实真相，需要更多地借助刑事侦查行为，因为侦查机关是专门的职能机关，取证能力强，取证标准、取证要求高，实行"先刑后民"更加有利于发现事实真相。（2）有利于兼顾公正和效率。通过刑事诉讼程序发现事实真相并做出适当处理后，再进行民事处理，可以避免民事案件中因事实认定上的错误和偏差而出现的重复取证和讼累，从而能够较好地兼顾公正与效率。

实践中，合同诈骗犯罪与合同纠纷交叉案件、金融犯罪与金融纠纷交叉案件、知识产权犯罪与知识产权纠纷交叉案件、经营管理者生产销售伪劣商品犯罪与经济纠纷交叉案件等案件，多数时候都是"同一事实竞合型"刑民交叉案件，因而其程序选择应以"先刑后民"为原则，以"刑民并行"和"先民后刑"为补充。但是，有原则就有例外，对于某些具体刑民交叉案件的程序选择，还是需要结合具体案情特点做出适当的程序性调整。如：因犯罪嫌疑人潜逃或者人为障碍而导致刑事程序久拖不决的，或者民事处理不影响刑事程序的，或者刑事程序需要以民事上经济损失具体情况为认定依据的（如部分因知识产权侵权而引发的刑民交叉案件），则可以采用"刑民并行"和"先民后刑"为补充。如三鹿奶粉事件中体现的比较突出的特征是"同一事实竞合型"刑民交叉案件，有关机关在处置程序选择上就体现了一定的灵活性，兼采了"刑民并行"（刑事侦查和民事救济并行不悖）和"先民后刑"（先补偿了部分民事损失后进行刑事审判）等处理办法。

二是"多个事实关联型"刑民交叉案件的程序选择，应以"刑民并行"为原则，以"先刑后民"和"先民后刑"为补充。这种程序选择的主要理由是：（1）二者并非基于"同一事实"而仅仅是"多个事实关联"，因此先查明哪个事实并不必然依赖于另一个事实，在法律上刑事案件与民事案件的处理并不必然存在相互依赖的关系，从而"刑民并行"具有客观合理性和公正性。（2）有利于提高办案效率和解决纠纷。由于刑事民事二者处理既不存在矛盾，也不能相互替代的问题，因此刑事民事并行不悖，有利于避免扯皮等待现象而提高办案效率，有利于及时解决社会矛盾和确保经济安全。

实践中，经营管理者职务犯罪与经济纠纷交叉案件多数时候是"多个事实关联型"刑民交叉案件，因而其程序选择应以"刑民并行"为原则，以"先刑后民"和"先民后刑"为补充；而合同诈骗犯罪与合同纠纷交叉案件、金融犯罪与金融纠纷交叉案件、知识产权犯罪与知识产权纠纷交叉案件、经营管理者生产销售伪劣商品犯罪与经济纠纷交叉案件虽然多数时候是"同一事实竞合型"刑民交叉案件，但是也不能排除这些案件有时也是"多个事实关联型"刑民交叉案件，这时其程序选择也应以"刑民并行"为原则，以"先刑后民"和"先民后刑"为补充。

2. 疑案沟通协调机制

由于现有法律法规规定不周全和其他复杂原因，公安、检察、法院、政法委等机关以及案件当事人对案件性质经常会存在认识上的不一致，导致对刑民交叉案件处理上存在争议，容易出现办案机关互相推诿或争抢案件的情况，有的严重损害了当事人合法权益。在出现疑难案件并且存在认识分歧的情况下，如何在各办案机关之间建立有效的沟通协调机制就成了当务之急。在调研中我们也发现，各个机关都有建立沟通协调机制的强烈愿望。通过建立沟通协调机制，避免各办案机关之间可能发生的矛盾冲突，有效公正地解决刑民交叉案件，维护当事人的合法权益。当然，沟通协调机制是在目前刑民交叉相关立法及司法规范尚不完善情况下的权宜之计，但不能成为个别机关、个别人超越职权干涉别的机关依法办案的途径。

当前，疑难案件沟通协调机制的建立，可以采取由同级政法委带头组成协调委员会，负责协调处理本地区出现的疑难刑民交叉案件处置措施，在法律范围内具体决定刑事与民事处置顺序、承办单位以及其他有关程序性问题。

3. 应急处置机制

对于一些特别的刑民交叉案件，虽然办案机关和案件当事人各方存在认识上的较大分歧，但是有关重要当事人存在出境、潜逃、被害等重大紧急情况，应当建立应急处置预案机制以有效应对危机和其他紧急情况，比如可以赋予公安机关采取相应的紧急对策措施，在三日内进行紧急处置，包括采取控制人、财、物等紧急措施，然后再恢复正常处置程序。

4. 规范修订机制

在前期的调研中我们可以看出，从理论界到实务界，谈及刑民交叉问题解决时莫不是首先寄希望于相关立法和司法解释的规范和完善上。究其原因，现有的刑民交叉相关法律文件令出多门、缺乏统一性和适用性是导致目前公安司法机关在处理此问题上出现问题的重要因素。从统一政令、规范工作角度考虑，我们也应当提出建立刑民交叉相关规范修订机制，对现有的法律文件进行整理并进行必要的补充和完善。

具体说来，我们可以从如下几个方面建立和完善与刑民交叉相关的规范修订机制：全面考量现有立法和司法解释，消除相互矛盾的情况；针对刑民交叉案件不同类型制定有针对性的处置措施；针对各机关在处置刑民交叉案件过程中可能出现的矛盾和冲突，规范案件办理、流转及移交程序，规范各相关机关办事规程。

（三）关于公安经侦程序的进一步规范

公安经侦是刑民交叉案件中"刑"的代表，因此规范公安经侦程序就成为恰当处置刑民交叉案件的重要保障，同时也成为刑民交叉问题对策研究的重要理论创新点。从调研中发现的情况看，我们认为规范公安经侦程序的内容，主要是规范公安经侦的侦查启动程序、刑事拘留决定程序、侦查考核程序和侦查监督程序等四个方面。

一是规范公安经侦启动程序：严禁无嫌疑证据就随意立案侦查。立案是公安经侦启动程序的标志，一旦立案，公安机关即可以依法行使刑事侦查权，包括限制或者剥夺犯罪嫌疑人人身自由、决定拘留、提请逮捕、冻结或者查封财产等。因此，立案如果恰当（合乎法律规定），对于依法打击惩处经济违法犯罪具有十分重要的作用；但立案如果错误，则对于无辜者将造成十分严重的后果和恶劣的影响，同时必然影响打击惩处真正的经济犯罪，负面影响十分恶劣。正因为如此，公安部应当出台专门规章或者其他规范性文件，明确规定各地公安机关必须严格依法立案，严格规范公安经侦启动程序，严禁无嫌疑证据就随意立案侦查，并明确规定违反此规定的严厉制裁措施。

二是规范公安经侦拘留决定程序：刑事拘留的提级决定。侦查立案后对经济社会的当事人影响最大、最深刻的是剥夺人身自由，如公安机关自主决定的刑事拘留、人民检察院的批准逮捕等强制措施。因此，公安机关必须特别慎重适用刑事拘留措施，需要进一步规范和监督。我们建议，可以通过立法修订来进一步限制和规范公安机关适用刑事拘留措施，由上一级公安机关决定下一级公安机关承办的涉嫌经济犯罪的犯罪嫌疑人是否适用刑事拘留措施（刑事拘留的提级决定），以体现对刑民交叉案件的当事人慎用刑事拘留措施、尽量减少经侦对生产经营活动的负面影响。

三是规范公安经侦考核程序：制定科学合理的经侦考核标准。目前各地实行的经侦考核标准比较混乱，有的重在考核破案绝对数、追赃数、打击处理数等，由于考核标准不科学、不合理而导致经侦行为失范造成严重危害后果。因此，制定科学合理的经侦考核标准，规范经侦考核程序，对于恰当处置刑民交叉案件具有重要意义。

四是规范公安经侦特别监督程序：建立内外结合的立体监督机制。不但要建立公安内部监督制约机制，还应当建立充分的外部监督制约机制，如检察监督、法院监督、律师监督、疑案听证监督等。就法院监督而言，可以通过设置一种特别的程序性规定，如规定经侦7个月内无法结案时法院有权继续民事审理，以实现法院对公安经侦的监督制约。就律师监督而言，可以通过立法赋予律师特别的犯罪嫌疑人涉嫌或者不涉嫌经济犯罪的质询权（提出异议权）、监督建议权、申请公开听证权、了解案情权、法律咨询权等，充分发挥律师的监督制约作用。

（四）关于刑民交叉案件当事人救济措施的进一步规范

刑民交叉问题如何处理以及能否得到及时处理，都会对当事人各方的权益带来不同程度的影响，因而需要我们在研究刑民交叉问题对策时将其作为一个不可或缺的重要理论创新问题予以关注。刑民交叉案件当事人一般包括被害人（当事人一方）和犯罪嫌疑人（当事人另一方），有的案件还出现有第三人（当事人的关联人），因而案件当事人权利救济就包括被害人权利救济、犯罪嫌疑人权利救济、第三人权利救济等几个方面。

实践中有些刑民交叉案件当事人就同一法律事实提起民事诉讼后，又认为公安机关介入会更有助于解决纠纷，因而又以发现经济犯罪嫌疑为由向公安机关报案，并以信访等方式通过上级党政机关对公安机关施压，要求对经初查已被确认不属于经济犯罪的案件继续采取刑事侦查手段。但在以刑事侦查手段对付本不属于经济犯罪的经济纠纷案件时，则可能带来对另一方当事人合法权益的侵害，且令公安机关担上不当插手经济纠纷的恶名。这种情况下，应当赋予当事人一定的救济措施，如申诉、控告、通过律师获得特别帮助等。有些刑民交叉案件在刑事诉讼久拖未决的情况下，应赋予当事人启动民事诉讼程序保护自己合法权益的权利；反过来，法院在审理民事案件时如发现有经济犯罪嫌疑、需要将案件移送至公安或检察机关时，应当考虑在书面告知当事人之外，再赋予当事人申请复议等权利；同理，对于经当事人报案但公安机关初查认为不属于经济犯罪案件的，当事人也应当有权采取提出异议、要求听证等救济措施。完善当事人救济措施，应当与规范行政与司法机关办案程序结合起来，避免产生不必要的矛盾、冲突及资源浪费。在赋予当事人选择权和采取进一步行动的权利的同时，务必考虑到此权利的行使会对公安、司法机关的正常工作带来何种影响。单纯地强调当事人的选择权，而忽视了对公安、司法机关工作的公正与效率要求也会带来不利后果。

当事人若因国家机关对刑民交叉案件的介入而遭遇合法权益的损害，也应当能采取相应的措施挽回或减少损失。这在目前的国家赔偿制度中略有规定，但目前仅是针对被不当采取强制措施的当事人进行一定赔偿。在刑民交叉案件的处理中，我们不时可以看到当事人因被采取强制措施而无法管理自己的经济实体，导致其在案件查清并被释放后遭遇经济实体严重亏损甚至破产的境况，而目前的国家赔偿对于当事人遭受的损失来说几乎是杯水车薪。为避免此种情况发生，一方面我们要强调侦查机关谨慎采取限制人身自由的强制措施，另一方面我们认为应出台相应的政策，维持涉案企业的正常运转，避免当事人所在经济实体因其管理缺席而蒙受不必要的损失。

主要参考书目

魏东主编：《刑事政策学》，四川大学出版社2011年版。
卢建平主编：《刑事政策学》，中国人民大学出版社2007年版。
何秉松主编：《刑事政策学》，群众出版社2002年版。
李卫红：《刑事政策学》，北京大学出版社2009年版。
许福生：《刑事政策学》，中国民主法制出版社2006年版。
林纪东：《刑事政策学》，台湾正中书局1969年版。
张甘妹：《刑事政策》，台湾三民书局股份有限公司1979年版。
谢瑞智：《中外刑事政策之比较研究》，台湾"中央"文物供应社1987年版。
马克昌主编：《中国刑事政策学》，武汉大学出版社1993年版。
杨春洗主编：《刑事政策论》，北京大学出版社1994年版。
赵秉志主编：《刑事政策专题探讨》，中国人民公安大学出版社2003年版。
魏东：《现代刑法的犯罪化根据》，中国民主法制出版社2004年版。
谢望原、卢建平等：《中国刑事政策研究》，中国人民大学出版社2006年版。
梁根林：《刑事政策：立场与范畴》，法律出版社2005年版。
刘远：《刑事政策哲学解读》，中国人民公安大学出版社2005年版。
严励：《中国刑事政策的建构理性》，中国政法大学出版社2010年版。
蒋熙辉、郭理蓉等：《刑事政策之反思与改进》，中国社会科学出版社2008年版。
许秀中：《刑事政策系统论》，中国长安出版社2008年版。
郭理蓉：《刑罚政策研究》，中国人民公安大学出版社2008年版。

王明亮：《刑事政策研究新视角》，法律出版社 2008 年版。
但未丽：《社区矫正：理论基础与制度构建》，中国人民公安大学出版社 2008 年版。
侯宏林：《刑事政策的价值分析》，中国政法大学出版社 2005 年版。
曲新久：《刑事政策的权力分析》，中国政法大学出版社 2002 年版。
刘仁文：《刑事政策初步》，中国人民公安大学出版社 2004 年版。
肖扬主编：《中国刑事政策和策略问题》，法律出版社 1996 年版。
张穹主编：《"严打"政策的理论与实务》，中国检察出版社 2002 年版。
冯树梁主编：《中国预防犯罪方略》，法律出版社 1994 年版。
袁登明：《行刑社会化研究》，中国人民公安大学出版社 2005 年版。
冯卫国：《行刑社会化研究》，北京大学出版社 2003 年版。
翟中东：《刑罚个别化研究》，中国人民公安大学出版社 2001 年版。
廖斌、何显兵：《社区建设与犯罪防控》，人民法院出版社 2003 年版。
陈兴良主编：《中国刑事政策检讨》，中国检察出版社 2004 年版。
刘强主编：《各国（地区）社区矫正法规选编及评价》，中国人民公安大学出版社 2004 年版。
郭建安、郑霞泽主编：《社区矫正通论》，法律出版社 2004 年版。
张远煌：《犯罪学原理》，法律出版社 2001 年版。
谢明编著：《公共政策导论》，中国人民大学出版社 2004 年版。
储槐植：《刑事一体化与关系刑法论》，北京大学出版社 1997 年版。
张金马主编：《政策科学导论》，中国人民大学出版社 1992 年版。
陈振明：《政策科学——公共政策分析导论》，中国人民大学出版社 2003 年版。
赵成根：《民主与公共决策研究》，黑龙江人民出版社 2000 年版。
胡宁生：《现代公共政策研究》，中国社会科学出版社 2000 年版。
郑传坤主编：《公共政策学》，法律出版社 2001 年版。
谢晖：《法律信仰的理念与基础》，山东人民出版社 1997 年版。
陈兴良：《刑法哲学》，中国政法大学出版社 1992 年版。
彭小瑜：《教会法研究——历史与理论》，商务印书馆 2003 年版。
严存生：《论法与正义》，陕西人民出版社 1997 年版。
张明楷：《刑法学》（修订版），法律出版社 2004 年版。
马克昌、杨春洗、吕继贵主编：《刑法学全书》，上海科学技术文献出版社1993年版。

储槐植:《刑事一体化与关系刑法论》,北京大学出版社1997年版。

宁汉林、魏克家:《大陆法系刑法学说的形成与发展》,中国政法大学出版社2001年版。

[日]大谷实:《刑事政策学》,黎红译,法律出版社2000年版。

[法]米海依尔·戴尔玛斯—马蒂:《刑事政策的主要体系》,卢建平译,法律出版社2000年版。

[俄]博斯霍洛夫:《刑事政策的基础》,刘向文译,郑州大学出版社2002年版。

[美]邓恩:《公共政策分析导论》,谢明译,中国人民大学出版社2002年版。

[美]庞德:《通过法律的社会控制》,沈宗灵译,商务印书馆1984年版。

[美]罗尔斯:《正义论》,何怀宏等译,中国社会科学出版社1988年版。

[意]菲利:《实证派犯罪学》,郭建安译,中国政法大学出版社1987年版。

[古希腊]亚里士多德:《政治学》,吴寿彭译,商务印书馆1965年版。

[美]阿尔温·托夫勒:《权力的转移》,刘江等译,中共中央党校出版社1991年版。

[美]里奇拉克:《发现自由意志与个人责任》,许泽民等译,贵州人民出版社1994年版。

[苏]G.G.阿列克谢耶夫:《法的一般理论》,黄良平译,法律出版社1988年版。

[英]霍布豪斯:《自由主义》,朱曾汶译,商务印书馆1996年版。

致　谢

关注和研究刑事政策原理，得益于老一辈刑法学家高铭暄教授、王作富教授、储槐植教授、邓又天教授、邓定一教授、董鑫教授、赵长青教授、高绍先教授、赵秉志教授、陈兴良教授、卢建平教授、陈忠林教授等人的谆谆教诲和学术启蒙。尤其是2003—2007年，笔者有幸先回母校中国人民大学并进入该校刑事法律科学研究中心进行驻站研究工作，在恩师赵秉志教授的指导下开展"刑事政策专题"研究，后回母校西南政法大学成为该校博士后流动站首届刑法学博士后研究人员，在博士后合作导师陈忠林教授指导下开展"刑事政策学范畴体系"课题研究，其间对刑事政策学原理的理论研究大有长进。饮水思源，师恩难忘，谨借本书出版之机向您表示衷心的感谢和崇高的敬意！

完成本书之时，适逢恩师赵秉志教授六十华诞喜庆之日，学生敬祝恩师生日快乐，身体健康，学术之树常青！

"云山苍苍，江水泱泱；先生之风，山高水长。"谨借以本书献礼恩师六十华诞，聊表学生对恩师的无限崇敬之情！

魏　东
2015年6月6日
于四川大学法学院